So überzeugen
Sie jeden

So überzeugen Sie jeden

Neue Strategien durch „Verkaufshypnose"

Marc M. Galal

wbv.business

Bibliografische Information Der Deutschen Bibliothek
Die Deutsche Bibliothek verzeichnet diese Publikation in der Deutschen Nationalbibliografie;
detaillierte bibliografische Daten sind im Internet über http://dnb.ddb.de abrufbar.

W. Bertelsmann Verlag
GmbH & Co. KG, Bielefeld, 2006

Gesamtherstellung:
W. Bertelsmann Verlag, Bielefeld

Gestaltung:
lok. design division, Bielefeld
www.lokbase.com

ISBN 3-7639-3417-0
Bestell-Nr. 60.01.494a

Inhaltsverzeichnis

188 Schlusswort

Danksagung

Je mehr ich darüber nachdenke, wem ich alles danken möchte, wer dazu beigetragen hat, mein Know-how, meine Kraft und Inspiration zu fördern, umso dankbarer bin ich diesen Menschen. Wenn ich mich bei all diesen Personen einzeln bedanken würde, so würde dies ein eigenes Buch füllen.

Bedanken möchte ich mich ganz besonders bei Richard Bandler, Anthony Robbins und Brian Tracy, von denen ich viel gelernt habe. Basierend auf diesen Grundlagen entwickelte ich meine NLS®-Strategie. Mein Dank gilt auch dem Team des Marc M. Galal Instituts, ganz besonders Barbara Spahn, Gabi Stahl, Peter Gronau und Monika Wirth, die mich unterstützen und dafür sorgen, dass die NLS®-Strategie an viele wissbegierige Menschen weitergetragen wird.

Vorwort des Autors

Die Fähigkeit, Menschen zu überzeugen und zu beeinflussen, zieht sich wie ein roter Faden durch unser Leben und entscheidet darüber, ob wir erfolgreich oder erfolglos sind. Ob Sie eine neue Arbeitsstelle suchen, eine Beförderung anstreben, Ihre Bank von Ihrem Konzept überzeugen wollen oder einen Lebenspartner suchen – alles hängt von dieser speziellen Begabung ab.

Um im Leben erfolgreich zu sein, ist es deshalb enorm wichtig, an dieser Fähigkeit zu arbeiten. Eliteverkäufer wissen das schon lange und haben uns Strategien aufgezeigt, wie auf unterbewusster Ebene die Macht der Überzeugung funktioniert. Es ist unumstritten, dass Eliteverkäufer Sprach- und Verkaufshypnose in ihrem Verkaufsalltag verwenden, um Aufmerksamkeit zu erreichen und ein Vertrauensverhältnis aufzubauen, um einen unvergesslichen Eindruck zu hinterlassen und schließlich den Verkaufsabschluss zu erzielen.

Vor diesem Hintergrund stellt sich die Frage, warum sich so wenige Menschen mit dem wichtigen Thema Verkaufslinguistik beschäftigen. Und wie entscheidend es ist, sowohl im beruflichen Umfeld als auch im Privatleben erfolgreich zu kommunizieren. Sprache, ob nonverbal oder verbal, ist nun einmal die einzige Form, unsere Gedanken und Gedankenmuster weiterzugeben. Wenn Sie dieses Buch durchgearbeitet haben, werden Sie erkennen, wie Sie in den Bereichen Verkaufslinguistik und Sprachfertigkeit enorme Fortschritte machen. Denn in jedem Wort und jedem Satz stecken unbewusst mehr Informationen, als Sie denken.

Seit mehreren Jahren bereite ich mich darauf vor, dieses Buch zu schreiben. Es handelt von Neuro-Linguistik Selling NLS® und basiert auf den Prinzipien und Techniken des Neuro-Linguistischen Programmierens. Gepaart mit den herkömmlichen Verkaufsstrategien bietet es eine wahre Wunderwelt an erprobten Strategien, umsetzbaren Tipps und ungewöhnlichen Denkansätzen.

NLP wurde in den siebziger Jahren von Richard Bandler und John Grinder entwickelt. Sie haben die besten Psychotherapeuten der Welt (Virginia Satir, Fritz Perls und Milton Erickson) modelliert. Richard Bandler und John Grinder haben dafür deren Sprache und Fähigkeiten genau analysiert und ein Modell entwickelt, das uns ermöglicht, diese außergewöhnlich erfolgreichen Strategien zu übernehmen.

Wenn es den weltbesten Therapeuten gelungen ist, allein mit der Sprache ihre Klienten vom Vorteil eines gesunden Lebens zu überzeugen, ist das doch wohl das effektivste Instrument, um Ihre Kunden vom Vorteil Ihres Produktes oder Ihrer Dienstleistung zu überzeugen.

Die Sprache ist einer der wichtigsten Faktoren, wie wir die Weltmodelle anderer Menschen wahrnehmen können und auf sie reagieren. Die Fähigkeit, zu sprechen und zu kommunizieren, macht uns Menschen auf diesem Planeten einzigartig. Sigmund Freud hielt das Wort und die Sprache für das grundlegende Instrument des menschlichen Bewusstseins und hat dies auch im folgenden Zitat wiedergegeben:

> „Worte waren ursprünglich Zauber, und das Wort hat noch heute viel von seiner alten Zauberkraft bewahrt. Durch Worte kann ein Mensch den anderen selig machen oder zu Verzweiflung treiben, durch Worte überträgt der Lehrer sein Wissen auf die Schüler, durch Worte reißt der Redner die Versammlung der Zuhörer mit sich fort und bestimmt ihre Urteile und Entscheidungen. Worte rufen Affekte hervor und sind das allgemeine Mittel zur Beeinflussung der Menschen untereinander."
>
> (Freud, Studienausgabe Bd. 1: Vorlesungen zur Einführung in Psychoanalyse und Neue Folge der Vorlesungen zur Einführung in die Psychoanalyse. II. Teil: Die Fehlleistungen, April 1982, S. 43)

Marc M. Galal

Vorwort zur 2. Auflage

Durch die gute und schnelle Zusammenarbeit mit dem W. Bertelsmann Verlag, ganz besonders mit Frau Regina Dostal und unserem Vertriebsteam, ist es uns gelungen, innerhalb eines Jahres die zweite Auflage zu produzieren. Sie fragen sich vielleicht, ob sich etwas oder was sich in der zweiten Auflage geändert hat. Es sind neue Beispiele, ergänzende Erklärungen und praxisnahe Tipps hinzugefügt worden. Außerdem ist der Teil Verkaufshypnose erweitert worden. Ich bin neugierig, zu erfahren, welche Veränderung Sie, nach dem Lesen des Buches, erzielen werden. Über ein Feedback würde ich mich freuen.

Verbessern Sie Ihre Überzeugung (über Zeugen leichter überzeugen)!

Ihr Marc M. Galal

Vorwort Brian Tracy

Es ist mir ein Vergnügen, dieses Vorwort für Marc M. Galal, einen der besten Verkaufstrainer in Europa, zu schreiben. Seine Ideen und Einblicke in den Verkaufsprozess haben in vielen Ländern eine tief greifende Wirkung auf eine Vielzahl von Verkäufern.

In den vergangenen 20 Jahren habe ich selbst über 500 000 Verkäufer in 24 Ländern trainiert. Außerdem habe ich gleichzeitig Trainingsprogramme mit entsprechendem Anspruch für über 100 000 Verkaufsmanager geleitet. Inzwischen habe ich hunderte von Büchern und tausende von Artikeln über die psychologische Basis eines Verkaufsprozesses sowohl gelesen als auch selbst erfasst bzw. erarbeitet. Jetzt hat Marc M. Galal all diese Ideen auf höchstem Niveau in diesem Buch zusammengefasst.

Einer Verkaufsregel zufolge heißt es: „Kunden entscheiden emotional und rechtfertigen logisch." Das bedeutet, dass die Entscheidung zum Kauf in den Gedanken des Kunden, also hauptsächlich emotional bzw. im Unterbewusstsein, getroffen wird. Die Entscheidung basiert nicht auf Logik oder Vernunft. In diesem Buch erklärt Ihnen Marc M. Galal, wie Sie sofort einen positiven Einfluss auf das Unterbewusstsein Ihres Kunden und damit den Verkauf des Produktes oder der Dienstleistung nehmen können.

In vielen Fällen entscheidet sich der Kunde innerhalb der ersten 30 Sekunden, während der Begegnung mit dem Verkäufer, für den Kauf. In anderen Fällen lehnt der Kunde den Kauf, auch nach mehreren intensiven Gesprächen mit dem Verkäufer, ab. Was Sie während der Lektüre der nächsten Seiten lernen, ist, warum dies passieren kann und wie Sie bestimmte Maßnahmen ergreifen können, um unverzüglich Harmonie sowie einen positiven Einfluss auf den Kunden in den ersten Sekunden der Begegnung herzustellen.

Verkaufen ist beides – Kunst und Wissenschaft. Es benötigt Fachtraining sowie geistige Vorbereitung. Je mehr Ideen und Verständnis Sie für den Verkaufsprozess und speziell für die Gedanken und die Gefühlsart Ihrer Kunden aufbringen können, umso schneller und einfacher ist es für Sie, Ihr Produkt und Ihren Service zu verkaufen.

Dieses Buch wird Ihnen die Augen für Strategien, Techniken und Methoden öffnen, die weltweit erfolgreich auf jedem Gebiet bewiesen worden sind. Sobald Sie diese Ideen erlernt und geübt haben, werden Sie zum effektivsten und erfolgreichsten Verkäufer. Sie werden auf schnellere und einfachere Art mehr verkaufen.

Sie werden mehr Geld verdienen, und Sie werden sicher zu den besten Ihres Fachgebietes gehören.

Brian Tracy

Vorwort Richard Bandler

Es ist mir eine große Freude, dieses Vorwort für das Buch von Marc M. Galal zu schreiben, weil er meine Gedanken aufgreift und es so ermöglicht, dass Berufstätige diese in ihrem Bereich sinnvoll umsetzen können.

Dieses Buch hilft allen Menschen, die in ihrem Beruf andere Menschen überzeugen wollen. Jeder Einzelne dieser Zielgruppe, Verkäufer ebenso wie leitende Führungskräfte, sollte sich bewusst werden, dass seine Geschicklichkeit im Verkauf fachlich genauso sicher sein muss wie beim Chirurgen. In dieser Situation, in welcher man sich bewusst werden sollte, dass Sie in einem Beruf sind, in dem man Menschen hilft, eine richtige Entscheidung zu treffen, anstatt eine schlechte Entscheidung zu treffen. Und es ist gewiss eine gute Entscheidung, dieses Buch zu kaufen, und es wäre eine noch bessere Entscheidung, mit dem Lesen fortzusetzen und diese Geschicklichkeit auch anzuwenden.

Es ist meine Pflicht, dass ich den Leuten sage: Lesen Sie dieses Buch, weil das Lesen dieses Buches Sie sowohl in beruflicher als auch in privater Hinsicht erfolgreicher macht – und das mit Leichtigkeit. Denn je mehr Sie sich darin verstehen, Menschen zu überzeugen, werden Sie gewiss auch in der Lage sein, sich selber zu überzeugen, gute Entscheidungen zu treffen.

Vielen Dank

Richard Bandler

Nutzen Sie Ihre Fähigkeiten!

Einleitung

Die meisten von uns können sich noch an die Berliner Mauer erinnern. Bilder von Graffiti, Stacheldraht, Grenzübergängen und einem geteilten Deutschland kommen einem in den Sinn. Umso mehr, wenn man selbst zu dieser Zeit in Berlin war und alles mit eigenen Augen gesehen hat. Auch ich bin vor vielen Jahren einmal mit einem Bekannten an der Berliner Mauer entlanggegangen, und wir haben uns gefragt, ob wir es wohl je erleben werden, dass diese Mauer fällt. Und sie ist gefallen. Wieder erscheinen Bilder von begeisterten Menschenmassen, von Glück in den Gesichtern und Tränen in den Augen der unmittelbar betroffenen Bürger der geteilten Stadt.

Veränderungen passieren tagtäglich. Das sich etwas verändert, ist ganz natürlich. Wenn man z. B. in der Natur eine Pflanze beobachtet, ist diese am Anfang noch ziemlich klein, fängt plötzlich an zu wachsen und wird immer größer und größer. Es ist ganz natürlich, wenn man sich, bewusst oder unbewusst, verändert. Kein Mensch ist mehr so, wie er vor 2, 3 oder sogar 5 Jahren war. Und keiner von Ihnen wird nach der Lektüre dieses Buches so sein, wie er gerade in diesem Augenblick noch ist. Vielleicht werden Veränderungen stattfinden, die Sie bewusst wahrnehmen. Und ganz sicher werden Veränderungen stattfinden, die Sie nicht bewusst wahrnehmen. Liebe Leser, wir sprechen hier über NLS® Neuro-Linguistik Selling.

NLS® Neuro-Linguistik Selling heißt das neue Schlagwort im Verkauf. NLS® verbindet die besten Eigenschaften der erfolgreichsten Verkaufs- und NLP-Strategien, die gezielt weiterentwickelt wurden. Sie fragen sich vielleicht, was NLS® Neuro-Linguistik Selling bedeutet?

Das N steht für unsere Neuronen, unsere Nervenbahnen, unsere Denkmuster. Immer wenn Sie etwas Neues lernen, entsteht eine neuronale Verbindung. Stellen Sie sich ein großes Kornfeld vor. Ein kleines Kind läuft dort einfach umher und hinterlässt in diesem großen Kornfeld seine

Spuren. Und genauso ist es auch, wenn Sie etwas Neues erleben. Gehen Sie öfters denselben Weg, so wird es für Sie schnell zur Gewohnheit. Wenn Sie jetzt diese Gewohnheit, also das Entscheidungsmuster oder Persönlichkeitsmuster, bei Ihrem Kunden erkennen, dann können Sie schnell eine Voraussage über sein Verhalten vornehmen.

Das L in NLS® steht für Linguistik, die Sprache im Verkauf. Linguistiker erforschen bereits seit vielen Jahren die Gesprächsführung und Gesprächshypnose. Sie haben dabei festgestellt, dass bestimmte Satzkonstellationen und die Modulation der Stimme bei uns Menschen eine große Wirkung auslöst. Deshalb bieten sich gerade durch die Sprache unendliche Möglichkeiten, erfolgreicher zu verkaufen.

Sokrates hat gesagt: „Spreche, damit ich dich sehen kann."

Das S steht für Selling, das hervorragende, exzellente, einzigartige Verkaufen. Wenn Sie als Verkäufer immer nur verkaufen MÜSSEN, haben Sie ein hartes Los. Erfolgreicher und glücklicher sind diejenigen, die kaufen lassen. „Sog statt Druck" lautet der Erfolgsgrundsatz. Wie können Sie Ihr Produkt so anziehend machen, Ihr Angebot so verlockend gestalten, dass Ihr Kunde ein überzeugtes Kaufverlangen hat? Um dies in Perfektion umzusetzen, ist es wichtig, die psychologischen Kaufentscheidungen Ihres Kunden zu ergründen.

Sie werden mit NLS® in den gesamten Prozess des überzeugenden Verkaufens eingeführt. Sie lernen also nicht Sätze auswendig, sondern wie Sie Sätze aufbauen und in welcher Reihenfolge Sie welche Satzformulierungen einsetzen, um Ihren Kunden zu überzeugen. Genau wie sich ein Menü in Vorspeise, Hauptspeise und Dessert unterteilt, so teilt sich der Verkaufsprozess in einzelne Schritte auf.

Mit NLS® werden Sie die Denkmuster Ihrer Kunden erkennen und präzise und genau argumentieren, so wie ein Arzt für jeden Patienten die richtige Diagnose stellt und daraufhin exakt die optimalen Medikamente einsetzt.

Vereinfacht gesagt ist NLS® die Kunst der Beeinflussung und Überzeugung durch die gezielte Anwendung der Sprache.

Wir werden gemeinsam Brücken beschreiten, Themen besprechen, die für Sie mit 100-prozentiger Sicherheit faszinierend, hervorragend und exzellent sein werden. Sie werden Dinge erleben, die Sie am Anfang nicht für möglich halten. Bis Sie daran gearbeitet und festgestellt haben, dass Sie enorme Fähigkeiten besitzen. Wir werden gemeinsam herausfinden, warum Menschen etwas tun, etwas bewegen, etwas kaufen.

Warum pilgern hunderttausende Menschen auf die Love-Parade? Fahren stundenlang mit dem Auto, reisen sogar aus dem Ausland an? Warum kommen 80 000 zu einem Konzert von Robbie Williams? Warum kommen so viele Leute zu einem solchen Event? Weil er gut singen kann? Das können andere mindestens ebenso gut! Was macht ihn so einzigartig, was macht er so anders, dass er anziehend ist wie ein Magnet? Was ist die Quintessenz? Was bewegt die Menschen, irgendwohin zu pilgern und etwas zu erleben oder etwas zu machen? Was ist wohl der Grund? Warum gehen Sie ins Kino und sind hin und weg von manchem Schauspieler, der Sie in eine fremde Welt entführt? All diese Fragen werden Sie sich selbst beantworten können, wenn Sie dieses Buch gelesen und durchgearbeitet haben. Und auch die Auswirkungen darauf, wie Sie zukünftig anders und noch erfolgreicher verkaufen.

Erfolgreicher verkaufen durch NLS® Neuro-Linguistik Selling. Einen Schwerpunkt wird dabei die Linguistik bilden. Wir werden uns intensiv mit Sprachmustern beschäftigen, speziell mit der Variante der Tiefenstruktur der Sprache. Ein Beispiel dazu: „Man kann heutzutage keine Immobilien kaufen!" Ein Satz, wie wir ihn, vielleicht mit anderen Begriffen, täglich verwenden und hören. Doch was steckt in der Tiefenstruktur der Sprache, welche unausgesprochenen Botschaften verstecken sich hinter so einem Satz? Man, wer ist man? Wer sagt das? Wessen Weltbild steckt dahinter? Heutzutage? Wie lange ist heutzutage? Heute, morgen oder vielleicht innerhalb eines halben Jahres? Der Satz drückt Ablehnung aus. Klar, aber nur das in diesem Satz zu erkennen wäre zu wenig. Gehen Sie in die Tiefe! Nicht der Kontext ist an dieser Stelle wichtig. Dieser bezieht sich ja nur auf den Inhalt. Gehen Sie in die Tiefe! In vielen Sätzen sind Botschaften versteckt, die wir nicht immer richtig wahrnehmen. Schließlich sehen, hören und empfinden (wenn vieles auch unbewusst) wir im gleichen Moment, in dem der Kunde diesen einen (und vielleicht entscheidenden) Satz sagt, noch tausend andere Dinge in der Umgebung. Und das, was wir sagen, ist nicht immer das, was wir denken. Das ist bei Ihnen genauso wie bei Ihrem Kunden. Die Kunst ist die, in der Kommunikation nicht nur zu hören, was gesagt wird, sondern auch die versteckten Botschaften in einem Satz zu erkennen. Ebenso ist es wichtig, wie etwas gesagt wird. Was verbirgt sich hinter der Aussage des Kunden? Wenn Sie nicht ganz genau zu- oder sogar hineinhören, wie können Sie Ihrem Kunden das verkaufen, was er wirklich braucht und womit er glücklich ist? Die Kunst der Linguistik!

In einem weiteren entscheidenden Bereich beschäftigen wir uns mit Verkaufshypnose. Nach der Lektüre dieses Buches sind Sie in der Lage zu hypnotisieren. Wenn Sie es in Ihrem Verkaufsalltag nicht schon längst machen. Hypnose? Da denken Sie vielleicht an Science-Fiction, an Filme, in denen jemand hypnotisiert wird und unter Hypnose Verbrechen begeht. Und kaum sagt man ein bestimmtes Wort, erwacht die Person wieder und weiß von nichts. Schau mir in die Augen ... und ein goldenes Pendel schwingt hin und her ... bis Wissenschaftler erkannt haben, dass wir alle in unserem alltäglichen Sprachgebrauch ganz natürlich Sprachhypnose verwenden. Hypnose wird durch verschiedene Techniken und durch den Einsatz unserer Sprache herbeigeführt. Wie man nun im Verkauf damit arbeiten kann, zeige ich Ihnen in diesem Buch auf. Verkaufslinguistik, Tiefenstruktur der Sprache, Verkaufshypnose – das alles sind fantastische Werkzeuge. Lassen Sie die Themen im Buch einfach auf sich wirken. Sie lesen hier mal eine kleine Geschichte, machen dort eine kurze Übung, beschäftigen sich mit einem bestimmten Thema – alles im Buch hat seinen besonderen Grund!

Mein Tag ist heute

Bäume wachsen! Niemand sagt Ihnen, dass Sie wachsen sollen. Sie suchen sich ihren Weg zum Licht und holen sich über feste Wurzeln das, was sie zum Wachstum brauchen. Sie suchen nach Wegen, um ihre volle Pracht zu entfalten. Wo sind Ihre Wurzeln als NLS-Seller? Bringen Sie Ihre Kunden zum Lachen, und Ihr Erfolgsweg wird von glücklichen Menschen gesäumt sein, die Ihnen immer wieder Kraft geben zu wachsen. So erzeugen Sie bei Ihren Kunden nicht nur eine unwiderstehliche Neugier, sondern haben im Beratungs- und Verkaufsgespräch bis zum Abschluss auch die volle Aufmerksamkeit und Anziehung Ihres Kunden.

> *Wenn ich so viele Dinge erreicht habe, so liegt es daran, dass ich immer nur eine Sache zur gleichen Zeit wollte.*
> *William Pitt*

Vier Elemente entscheiden, ob Sie ein Spitzenverkäufer sind oder werden:

- Um andere zu überzeugen, musst du erst von dir selber überzeugt sein.
- Nur 20% des Erfolges hängt vom WIE ab und 80% vom WARUM.
- Verkaufen ist immer ein Übertragen von Gefühlen.
- Der gemeinsame Nenner aller Spitzenverkäufer ist, dass Sie sich gezwungen fühlen, die Besten sein zu wollen, und viele Gründe dafür haben.

Welche Gründe haben Sie, um an die Spitze zu kommen? Nur was in Ihnen brennt, können Sie in anderen entfachen!

Die 5 Kernfähigkeiten herausragender Verkäufer
1. Wahrnehmungsfähigkeit
2. Flexibilität
3. Zielorientierung
4. Sich selbst in einen Top-Zustand bringen
5. Den Kunden in einen Top-Zustand bringen

Alles Gelingen hat sein Geheimnis! Alles Misslingen seine Gründe!
Viel Spaß bei der Umsetzung und beim Ergründen der Geheimnisse!

1. Basics

Grundlagen zu schaffen ist eine der Grundvoraussetzungen, um im Leben erfolgreich zu sein. Dies gilt für das fachliche Know-how im Berufsleben genauso wie für jedes Hobby. Wollen Sie ein Instrument spielen lernen, bilden die Noten eine sinnvolle Basis. Jeder Sportler macht Grundlagenübungen, um neben den sportbedingt wichtigen Bewegungen auch den gesamten Muskelapparat zu trainieren. Ähnlich verhält es sich, wenn es um unser Thema, die geheimnisvolle Macht der Überzeugung, geht. Auch hier gehört das Grundlagenwissen zu den sinnvollen Basics. Sich mit dem Bewusstsein eines Spitzenverkäufers auseinander zu setzen und die Werkzeuge eines Spitzenverkäufers überhaupt erst einmal kennen zu lernen bietet wichtiges Grundwissen, um die nächsten Kapitel besser zu verstehen. Sie werden entdecken, warum Sie das tun, was Sie tun. Sie werden ganz neue Erkenntnisse über Glaubenssätze und Zustandsmanagement erlangen. Sie werden Ihre einzigartige Identität kennen und entfalten lernen. Und zahlreiche Tipps für das Zeitmanagement, den effektiven Umgang mit dem Telefon und die Bedeutung der Zahlen im Verkauf bieten Ihnen ausgezeichnete Möglichkeiten, in Zukunft noch exzellenter zu verkaufen.

Die 3 Säulen überzeugenden Verkaufens

Wir wissen so viel! Aber tun wir auch das, was wir wissen? Jeder von Ihnen kennt vielleicht einen erfolgreichen, exzellenten Verkäufer. Möglicherweise sind Sie selber ein exzellenter und hervorragender Verkäufer? Oder vielleicht können Sie sich einen hervorragenden, exzellenten Verkäufer vorstellen! Was macht ihn so besonders?

Gehen wir jetzt einmal einen Schritt zurück, in die Schule bzw. auf die Universität. Was bekommen Sie dort hauptsächlich vermittelt? Genau! Sie erhalten Wissen vermittelt. Und was verlangt die Markwirtschaft, Ihr Beruf, Ihr Chef oder andere Personen von Ihnen? Ebenfalls richtig! Dass

Sie dieses Wissen, das Sie in irgendeiner Ausbildung gelernt haben, auch umsetzen können. Wie erreichen wir es, dass wir das gelernte Wissen auch umsetzen können? Wenn Sie sich entscheiden würden, ein Musikinstrument zu spielen, zum Beispiel Saxofon, dann würden Sie die Noten und die passenden Griffe lernen. Ab wann wären Sie ein ausgezeichneter Saxofonspieler? Sie werden nur ausgezeichnet, wenn Sie permanent üben, üben und noch mal üben. Was ist der Unterschied zwischen einem Profifußballspieler und einem Amateur? Der Unterschied liegt in der Disziplin, permanent zu üben und seine Technik stetig zu verbessern. Doch das Allerwichtigste ist seine Einstellung, er hat den eisernen Willen, siegen zu wollen.

Die 3 Säulen überzeugenden Verkaufens sind erstens: Wissen. Um dieses Wissen anzuwenden, müssen wir es auch können. Also zweitens: Können. Damit wir es können, müssen wir es auch können wollen. Somit ist die Wichtigste die dritte Säule, und das ist die Einstellung.

Wenn Sie einen eisernen Willen haben, siegen zu wollen, und bereit sind, stetig an Ihren Verkaufstechniken zu arbeiten, dann werden Sie mit Sicherheit, früher oder später, ein erfolgreicher Spitzenverkäufer.

1.1 Das Bewusstsein eines Spitzenverkäufers

Bevor wir anfangen und ich Ihnen viele Punkte über die Qualität eines Spitzenverkäufers erzähle, habe ich noch ein, zwei Fragen an Sie. Was denken Sie? Welches Bewusstsein sollte ein effektiver und einzigartiger Spitzenverkäufer haben? Welche Veränderung wird bei Ihnen in der Zukunft auftauchen, ganz plötzlich, ganz unerwartet, wenn Sie die Strategien und die Techniken eines Spitzenverkäufers beherrschen, wenn Sie das Bewusstsein haben, wie ein Spitzenverkäufer denkt, wie er handelt. Was ganz genau wird sich bei Ihnen in der Zukunft verändern? Vielleicht können Sie sich schon bildlich vorstellen, welche erfolgreiche Veränderung bei Ihnen eintrifft. Doch zügeln Sie Ihr Verlangen und haben Sie Geduld. Wir fangen gerade erst an, in dieses Thema einzusteigen. Dieses Kapitel gewährt Ihnen nur einen kleinen Einblick. Sehr bald werden Sie den Gesamtüberblick ganz leicht erkennen können.

Durch meine Arbeit als NLS®-Trainer habe ich gelernt, eine verschärfte Beobachtungsgabe zu entwickeln. Bei allen Betrachtungen habe ich mir immer wieder die Frage gestellt, warum manche Menschen andere einfach leichter überzeugen können und warum andere Menschen, die fast die gleiche Strategie anwenden, dennoch so wenig Erfolg haben.

Es ist unumstritten, dass wir Menschen in unserem alltäglichen Sprachgebrauch gewisse Sprachmuster verwenden, die eine besondere Wirkung auf Menschen haben. Wir sprechen hier z. B. über Sprachhypnose, die die besten Therapeuten der Welt für die Arbeit mit ihren Klienten anwenden, um eine schnelle und effektive Änderung des Verhaltens zu erreichen. Bewusst oder unbewusst wenden außergewöhnlich erfolgreiche Menschen diese wertvolle Strategie bereits in ihrem Geschäftsalltag an. Starrechtsanwälte, exzellente Redner, sehr gute Werbemedien, Politiker und Spitzenverkäufer – sie alle arbeiten mit Sprachhypnose.

Wenn Sie sich jetzt vorstellen, dass Sie ein goldenes Pendel nehmen und anfangen, Ihre Kunden zu hypnotisieren, und vielleicht sagen: „Ihre Augenlider werden schwer und schwerer, immer schwerer werden Ihre Augenlider und fallen langsam zu", ist das alles vielleicht doch etwas ungewöhnlich. Das ist nicht der Weg, den wir zusammen gehen werden.

Sprachforscher und Linguistiker erforschen bereits seit vielen Jahren die Gesprächshypnose und haben dabei festgestellt, dass bestimmte Satzkonstellationen und die Modulation der Stimme bei uns Menschen eine große Wirkung auslösen. Genau mit dieser Verkaufslinguistik werden wir arbeiten.

Alleine die Vorstellung, dass jetzt Hypnose im Verkaufsprozess mit eingebracht wird, löst bei Ihnen vielleicht ein Bild aus, dass Sie hinterher mit gemeinen Tricks arbeiten und dem Kunden etwas verkaufen, das er gar nicht braucht. Nein, das ist weder Inhalt des Buches, noch hat es etwas mit Verkaufslinguistik und Verkaufshypnose zu tun. Die Arbeit mit diesem Buch soll Ihnen helfen, die Wünsche, Bedürfnisse, Werte und Glaubenssätze Ihres Kunden zu erkennen, um mit ihm in seiner Sprache und seinem Weltmodell zu kommunizieren.

Eine Biographie, die nachdenklich macht

Es war einmal ein junger Mann, der musste innerhalb von 25 Jahren folgende Schicksalsschläge einstecken: Er machte Bankrott. Er kandidierte für den Senat und wurde nicht gewählt. Er machte ein weiteres Mal Bankrott. Das Mädchen, das er über alles liebte, starb. Daraufhin erlitt er einen Nervenzusammenbruch. Er kandidierte für den Kongress und wurde nicht gewählt. Er kandidierte erneut für den Kongress und kam wieder nicht durch. Jetzt kandidierte er noch einmal für den Senat und verlor wieder. Er kandidierte für das Amt des Vizepräsidenten der Vereinigten Staaten und wurde geschlagen. Er wurde auch beim 3. Versuch nicht in den Senat gewählt. Wer war dieser Mann? *Abraham Lincoln*, der populärste Präsident in der Geschichte der Vereinigten Staaten von Amerika.

Das, was jemand von sich selbst denkt, bestimmt sein Schicksal.
Marc Twain

Sie müssen selbst von sich überzeugt sein

Bevor Sie zu Ihren Kunden gehen, müssen Sie von sich selbst überzeugt sein. Sie müssen alle Vorteile und alle Nachteile Ihres Produktes kennen. Sie müssen wissen, was es Ihrem Kunden bringt, wenn er von Ihnen dieses Produkt kauft. Normalerweise müssten Sie zuerst sich selbst dieses Produkt oder diese Dienstleistung verkaufen. Nur wenn Sie von etwas überzeugt sind, können Sie andere Menschen überzeugen. Sie müssen die Vorzüge genießen können, und selbstverständlich müssen Sie selbst dieses Produkt oder diese Dienstleistung besitzen, verwenden oder anwenden. Das erinnert mich an eine Firma, die ich vor einiger Zeit trainiert habe. Ich war dort und habe den Verkäufern verschiedene Techniken und Strategien an die Hand gegeben. Bei genau diesem Thema, wo es darum geht, von sich selbst bzw. vom Produkt überzeugt zu sein, habe ich in die Runde gefragt: Wer von Ihnen hat dieses Produkt eigentlich für sich selbst, also im Eigengebrauch? Sehr wenige Personen haben sich gemeldet und gesagt: Ich benutze dieses Produkt. Der erste wichtige Punkt, den ich darauf gesagt habe, ist: Benutzen Sie Ihr Produkt, empfinden Sie eine große Wertschätzung, lieben Sie Ihr eigenes Produkt. Dann werden Sie auch die hundertprozentige Kraft haben, andere Menschen zu überzeugen. Ansonsten wirken Sie auf Dauer nicht authentisch, nicht ehrlich und nicht glaubwürdig.

Wenn ein Spitzensportler in seiner Disziplin Höchstleistung erbringen will, muss er von sich selbst überzeugt sein und einen starken Willen haben. Liebe Leser, ich frage Sie: Wenn ein Spitzensportler das alles hat, jedoch keinen wirklich triftigen Grund, an die Spitze zu kommen, zur Weltklasse zu gehören – was meinen Sie, wie groß seine Chancen sind? Unabhängig davon weiß natürlich jeder Spitzensportler, wie man wirklich trainiert und welche Trainingsmaßnahmen am effektivsten sind. Stellen Sie sich vor, Sie wären im Sport, Sie würden sich für eine Disziplin entscheiden, Sie würden alle Techniken, alle Strategien kennen lernen, die Sie zu einem Spitzensportler werden lassen. Meinen Sie wirklich, wenn Sie jetzt ein Buch über die herausragende Spitzenleistung des Golfs lesen würden, wo jede Kleinigkeit drinsteht, wie Sie den richtigen Schläger nehmen und am besten draufschlagen, um lange Schläge zu bekommen oder Sonstiges. Meinen Sie, wenn Sie dieses Buch gelesen haben und trainieren wie wild, dass Sie dann die absolute Fähigkeit haben, um bei einem Weltklasse-Turnier mitzuspielen? Nein, selbstverständlich nicht. Ein hervorragender Spitzensportler hat wirklich triftige Gründe, warum er zur Weltelite oder Spitzenelite gehört.

Regel:
- ○ *20% ist das WIE. Wie machen Sie etwas? Wie verkaufen Sie? Wie sind die Techniken des Golfs?*
- ○ *80% ist das WARUM. Warum machen Sie das, was Sie machen?*

Stellen Sie sich selber einmal die Frage: Welche Gründe haben Sie, um wirklich an die Weltspitze zu kommen, um wirklich ein Spitzenverkäufer zu sein? Nehmen Sie sich sofort Blatt und Stift in die Hand und beantworten Sie diese Frage. Danke.

Haben Sie sich Gedanken gemacht, welche Gründe für Sie wirklich wichtig sind. Haben Sie herausgefunden, warum Sie wirklich zur Spitze gehören wollen? Warum Sie wirklich ein Spitzenverkäufer sein wollen? Haben Sie sich darüber Gedanken gemacht? Wenn nicht, sollten Sie daran arbeiten, herauszufinden, welche Gründe Sie haben, an die Spitze zu gehen. Das ist Ihr Motor. Das ist Ihr Energiepotenzial. Das ist das, warum Sie jeden Morgen aufstehen und wieder einen Kunden besuchen und wieder einen Kunden besuchen und Ihr Bestes geben wollen und bereit sind, alle Strategien und Techniken zu verinnerlichen, zu üben, zu arbeiten, permanent zu wachsen und sich weiterzubilden, an sich zu arbeiten und Ihre Zukunft zu ebnen.

Der Axtdieb

Ein Mann fand seine Axt nicht mehr. Er verdächtigte den Sohn seines Nachbarn und begann, ihn zu beobachten. Sein Gang war der eines Axtdiebes. Die Worte, die er sprach, waren die Worte eines Axtdiebes. Sein ganzes Wesen und sein Verhalten waren die eines Axtdiebes. Aber unvermutet fand der Mann beim Umgraben seine Axt wieder. Als er am nächsten Morgen den Sohn seines Nachbarn neuerlich betrachtete, fand er weder in dessen Gang noch in seinem Verhalten irgendetwas von einem Axtdieb.

Wenn Sie von etwas überzeugt sind, haben Sie Recht

Was denken Sie über Ihre Tätigkeit? Was denken Sie über die Marktsituation? Welche Gefühle haben Sie, wenn Sie auf dem Weg zu einem Kunden sind? Oder welche Bilder schwirren Ihnen durch den Kopf, wenn Sie schließlich vor diesem stehen? Was sagen Sie zu sich selbst? Alles das, was in Ihnen vorgeht, Ihre internen Gedankenprozesse, ist für Sie existenziell. Es bestimmt über Erfolg oder Misserfolg im Verkaufsprozess und in Ihrem gesamten Leben.

Ihre internen Prozesse sind wie eine Währung, die Sie auf Ihr imaginäres Konto einzahlen. Sie bestimmen die Wertigkeit Ihres Lebens. Machen wir zusammen ein kleines Experiment: Stellen Sie sich vor, ich würde von einer langen Reise zurückkommen und Ihnen eine exotische Frucht mitbringen, die Sie noch nie gesehen, gerochen noch geschmeckt haben. Der Anblick der Frucht verwundert Sie, weil diese sternförmig, lila ist und noch dazu grüne Noppen mit kleinen Stacheln hat. Sie fragen sich vielleicht, wie sie wohl schmecken mag und riechen und wie sie sich anfühlt, wenn Sie sie in der Hand halten. Welche Vorstellungen entstehen gerade in Ihrem Kopf? Können Sie irgendetwas von dem, was Sie gerade gelesen haben, irgendwie einordnen? Nein, selbstverständlich nicht. Sie kennen diese Frucht ja gar nicht, ich habe sie nämlich gerade erfunden. Was ich Ihnen damit sagen möchte, ist, dass alles, was Sie in Ihrem gesamten Leben gesehen, gerochen, gefühlt, geschmeckt und gehört haben, in Ihrem Unterbewusstsein abgespeichert ist.

Das Unterbewusstsein speichert alles

Jedes Erleben und jede Erfahrung haben Sie, wie ein Computer, der permanent alles speichert, in Ihrem Unterbewusstsein verankert. Ob Sie wollen oder nicht. Und wenn Sie keine Erfahrung haben, können Sie es auch nicht einordnen. Unser Gehirn jedoch versucht jeden Vorgang und jedes Bild aus anderen Erfahrungen und Erlebnissen zu konstruieren und so einzuordnen. Stellen Sie sich jetzt einmal vor: Ich stehe in diesem Moment vor Ihnen und halte eine imaginäre Zitrone in meiner rechten Hand. Stellen Sie sich bitte vor, wie ich diese goldgelbe Zitrone nehme und sie mit einem scharfen Messer erst halbiere. Beim Halbieren steigt der Duft der Zitrone langsam in Ihre Nase. Dann teile ich die Zitrone in vier Stücke, und beim Aufteilen spritzt der Saft in alle Richtungen. Dann nehme ich die gelbe Zitrone, die wir geviertelt haben, in die Hand und führe sie an meinen Mund. Beim Reinbeißen läuft die saftige Flüssigkeit an dem Mundwinkel entlang. Der saure Geschmack sorgt dafür, dass das Wasser im Mund zusammenläuft. Haben Sie die Zitrone geschmeckt und gerochen? Ist Ihnen bei der Vorstellung das Wasser im Mund zusammengelaufen?

Jetzt nehmen Sie einmal an, Sie wären mit Ihrer Partnerin oder Ihrem Partner zu Hause auf dem Sofa, haben leicht gedämpftes Licht, hören Musik und unterhalten sich gerade. Währenddessen läuft unerwartet Ihr Lieblingssong. Sie hören die Musik in diesem Moment. Ja, der Song, bei dem Sie schöne, romantische Stunden verlebt haben. Dann merken Sie ein warmes Gefühl, vielleicht in der Bauchgegend. Sie verspüren wieder das besondere Gefühl, das Sie beide hatten, und Sie sagen zu Ihrer Partnerin oder Ihrem Partner: „Kannst du dich noch daran erinnern, wie wir beide damals ...?" Und plötzlich können Sie genau das spüren, was Sie damals gespürt haben, nicht wahr?

Was war an diesen beiden Situationen anders? Der Unterschied liegt darin, dass die Zitrone in dem Moment nicht real war, sondern imaginär. Die Zitrone existierte nicht. Die romantische Musik hingegen war genau in dem Moment real. Und doch konnten Sie sich beides vorstellen, und Ihr Körper hat reagiert. Fazit: Unser Unterbewusstsein kann nicht unterscheiden zwischen Realität und Illusion. Das heißt für Sie, dass jeder Gedanke, den Sie haben, für Ihr Unterbewusstsein real ist. Seien Sie ab dem heutigen Tag also immer vorsichtig mit dem, was Sie denken, weil Ihr Unterbewusstsein keinen Unterschied macht, ob etwas Realität ist oder nicht.

Gedanken sind Aufträge an das Unterbewusstsein

Vielleicht sind Sie manchmal ziemlich streng zu sich selbst, und wenn Sie etwas machen und dies nicht gleich funktioniert, schimpfen Sie mit sich und machen sich nieder: „Ich tauge einfach nichts, ich bin eine Flasche und ein großer Versager. Wie kann ich von mir denken, dass ich das überhaupt kann. Was für ein Trottel ich doch bin!" Nachdem Sie nun wissen, dass das Unterbewusstsein alles so ernst nimmt, entschließen Sie sich ab dem heutigen Tag bitte dazu, immer gut mit sich zu sprechen. Und wenn etwas schief laufen sollte, dann sprechen Sie sich Mut zu, anstatt sich fertig zu machen. Betrachten Sie es wie Ihr imaginäres Bankkonto: Je mehr Sie etwas Schlechtes zu sich sagen oder bildlich vorstellen, umso mehr wird von Ihrem imaginären Bankkonto Geld abgehoben, und wenn Sie etwas Gutes zu sich sagen und bildlich etwas Positives denken, zahlen Sie immer mehr Geld auf Ihrem Konto ein.

Wenn Sie erfolgreiche Menschen beobachten, erkennen Sie, dass gerade diese immer wieder Geld auf ihr imaginäres Konto einzahlen. Es gibt sogar welche, die machen es jeden Morgen vor dem Spiegel. Gedanken sind Aufträge an unser Unterbewusstsein, und jeder Gedanke hat die Tendenz, sich zu verwirklichen. Vielleicht erkennen Sie ja eine Parallele zwischen dem imaginären und Ihrem tatsächlichen Bankkonto.

Unser Unterbewusstsein kann nicht unterscheiden zwischen Realität und Illusion. Unser Unterbewusstsein ist wie ein Nährboden. Es ist verrückt, aber können Sie sich vorstellen, wer der schlimmste Mensch im Umgang mit uns ist? Das sind wir selbst, wir sind so gemein, wir beschimpfen uns tagtäglich, wir machen uns die ganze Zeit fertig, weil wir das nicht geschafft oder das nicht gemacht haben oder das nicht korrekt war. Wenn ein anderer das mit Ihnen machen würde, was Sie selber mit sich machen, wenn ein anderer das zu Ihnen sagen würde, was Sie zu sich selbst sagen – nie im Leben würden Sie sich so etwas von jemand anderem gefallen lassen.

Die Macht des Unterbewusstseins ist wirklich fundamental wichtig. Prof. Dr. Joseph Murphy beschreibt in seinem Buch, was mit dem Unterbewusstsein alles möglich ist. Er sagt, das Unterbewusstsein ist wie ein Ackerfeld oder ein Nährboden. Alles, was wir denken, alles, was wir machen, ist genauso, wie wenn Sie etwas einpflanzen und es wächst nach oben. Kunst und Aufgabe eines jeden Menschen ist es, diese Pflanze zu pflegen und zu hegen. Egal was Sie auch denken, es wird eingepflanzt. Jede Erfahrung, jedes Erlebnis, egal was es ist, wird in zwei Punkte kategorisiert. Alles Positive wird mit Plus abgespeichert, alles Negative wird mit Minus abgespeichert. Falls Sie denken, wir können die Minus aus unserer Vergangenheit oder aus unserem Leben löschen, das geht nicht. Liebe Leser, wir können nichts, aber auch rein gar nichts löschen. Wir können Erlebnisse zwar verdrängen und so tun, als ob nichts passiert wäre, aber passiert ist es trotzdem.

Unser Unterbewusstsein registriert Sie. Sie gehen zum Kunden, er sagt nein, Sie nehmen es sich selber übel, machen ein Minus. Der Kunde sagt ja, Sie machen einen Abschluss, Sie fühlen sich gut, machen ein Plus. Sie haben eine rundum gelungene Präsentation gemacht, machen ein Plus. Irgendein Erlebnis, das Ihnen nicht so gut gefallen hat, Minus. Sie können keine Punkte streichen, löschen keine Erlebnisse. Das Einzige, was Sie machen können, ist, daran zu arbeiten, mehr Plus zu machen und zu versuchen, weniger Minus zu verzeichnen, ein Minus durch mindestens zwei Plus auszugleichen oder ein negatives Erlebnis in ein positives (Ihre Einstellung zählt!) umzuswitchen. Eine Absage ist nicht länger eine Absage (Minus), sondern die Möglichkeit, das eigene Können unter Beweis zu stellen (Plus). Dann ist Ihre Bewusstseinsbilanz bald positiv, und Ihr Unterbewusstsein hat einen sehr guten Nährboden, um zu wachsen.

Achten Sie also darauf, was Sie zu sich selbst sagen, achten Sie darauf, was Sie denken und tun. Prof. Dr. Joseph Murphy gibt in seinem Buch zwei kleine Tricks, wie man am besten mit seinem Unterbewusstsein arbeiten kann. Erstens: Man macht Autosuggestionsübungen. Autosuggestion heißt im Endeffekt eines: Ich suggeriere mir mit einem bestimmten Satz, wie gut ich bin oder dass ich's kann, dass ich's schaffe, und das wiederhole ich permanent, entweder immer morgens vorm Spiegel oder woanders. Sie zahlen ganz bewusst immer wieder mehr Plus auf Ihrem Bankkonto ein, holen sich Energie. Natürlich muss man sehr vorsichtig mit der Autosuggestion sein, mit dem, was man genau sagt. „Ich möchte nicht versagen" ist für das Unterbewusstsein eine sehr interessante Suggestion, denn das Unterbewusstsein kennt weder nicht noch nein.

Das möchte ich Ihnen an einem Beispiel verdeutlichen. Stellen Sie sich doch mal bitte nicht, liebe Leser, einen riesengroßen, grauen Elefanten vor. Auf dem Rücken dieses schönen, großen, grauen Elefanten sitzt ein Affe. Dieser Affe hat einen dunkelschwarzen Zylinder auf dem Kopf und auf der rechten Seite noch einen Regenschirm. Stellen Sie sich mal dieses schöne Bild nicht vor. Stellen Sie sich dieses Bild bitte mal nicht vor, mit dem großen Elefanten mit dem Affen mit dem Zylinder mit dem Regenschirm. Ich zahle Ihnen Geld, wenn Sie es schaffen. Aber es geht nicht. Das Wort NICHT hört unser Unterbewusstsein nicht, bzw. falsch ausgedrückt, es hört das Wort schon, muss allerdings bei allen Negationen, wie keine, nicht, unmöglich oder Sonstiges, zuerst in unserem Kopf ein Bild davon konstruieren, um es dann vermeintlich wieder zu löschen. Das wäre dann eine negative Autosuggestion!

Greifen wir den hypnotischen Sprachmustern etwas vor, denn damit können Sie dem Unterbewusstsein Ihres Kunden etwas Interessantes suggerieren: Alle Negationen sind schon kleine unbewusste Botschaften. Ich möchte heute, dass Sie sich auf keinen Fall schneller entscheiden, dieses Produkt zu kaufen. Ich möchte Ihnen heute nichts verkaufen oder absolut nichts. Da Ihr Kunde bzw. sein Unterbewusstsein das NICHT ja nicht hört bzw. sich erst ein Bild von der Entscheidung bzw. dem Kauf macht, wird damit die Entscheidung zum Kauf gefördert. Somit haben Sie das erste Samenkorn eingepflanzt. Wenn Sie jetzt auf dieser Ebene weitermachen und ihm versteckte Suggestionen geben, dann wird der Abschluss ein Kinderspiel.

Zurück zum Unterbewusstsein, denn Prof. Dr. Joseph Murphy hat noch einen Tipp für die Bilanz des Unterbewusstseins: Sie werden mit diesen einfachen Strategien Erfolg haben. Wenn Sie ein schlechtes Erlebnis, eine negative Erfahrung gemacht haben, können Sie eines machen: Setzen Sie sich hin, schließen Sie Ihre Augen, entspannen Sie sich und wiederholen Sie mehrmals das Erlebte, jedoch so, wie es für Sie am besten gewesen wäre, so dass das Unterbewusstsein positiv programmiert wird.

Das, was wir glauben, ist Realität

Egal was Sie glauben, Sie haben immer Recht. Wir leben in unserer eigenen Welt, und diese Welt ist unsere Realität. Wir sind von unseren Erfahrungen und Erlebnissen so stark geprägt und gefangen in uns selbst, dass wir uns meist selber im Wege stehen. Wenn Sie in der Schule, von Ihren Eltern oder Bekannten immer wieder zu hören bekommen haben, das kannst du nicht oder dafür bist du zu jung oder du bist ein Mädchen oder du bist ein Junge und Jungs weinen nicht, kann das schwerwiegende Folgen für Ihr weiteres Leben haben.

Jeder von uns kennt sicher einen Bereich, in dem er glaubt, keine Leistung bringen zu können. Ob in der Musik, bei handwerklichen Aufgaben oder beim Malen. Oft steckt die Ursache hierfür so tief in unserem Inneren, dass wir es nach der langen Zeit gar nicht mehr versuchen. Da hat vor vielen, vielen Jahren einmal ein Lehrer zu uns gesagt: „Du kannst einfach nicht singen." Später hat Sie vielleicht noch einmal eine Freundin gefragt: „Singst du eigentlich gerne?", und auf die Antwort „Ja" gesagt: „Dann solltest du es endlich einmal lernen", und vorbei ist es mit der Musik. Wenn ein handwerklich geschickter Vater seinem Sohn über Jahre hinweg zu verstehen gibt, dass er in dem Bereich einfach eine „Niete" ist, er sich später dann bei jedem Nagel, den er in die Wand schlägt, einen blauen Daumen holt (Papa hatte eben doch Recht!), wird er es auch glauben. Wir Menschen bilden von frühester Kindheit an solche Glaubenssätze, die von unseren Eltern, Bekannten, Lehrern oder Freunden verstärkt werden. Stellen Sie sich mal einen Tisch vor, die Tischplatte ist Ihre Meinung, und jedes Tischbein ist eine Bestätigung von außen, die den Glauben festigt. Je mehr Tischbeine Sie für eine Meinung haben, umso fester sitzt der Glaubenssatz.

Der Fokus ist nichts anderes als z. B. die Sichtweise, ob ein Glas nun halb voll oder halb leer ist. Der Fokus ist das, was wir außen wahrnehmen. Und was wir außen wahrnehmen, ist genau das, was wir dann möglicherweise auch denken. Machen wir mal ein kleines Spiel. Schauen Sie sich mal in dem Raum um, in dem Sie sich gerade befinden, und suchen Sie nach der Farbe Rot, ganz intensiv, überall. Eine rote Vase, ein roter Bucheinband, Lippenstift, ein roter Stift, rote Knöpfe zum Ein- und Ausschalten. O.K., gut, jetzt schließen Sie mal bitte die Augen. Lassen Sie die Augen geschlossen und sagen Sie mir, wo in diesem Zimmer die Farbe Blau ist. Rot hätten Sie wohl aus dem Stegreif aufsagen können. Aber Blau! Und das alles nur deshalb, weil Ihr Fokus auf Rot eingestellt war. O.K., öffnen Sie Ihre Augen und suchen Sie jetzt Blau. Blau! Hier ist Blau, dort ist Blau, Dunkelblau, blauer Stift, blaue Hose, blaue Tasche. Es ist ja Wahnsinn, wie viel Blau es gibt, auf einmal.

Ist Ihnen etwas aufgefallen, worauf Sie sich fokussieren? Nicht so richtig, oder? Das, worauf Sie sich nicht konzentrieren, sehen Sie erst gar nicht. Das bedeutet, Sie suchen regelrecht nach einer Bestätigung für Ihren Glaubenssatz. Kennen Sie das? Als ich meinen Motorradführerschein gemacht habe, ist mir erst aufgefallen, wie viele Motorräder es auf der Straße gibt. Ich habe überall Motorräder gesehen. Jeder hatte einen Führerschein! Schwangere Frauen sehen nur noch schwangere Frauen oder Mütter mit Babys. Ist Ihnen so etwas Ähnliches auch schon mal passiert? Frauen machen solche Erfahrungen öfters, wenn sie z. B. eine sündhaft teure Handtasche, die gerade in ist, kaufen und dann plötzlich entdecken, dass sie nicht die Einzige sind, die mit dieser Tasche durch die Stadt flaniert. Oder sie tauchen mit einem neuen Paar Schuhe der absoluten In-Marke auf der Tanzfläche auf und müssen feststellen, dass die Marke wohl so in ist, dass diese Schuhe in diesen Tagen jeder trägt.

Glaubenssätze bremsen oder beflügeln
Die meisten Verkäufer haben Glaubenssätze – ob diese positiv oder negativ sind, entscheidet über den Umgang mit Kunden und darüber, wie erfolgreich der Verkäufer im Markt agiert. Erkennen Sie sich wieder?

Einschränkende Glaubenssätze für erfolglose Verkäufer

- Der Markt ist schwieriger geworden.
- Heutzutage läuft sowieso alles nur noch über den Preis.
- Die Konkurrenz unterbietet uns ständig.
- Ein Verkäufer muss immer glücklich und zufrieden aussehen.
- Ich muss jede Situation meistern.
- Ein Verkäufer hat kein Privatleben.
- Wer erfolgreich sein will, muss hart und viel arbeiten.
- Verkaufen bedeutet den Kunden zu etwas überreden, was er vorher nicht gebraucht hat.
- Verkaufen bedeutet, Türklinken zu putzen.
- Akquisition macht zu viel Arbeit.
- Ohne Fleiß kein Preis.

Wenn Sie es schaffen, diese negativen Glaubenssätze umzuformulieren, kommen Sie Ihren Zielen ein gewaltiges Stück näher. Wenn Sie z. B. alte, einschränkende Glaubenssätze haben, wie „Ich muss alles im Griff haben, ohne mich geht nichts!" oder „Ich muss für alle da sein!", ist Ihre Einstellung gekennzeichnet durch

1. Zwang
2. Generalisierung (immer und überall)
3. Fremdbestimmung
4. Stresserzeugung.

Wenn Sie diese alten, einschränkenden Glaubenssätze in neue, unterstützende Glaubenssätze umformulieren, wie z. B. „Ich vertraue auf unser Team!" oder „Ich sage auch nein!", ist Ihre Einstellung gekennzeichnet durch

1. Auswahl (positiv formuliert)
2. Generalisierung (immer und überall)
3. Selbstbestimmung
4. Befreiung (wohltuend).

Haben Sie in der Liste einen Glaubenssatz bei sich erkannt, der vielleicht zutreffen könnte? Wenn ja, was machen Sie dann? Wie können wir Glaubenssätze verändern? Es kann sein, dass Sie einen einschränkenden Glaubenssatz bei sich hören und anfangen, daran zu zweifeln, was ganz natürlich und durchaus gewollt ist, nachdem Sie diese Informationen erhalten haben. Sie können jetzt erst verschiedene Sichtweisen einnehmen und dadurch anfangen, an Ihren einschränkenden Glaubenssätzen zu zweifeln, um diese in fördernde Glaubenssätze umzuformulieren.

Umformulierung von Glaubenssätzen

Alte einschränkende Glaubenssätze	Neue förderliche Glaubenssätze
z.B. Ich muss alles im Griff haben, ohne mich geht nichts! z.B. Ich muss für alle da sein!	z.B. Ich vertraue auf unser Team! z.B. Ich sage auch nein!
Kennzeichen: 1. Zwang 2. generalisiert (immer und überall) 3. fremdbestimmt 4. stresserzeugend	Kennzeichen: 1. Auswahl/positiv formuliert 2. generalisiert (immer und überall) 3. selbstbestimmt 4. wohltuend/befreiend
Mein alter Glaubenssatz:	Mein neuer Glaubenssatz:

Nehmen Sie einmal an, Sie würden zum Arzt gehen. Nicht zu irgendeinem, sondern zu einem ganz besonderen Arzt. Er würde eine riesengroße Spritze nehmen, einen Meter groß und 30 cm breit, und in dieser Spritze wären alle Fähigkeiten, die Sie brauchen, um ein Spitzenverkäufer zu sein. Diese Fähigkeiten würden Ihnen nichts bringen, wenn Sie einschränkende Glaubenssätze hätten. Einschränkende Glaubenssätze behindern Sie wie ein Klotz am Bein.

Der Unterschied zwischen Erfolg und Misserfolg hängt von Ihrer Einstellung und Ihren Entscheidungen ab. Ihre Entscheidungen werden von Ihren Zuständen gesteuert, und somit steuern Ihre Zustände Ihr Leben. Die Qualität Ihres Lebens hängt von der Qualität Ihrer Fragen, die Sie sich stellen, ab!

Zustandsmanagement

Was ist ein Zustand? Ein Zustand ist ein momentanes Empfinden, wie Sie sich genau fühlen. Stellen Sie sich mal vor, Sie würden bei mir im Seminar sitzen und es wären ungefähr 100 Teilnehmer da. Ich würde zu Ihnen kommen und sagen: Kommen Sie bitte nach vorn, stellen Sie sich bitte vor und erzählen Sie, was Sie verkaufen. Was würde bei Ihnen im Kopf vorgehen? Sie werden vielleicht Bilder im Kopf haben, wie Sie sich blamieren, wie Sie beim Vorlaufen stolpern und hinfallen. Oder Sie würden plötzlich ein komisches, mulmiges Gefühl in Ihrem Bauch haben und leicht schwitzige Hände bekommen. Oder Sie hören eine Stimme, die zu Ihnen sagt: Das schaffe ich nicht! Das kann ich nicht! Ich will mich nicht blamieren! Sie gehen nach vorne und haben diesen Zustand.

Wenn wir über Zustände sprechen, dann sprechen wir über interne Abläufe, das was bei Ihnen im Gehirn vorgeht. Stellen Sie sich mal vor, wir würden es wagen, bei unseren Kunden bzw. bei uns selbst in das Gehirn hineinzublicken. Stellen Sie sich vor, wir würden die Schädeldecke öffnen, hineinschauen und prüfen, wie ganz genau alles abläuft. Wir sprechen also über Ihre internen Abläufe. Wie genau funktioniert das?

Es gibt verschiedene Arten von Zuständen. Es gibt einmal lähmende Zustände, dazu gehören z. B. Depression, Angst, Unsicherheit, Verwirrung usw. Und dann haben wir noch beflügelnde Zustände. Zustände, die uns verleiten, große Dinge zu wagen. Das sind z. B. Leidenschaft, Begeisterung, Liebe, Sicherheit.

All das sind verschiedene Arten von Zuständen. Stellen Sie sich mal vor, Sie beschließen, zu einem besonderen Anlass neue Kleider zu kaufen. Sie machen sich auf den Weg, gehen in verschiedene Geschäfte hinein und sehen ganz plötzlich ein wunderschönes Bekleidungsstück. Sie sehen dieses Bekleidungsstück, und intern laufen verschiedene Prozesse ab.

◯ Sie stellen sich bildlich vor, wie Sie mit dem Kleidungsstück bei dem besonderen Anlass aussehen würden, oder Sie haben ganz andere Bilder im Kopf.

○ Sie hören vielleicht sogar, wie gewisse Personen sagen werden: Oh, das sieht aber wirklich sehr exzellent und elegant bei Ihnen aus, oder Sie hören ganz andere Stimmen.

○ Sie spüren, wie Ihr Körper selbstbewusst und aufrecht ist, vielleicht haben Sie auch ein angenehmes Gefühl.

Das alles läuft innerhalb von wenigen Sekunden blitzschnell bei Ihnen im Kopf ab, wie ein Prozess. Oder stellen Sie sich vor, Sie würden zu einem Kunden gehen, sind vielleicht ein wenig nervös oder aufgeregt. Während Sie bei dem Kunden sitzen und ihn von Ihrem Produkt oder Ihrer Dienstleistung überzeugen möchten, laufen bei Ihnen interne Prozesse ab. Sie stellen sich bildlich vor, dass Ihr Kunde einen abwehrenden Gesichtsausdruck hat, er als Person vielleicht auch viel, viel größer ist. Sie können schon hören, wie der Kunde zu Ihnen sagt: Nein, dieses Produkt gefällt mir nicht. Oder Sie hören den klassischen Einwand: Der Preis ist zu hoch, das Produkt ist zu teuer. Sie hören also interne Dialoge. Sie hören irgendwelche Gespräche, und Sie spüren ein leichtes mulmiges Gefühl in der Bauchgegend oder ganz woanders. Das alles sind interne Prozesse, und wir lassen uns von diesen Prozessen leiten. Was geht ganz genau vor? Wir produzieren Bilder in unserem Kopf. Wir führen Selbstgespräche. Und unserer Körper verändert sich dementsprechend. Diese drei Punkte ergeben den Zustand, das persönliche Empfinden. Wenn Sie also zu einem Verkaufsgespräch gehen wollen, müssen Sie in einem richtigen Top-Spitzen-Zustand sein. Dann wird sich auch ganz automatisch Ihr Verhalten verändern.

Der nächste wichtige Punkt ist der Fokus (Sichtweise), also das, was außen passiert und wie Sie es wahrnehmen. Alles, was außen passiert, ist eine reine Interpretation. Haben Sie ein halb volles oder ein halb leeres Glas vor sich stehen? Informationen von außen werden Input, wenn Sie diese aufnehmen und in Ihrem Gehirn verarbeiten. Dann werden Sie gewisse Bilder sehen, gewisse Selbstdialoge führen und ein gewisses Gefühl oder eine körperliche Veränderung spüren. Diese ganzen Punkte wiederum ergeben Ihren Zustand, der dann Ihren Output, also Ihr Verhalten, beeinflusst.

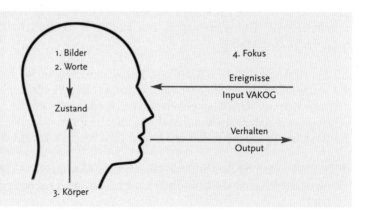

Die Frage ist: Wer ist der Busfahrer in Ihrem Leben? Sind Sie der Busfahrer, oder sitzt niemand vorne am Steuer, und Ihr Bus lenkt in verschiedene Richtungen, gerade so wie es Ihr jeweiliger Gesprächspartner oder aktuelle Ereignisse oder auch einfach nur die aktuelle Wetterlage für richtig erachtet.

Vielleicht erhalten Sie von einem Kunden ein Nein, oder irgendjemand sagt zu Ihnen: „Sie sehen heute aber gar nicht gut aus. Haben Sie sich die Nacht um die Ohren geschlagen?" Alleine diese Aussage versetzt Sie in einen Zustand, den Sie gar nicht wollten. In diesem Fall sitzen nicht Sie am Steuer. Der Bus lenkt in verschiedene Richtungen und ganz bestimmt nicht in die, die Sie wollen. Die Frage ist: Wer ist der Busfahrer? Sind Sie der Busfahrer und bestimmen Sie persönlich, wie Ihr Zustand, also Ihr Empfinden, ist, oder bestimmt das die Außenwelt? Fangen Sie an und beginnen Sie mit mir heute, ab dem jetzigen Tag, Ihren Zustand selbst zu bestimmen. Seien Sie Ihr eigener Busfahrer. Wollen Sie wissen, wie sie innerhalb von Sekunden Ihren Zustand managen und damit effektiv arbeiten können? Sind Sie neugierig, welche Instrumente dafür notwendig sind, um Ihren Bus zu steuern? Ich sage es Ihnen: Es gibt genau zwei Strategien.

Die 1. Strategie ist: Verändern Sie Ihren Körper

Wenn Sie Ihren Körper verändern, verändern Sie Ihren Zustand. Unser Körper ist der direkte Schlüssel zu unseren Gefühlen und unseren Zuständen. Vielleicht kennen Sie die Aussage von Ihrer Mutter oder Ihrem Vater, die betonten: Mensch, Junge oder Mädel, geh aufrecht! Sie kennen diese Worte. Das heißt also für Sie: Wenn Sie in einem schlechten Zustand sein möchten, müssen Sie nur Ihre Schulter, Ihren Kopf nach unten hängen lassen und so durchs Leben gehen. Wollen Sie erfolgreich sein, dann müssen Sie Ihren Körper aufrichten, sich gerade halten, dass die gesamte Energie Ihren Körper durchströmen kann. So sind Sie zu Spitzenleistungen fähig.

Was und wie wir unseren Körper einsetzen

Der Körper steht in direkter Beziehung zu Ihren Gefühlen und Zuständen. Es wurde einmal ein wissenschaftliches Experiment gemacht, bei dem Studenten die Aufgabe bekommen haben, zwei Gruppen zu untersuchen. Die Mitglieder beider Gruppen waren deprimiert. Die Aufgabe war, eine Gruppe sollte zu einer therapeutischen Sitzung gehen und sich behandeln lassen. Die andere Gruppe sollte jeden Tag joggen gehen. Eine Frage an Sie: Was meinen Sie? Welcher Gruppe ging es besser? Sie haben fast richtig geraten. Es ging beiden Gruppen gleich gut. Nur was ist der Unterschied?

Der Unterschied ist folgender: Die erste Gruppe, die zu dem Psychotherapeuten gegangen ist, hat eine Besserung durch fremde Hilfe von außen erzielt. Die anderen Personen, die joggen gegangen sind, haben es durch eigene Initiative erreicht, in einen besseren Zustand zu kommen. Liebe Leser, wenn Sie schlecht drauf sind, wenn Sie deprimiert sind, fangen Sie an, Ihren Körper als Instrument zu nutzen. Machen Sie Sport, gehen Sie joggen, ernähren Sie sich gut und bringen Sie Ihren Körper zu Höchstleistungen. Ihr Körper steht in direkter Beziehung zu Ihrem Zustand.

Er ist der Schlüssel, der absolute Schlüssel dafür!

Die 2. Strategie ist: Stellen Sie Fragen

Sie haben richtig gelesen: fragen. Eine Frage bringt Sie dazu, interne Abläufe zu repräsentieren, diese widerzuspiegeln. Ein Beispiel: Was haben Sie bei Ihrem letzten Urlaub gemacht? Können Sie sich noch an Ihren letzten oder an Ihren ersten Kuss erinnern? Wissen Sie noch, wie das war, dieses angenehme, schöne Gefühl? Welche internen Prozesse geschehen dabei genau? Der Prozess läuft folgendermaßen ab: Es wird eine Frage gestellt, und sofort werden intern blitzschnell Bilder produziert. Selbstgespräche oder Geräusche werden produziert. Das alles löst ein Gefühl in Ihrem Körper aus. Das heißt also: Sie kennen das Sprichwörtchen: Wer fragt, der führt. Es geht noch viel, viel tiefer, und Sie werden verwundert sein, wie tief dieses Buch noch gehen wird. Doch zurück zum Steuern der Zustände: Sie können sich selber jeden Morgen fragen: Wann war ich so richtig erfolgreich? Wann war mein erfolgreichster Abschluss? Wie war meine Körperhaltung? Was habe ich gedacht? Was habe ich selber zu mir gesagt? Was habe ich gesehen? Malen Sie sich das bitte ganz plastisch aus. Und Sie werden lernen, sich in diesen Zustand blitzschnell hineinzuversetzen.

Zeigen Sie mir einen erfolgreichen Menschen, einen, der es wirklich zu Spitzenleistung gebracht hat. Und ich zeige Ihnen einen, der immer wieder in einem Spitzenzustand ist. Ich zeige Ihnen einen Menschen, der positive Bilder im Kopf, positiv zu sich selbst spricht, eine aufrechte Körperhaltung und immer ein angenehmes, gutes Gefühl hat. Erfolgreiche Menschen haben die Fähigkeit, Ihre Zustände zu steuern. Sie haben diese Fähigkeiten jetzt auch. Sie müssen nur damit beginnen, den ersten Schritt zu tun, und anfangen, Ihre Zustände selbst zu steuern. Wer ist der Busfahrer? Sind Sie der Busfahrer oder ist irgendjemand anders der Busfahrer?

Entfalten Sie Ihre einzigartige Identität

Ein jeder Mensch will etwas sein, doch keiner will etwas werden.
Johann Wolfgang von Goethe

Der Fluss und die Wüste

Ein Fluss wollte durch die Wüste zum Meer. Aber als er den unermessli-
chen Sand sah, wurde ihm angst, und er klagte: „Die Wüste wird mich aus-
trocknen, und der heiße Atem der Sonne wird mich vernichten." Da plötzlich hörte er eine Stimme, die sagte: „Vertraue dich der Wüste an." Aber der
Fluss entgegnete: „Bin ich dann noch ich selber? Verliere ich nicht meine
Identität?" Die Stimme aber antwortete: „Auf keinen Fall kannst du bleiben, was du bist." So vertraute sich der Fluss der Wüste an. Wolken sogen
ihn auf und trugen ihn über die heiße Sandfläche. Als Regen wurde er am
anderen Ende der Wüste wieder abgesetzt. Und aus den Wolken strömte
ein Fluss, schöner und frischer als zuvor. Da freute sich der Fluss und
sagte: „Jetzt bin ich wirklich ich."

Finden Sie Ihre absolute und einzigartige Identität. Finden Sie heraus,
was Sie denken. Finden Sie heraus, welche Kraft in Ihnen steckt. Wie beeinflusst die Umwelt Sie? Welches Verhalten haben Sie und welches Verhalten sollten Sie haben? Welche Fähigkeiten benötigen Sie, um an die
Spitze zu kommen? Welche Fähigkeiten besitzen Sie? Welchen Glauben
haben Sie, welche Überzeugung, und welche Überzeugung sollten Sie
haben? Und welche Identität, welche Person sind Sie? Bitte beantworten
Sie sich die folgenden Fragen:

Welche Rahmenbedingungen und welche äußeren Umstände gefallen Ihnen in Ihrem Beruf als
Verkäufer besonders gut?

_____

_____

Welche Tätigkeit macht Ihnen am meisten Spaß?

_____

_____

Welche Fähigkeiten sind im Verkauf wichtig? Welche davon habe ich?

_____

_____

Warum habe ich mich für den Verkauf entschieden?

_____

_____

Was sind meine wichtigsten Prinzipien im Verkauf?

_____

_____

Was ist im Berufsleben wichtig für mich? Welche Werte müssen für mich erfüllt sein, damit ich Spaß an der Tätigkeit habe?

_____

_____

Wie sehe ich mich, wer bin ich als Verkäufer?

_____

_____

Bei welcher Gruppe von Menschen fühle ich mich wohl? In welchem Team spiele ich mit?

_____

_____

Warum sollte ein Kunde bei mir kaufen statt bei anderen?

_____

_____

Wenn Sie die Fragen beantwortet haben, frage ich Sie: Und was denken Sie über Ihren Beruf? Was denken Sie über sich selbst? Welches Potenzial steckt noch in Ihnen und soll endlich entfaltet werden? Jedenfalls ist es besser, ein eckiges Etwas zu sein als ein rundes Nichts.

Seien Sie zu 100% kongruent

Eine Frau kam mit ihrem kleinen Sohn zu dem weisen Ali. „Meister", sprach sie, „mein Sohn ist von einem furchtbaren Übel befallen. Er isst Datteln von morgens bis abends. Wenn ich ihm keine Datteln gebe, schreit er, dass man es bis in den siebten Himmel hört. Was soll ich tun, bitte hilf mir!" Der weise Ali schaute das Kind freundlich an: „Gute Frau, geht nach Hause und kommt morgen zur gleichen Zeit wieder!" Am nächsten Tag stand die Frau, müde von der langen Reise, mit ihrem Sohn wieder vor Ali. Der große Meister setzte den Jungen auf seinen Schoß, sprach freundlich zu ihm, nahm ihm schließlich die Datteln aus der Hand und sagte: „Mein Sohn, erinnere dich der Mäßigkeit. Es gibt auch andere Dinge, die gut schmecken." Mit diesen Worten entließ er Mutter und Kind. Etwas verwundert fragte die Frau: „Großer Meister, warum hast du das nicht schon gestern gesagt, warum mussten wir den langen Weg zu dir noch einmal machen?" „Gute Frau", antwortet da Ali, „gestern hätte ich deinem Sohn nicht überzeugend sagen können, was ich ihm heute sagte, denn gestern hatte ich selber die Süße der Datteln genossen!"

Einige von Ihnen kennen den Begriff „kongruent sein" sicher aus der Mathematik. Dort bedeutet kongruent deckungsgleich. Sind Sie mit sich immer deckungsgleich? Sind Sie mit sich eins? 100% kongruent sein heißt, dass Ihre Bilder in Ihrem Kopf, Ihre Handlungen, Ihre Körperbewegungen und Ihr gesprochenes Wort eins sind. Stellen Sie sich vor, ein Karatekämpfer würde sich vorbereiten und möchte zehn Ziegel mit seiner flachen Hand durchschlagen. Der Karatekämpfer muss sich erst konzentrieren. Er stellt sich bildlich vor, wie er mit einem Schlag seiner Handfläche die 10 Ziegel durchschlägt. Er konzentriert sich, wärmt seinen Körper auf, und dann schlägt er zu. JA – die Ziegel zerbrechen. Er war deckungsgleich. Seine Bilder, seine Körperhaltung und das gesprochene Wort, JA (oder UH), waren komplett eins. Nur so können Sie die absolute Kraft und die absolute Identität und die absolute Authentizität Ihren Kunden entgegenbringen. Seien Sie kongruent.

Beantworten Sie kurz die Frage: Was denken Sie über Ihr Produkt oder Ihre Dienstleistung? Bilden Sie eine Einheit zwischen Ihrem gesprochenen Wort, Ihrer Körpersprache und Ihren Gedanken. Bei 100% Stimmigkeit fühlen Sie sich am sichersten und am stärksten. Wer sich sicher fühlt, hat eine mächtige Überzeugungskraft. Seien Sie authentisch.

Es fällt kein Meister vom Himmel

Ein Zauberkünstler führte am Hofe des Sultans seine Künste vor und begeisterte seine Zuschauer. Der Sultan selber war außer sich vor Bewunderung: „Gott, steh mir bei, welch ein Wunder, welch ein Genie!" Sein Wesir aber gab zu bedenken: „Hoheit, kein Meister fällt vom Himmel. Die Kunst des Zauberns ist die Folge seines Fleißes und seiner Übung." Der Sultan runzelte die Stirn. „Du undankbarer Mensch! Wie kannst du behaupten, dass solche Fertigkeiten durch Übung kommen? Es ist, wie ich sage: Entweder man hat das Talent oder man hat es nicht. Du hast es jedenfalls nicht, ab mit dir in den Kerker. Dort kannst du über meine Worte nachdenken. Damit du nicht so einsam bist und du deinesgleichen um dich hast, bekommst du ein Kalb als Kerkergenosse." Vom ersten Tag seiner Kerkerzeit an übte der Wesir nun, das Kalb hochzuheben, und trug es jeden Tag über die Treppe seines Kerkerturmes. Die Monate vergingen dabei. Eines Tages erinnerte sich der Sultan an seinen Gefangenen. Er ließ ihn zu sich holen. Bei seinem Anblick überwältigte ihn das Staunen: „Gott, steh mir bei, welch ein Wunder, welch ein Genie!" Der Wesir, der mit ausgestreckten Armen einen Stier trug, antwortete mit den gleichen Worten wie damals: „Hoheit, kein Meister fällt vom Himmel. Meine Kraft ist die Folge meines Fleißes und meiner Übung."

- Seien Sie von sich selbst überzeugt. Finden Sie Ihr WARUM heraus, Ihren zwingenden Grund.

- Von was Sie überzeugt sind, haben Sie Recht. Welche Glaubenssätze kontrollieren Ihr Leben und welche Glaubenssätze sind förderlich?

- Zustandsmanagement – beginnen Sie, tagtäglich Ihren Zustand zu managen, durch Ihre Körperhaltung und die richtigen Fragen.

- Entfalten Sie Ihre einzigartige Identität. Wie ist Ihre Umwelt? Wie ist Ihr persönliches Verhalten? Wie ist Ihre Fähigkeit? Wie ist Ihr Glaube und Ihre Überzeugung?

1.2 Die Werkzeuge eines Spitzenverkäufers

Mit welchen Werkzeugen arbeiten die Spitzenverkäufer? Wie können Sie diese Werkzeuge in Ihrem täglichen Leben umsetzen? Welche Veränderungen würden Sie durch den Einsatz der effektiven Werkzeuge der Spitzenverkäufer erreichen? Antworten auf diese Fragen liefert das folgende Kapitel.

Zeitmanagement

Was wollen Sie wirklich erreichen? Es ist eine grundlegende Frage, die Sie sich regelmäßig stellen sollten. Klar formulierte Ziele sind der Schlüssel zum Erfolg. Genau definierte Zeitpläne sind der Garant dafür, Effektivität und Spitzenleistung zu erreichen.

Wenn ich weiß, was ich will, weiß ich auch, was ich brauche, um es zu bekommen.
Managerweisheit

1952 wurde an der Stanford Universität in Kalifornien eine Langzeitstudie gestartet, um das Leben einer ausgewählten Gruppe von Studenten und Studentinnen zu beobachten. 2% der Studenten schrieben ihre Ziele kontinuierlich auf. 10% der Studenten setzten sich Ziele, aber schrieben sie nicht auf. Die restlichen Studenten hatten gar keine Ziele. 20 Jahre später hatten die 2% der Studenten, die ihre Ziele kontinuierlich und schriftlich festgelegt hatten, mehr Geld verdient als alle anderen 98% zusammen. Als Grundlage des Erfolges wurde der Faktor Geld genommen; schließlich lassen sich allgemeine Werte wie Wohlbefinden oder Zufriedenheit nicht oder nur sehr schwer messen.

Erfolgreiche Spitzenverkäufer setzten sich kontinuierlich schriftlich festgelegte Ziele. Wo möchten Sie in fünf Jahren sein? Welches Einkommen haben Sie? In welcher Umgebung leben Sie? Wie ist Ihr Verhalten? Welche Fähigkeiten besitzen Sie? Welche Überzeugung und welchen Glauben haben Sie? Wer werden Sie in 5 Jahren sein? Wer werden Sie in 2 Jahren sein? Und wer werden Sie in einem Jahr sein?

Wenn Sie merken, dass ein Ziel Unbehagen oder sogar Unzufriedenheit bei Ihnen auslöst, und Sie sind ermüdet, an der Realisierung zu arbeiten, dann ist es womöglich das falsche Ziel. Denken Sie an Ihre Werte, denken Sie an Ihre Ziele und die Motivation, welchen Weg Sie genau gehen möchten. Finden Sie Ihre Werte heraus und leben Sie nach Ihren Werten. Egal welche Ziele Sie auch immer verfolgen, diese sollten positiv formuliert sein. Manchmal treffe ich Personen, die mir immer wieder sagen, was sie nicht erreichen wollen, was sie nicht haben möchten. Da frage ich mich immer wieder: Was will diese Person denn nun wirklich haben? Manche Verkäufer schreiben zum Beispiel auf: Ich möchte im Umgang mit Kunden nicht mehr so nervös sein. Oder: Ich möchte diesen Auftrag nicht verlieren. Das alles sind negativ formulierte Zielvorstellungen. Und Sie wissen inzwischen ja, das Unterbewusstsein kennt das Wort NICHT nicht. Das gilt genauso für Ihr persönliches Ziel- und Zeitmanagement.

Bestimmen Sie Ihre Ziele spezifisch und so genau wie möglich. Wann wollen Sie Ihr Ziel erreichen? Wo wollen Sie sein? Wie wollen Sie es erreichen? Genaue Messeinheiten sind bei der Zieldefinierung maßgeblich wichtig. Was Sie bei der Zielsetzung vermeiden sollten:

- Nicht von anderen abhängig machen.
- Kein Vergleich mit anderen Personen oder Dingen.
- Keine Negationen. Also: keine, nicht etc.

Zielcheckliste

- Ein Ziel muss klar und eindeutig formuliert sein.
- Verwenden Sie eine positive Sprache.
- Ein Ziel muss einen festen Termin haben.
- Verwenden Sie Ich-Formulierungen: Ich bin ..., Ich habe ...

Machen Sie sich genaue Gedanken, wo Sie in 5 Jahren stehen möchten. Stellen Sie sich die Frage: Was will ich in 5 Jahren erreicht haben und sein? Beantworten Sie die Frage klar, positiv und mit Termin.

- Was wollen Sie in 3 Jahren erreichen und sein?
- Was wollen Sie in 2 Jahren erreichen und sein?
- Was wollen Sie in einem Jahr erreichen und sein?

Machen Sie sich einmal über den Zeitraum eines Jahres Gedanken: Um wie viel sollte sich Ihr Umsatz steigern? Wie viele Abschlüsse möchten Sie erreichen? Wie viele Neukunden wollen Sie gewinnen? Wie groß ist Ihr grundsätzliches Kundenpotenzial? Wie viele Stammkunden haben Sie? Wenn Sie wissen, was Sie in einem Jahr erreichen möchten, wie hoch z. B. Ihre Umsatzsteigerung sein soll, dann beginnen Sie im nächsten Schritt herauszufinden, wie viele Aufträge Sie abschließen müssten, um dieses Ziel zu erreichen. Wie viele Neukunden müssten Sie dazu gewinnen? Wenn Sie genau wissen, was Sie in einem Jahr erreichen wollen, dann brechen Sie es herunter auf einen Monat. Was müssen Sie jeden Monat erreichen, dass sie tatsächlich Ihr Ziel in einem Jahr, in 2 Jahren, in 3 und in 5 Jahren erreichen werden. Und wenn Sie es auf einen Monat heruntergebrochen haben, brechen Sie es wieder herunter auf eine Woche. Dann brechen Sie es wieder herunter auf einen Tag. Somit wissen Sie, was Sie jeden Tag leisten müssen, um Ihr Ziel zu erreichen. Jetzt müssen Sie sich nur noch darauf konzentrieren, jeden Tag Ihr Pensum abzuarbeiten. Verwenden Sie einen 3-Stufen-Ziel-Erreichungsplan.

Der 3-Stufen-Plan zum Ziel

Träume nicht dein Leben, lebe deine Träume.
Walt Disney

Die meisten Menschen haben die größten Schwierigkeiten und setzen sich entweder viel zu große Ziele, die nicht erreichbar sind, oder viel zu kleine Ziele, an deren Realisierung sie keine Freude haben. Setzen Sie sich ruhig große Ziele, die Sie herausfordern. Große Ziele sind wichtig. Sie sollten jedoch auch realistisch sein und bei Ihnen ein gutes Gefühl auslösen. Sie sollten Freude empfinden, wenn Sie an das Ziel denken, und diese Freude muss den Druck überwinden, den Sie auf dem Weg dorthin immer wieder verspüren. Sie sollten ein schlechtes Gefühl haben, wenn Sie daran denken, Ihr Ziel – aus welchen Gründen auch immer – nicht zu erreichen. Ich empfehle Ihnen deshalb: Machen Sie einen 3-Stufen-Ziel-Plan.

Setzen Sie sich ein **Maximal-Ziel.** Ein wirklich ganz großes Ziel, bei dem Sie in die Sterne greifen wollen, wo Sie sich recken und strecken müssen, wo Sie sich anstrengen müssen, wo Sie alles geben müssen, um es auch zu erreichen. Dann ein **erwartetes Ziel.** Dieses Ziel ist selbstverständlich zu erreichen, weil es Ihren Erwartungen entspricht. Und schließlich ein Minimal-Ziel. Ein **Minimal-Ziel** umfasst das wirkliche Minimum, mit dem Sie (notfalls) auch zufrieden sind, wenn sie es erreichen. Hiermit haben Sie eines geschafft: Sie werden mit Sicherheit eines von diesen drei Zielen erreichen. Dann sind Sie nie deprimiert, wenn Sie ein Ziel nicht erreichen sollten. Diese Strategie gibt Ihnen Selbstvertrauen, gibt Ihnen Kraft und gibt Ihnen die Motivation, sich immer wieder neue Ziele zu setzen und auch zu erreichen. Befolgen Sie den Rat und machen Sie einen 3-Stufen-Ziel-Plan für ein Jahr, für zwei Jahre, für drei Jahre und für fünf Jahre. Brechen Sie es herunter bis auf einen einzigen Tag. Ich weiß nicht, wie es Ihnen geht, aber wenn ich mir ein Ziel setze und ich erreiche das Ziel, das gibt mir Kraft, das gibt mir Motivation, noch mehr zu leisten, noch mehr zu machen. Das gibt eine Energie, die von innen heraus kommt und Größt-, Best- und Spitzenleistungen möglich macht.

Mehr Zeit mit dem Telefon gewinnen

Man mag es kaum glauben, aber viele Verkäufer haben Angst vor dem Telefon, Angst vor der Absage des Kunden, Angst vor der Ablehnung und dem hilflosen Ausgeliefertsein, wenn man dem Kunden nicht von Angesicht zu Angesicht gegenübersitzt. Dabei bietet das Telefon doch die besten Möglichkeiten, an Kunden ganz nahe heranzukommen. Denken Sie doch nur einmal daran, wenn Sie mit einem Kunden telefonieren: Sie sind per Telefon direkt am Ohr des Kunden und ihm damit so nahe wie nie. Wenn Sie es nun schaffen, Ihre Überzeugungskraft durch das Telefon direkt in das Gehirn des Kunden zu transportieren und Ihre Begeisterung etwas tiefer im Herzen des Kunden zu platzieren, was wollen Sie mehr? Sie werden zukünftig gerne zum Telefon greifen, aktiv Termine vereinbaren oder in manchen Fällen sogar direkt verkaufen – und das alles mit dem Wundermittel Telefon!

Natürlich funktioniert das nur, wenn Sie das Telefon nicht länger als Ihren Feind, sondern ab sofort als Ihren Freund betrachten. Einen Freund, der es Ihnen erlaubt, zu jeder beliebigen Zeit mit Ihrem (potenziellen) Kunden ins Gespräch zu kommen. Sie können noch im Schlafanzug am Schreibtisch sitzen, eine erste gemütliche Tasse Kaffee genießen und schon aktiv sein. Sie können mehr Zeit mit Ihren Lieben verbringen, wenn Sie weniger auf der Strecke sind, weil Sie nicht mehr einfach nur „blind" auf der Suche nach Kunden durch die Gegend fahren, sondern gezielt per Telefon Besuchstermine vereinbaren.

Der direkte Draht

Das Telefon ist Ihr direkter Draht zur Welt. Sie können inzwischen immer und überall zum Telefon bzw. Handy greifen. Nutzen Sie diese Möglichkeit und kommen Sie mit Ihrem Gegenüber per Telefon in Kontakt. Sprechen Sie Ihre Themen selbstbewusst und offen an und hören Sie Ihrem Gegenüber umgekehrt auch aufmerksam zu. Am Telefon, ohne Gestik und Mimik, kommt es noch einmal mehr darauf an, wie Sie etwas sagen. Der Ton macht die Musik. Ihre Stimmung überträgt sich durch das Telefon auf Ihr Gegenüber, negativ ebenso wie positiv. Umso mehr sollten Sie darauf achten, dass Sie, auch wenn Sie ungewaschen am Schreibtisch sitzen (lümmeln würde ich Ihnen nicht empfehlen, weil auch das am anderen Ende der Leitung hörbar ist), mental in einem guten Zustand sind. Umgekehrt können Sie es aber auch schaffen, einen Kunden, der vielleicht gerade „ungemütlich" ist, durch die richtigen Worte am Telefon in einen besseren Zustand zu versetzen.

Freundlichkeit ist am Telefon oberstes Prinzip. Bleiben Sie ruhig, was immer Ihr Gegenüber auch „vom Stapel lässt", nehmen Sie sich (so viel) Zeit (wie Ihr Kunde braucht), und bedenken Sie, dass jeder die Welt mit anderen Augen sieht. Sprechen Sie die Sprache Ihres Kunden, dann fühlt er sich als Mensch mit seinen Wünschen, Ängsten und Problemen angenommen. Helfen Sie ihm durch die richtigen Fragen, für sich selbst Antworten zu finden. Wie Sie in den folgenden Kapiteln noch erkennen werden, unterscheidet sich der Umgang mit Kunden nicht wesentlich, ob Sie mit diesen nun per Telefon oder direkt in Kontakt treten. Nutzen Sie den direkten Draht von Mensch zu Mensch, und das Telefon wird Ihnen die besten Dienste leisten. Oder könnten Sie sich vorstellen, auch nur einen Tag ohne Telefon auszukommen?

Termine mit dem Telefon vereinbaren

Eines Tages ist ein Seminarteilnehmer zu mir gekommen und hat gesagt: Herr Galal, können Sie mir nicht einen Tipp geben, ich möchte meinen Umsatz steigern. Ich sagte zu ihm: O.K. Erzählen Sie mir, wie Sie an Ihre Termine kommen. Er sagte zu mir: „Ganz einfach, ich schaue meine gesamte Datenbank an, und dann plane ich, wann ich welchen Kunden besuche." Bei den vielen wöchentlichen Kundengesprächen machte er gegebenenfalls ein oder zwei Aufträge. Eine wichtige Tatsache hatte er allerdings verschwiegen. Denn meistens ist er bei den Kunden einfach vorbeigefahren, und wenn er Glück hatte, waren diese im Hause und wollten auch beraten werden. Bei aller Kundenpflege war allerdings die Quote, dass er die entscheidenden Personen auch wirklich erreichte, ziemlich gering. Und ich sagte zu ihm: Vereinbare Termine und benutze dazu das Telefon. Das Telefon ist einer der effektivsten Zeitsparmechanismen, die es gibt. Überlegen Sie einfach. Sie machen am Tag vielleicht 10 oder 15 Kundenbesuche, und nur 5 treffen Sie auch an, wovon einer oder zwei einen Auftrag vergeben. Wenn überhaupt! Überlegen Sie:

- Ist es für den Kunden angenehm, wenn Sie unerwartet auftauchen?
- Könnten Sie auf einem anderen Weg nicht viel mehr Kunden an einem Tag erreichen?

Dann rechnete ich mit ihm aus, wie viele Kunden er telefonisch erreichen konnte. Er konnte am Tag mit mindestens 40 Kunden telefonieren. Dass heißt also, fast dreimal so viele Kundenkontakte pro Tag wie vorher. Er hatte also eine riesige Zeitersparnis. Von der Effizienz gar nicht zu sprechen! Nach dieser Erkenntnis telefoniert er wirklich einen Tag pro Woche und vereinbart Termine für die restliche Woche. Schon am Telefon konnte er den einen oder anderen Auftrag verzeichnen, seine Termine waren viel effektiver, viel effizienter, und er konnte alles in allem viel mehr erreichen. Das Telefon ist ein hervorragendes Werkzeug, um verschiedene Dinge abzuklären.

- Sie können in kürzester Zeit viel mehr Menschen erreichen.
- Sie können mit dem Telefon Termine machen.
- Bereits am Telefon erreichen Sie bei manchem Kunden eine erste kleine Entscheidung.

Machen Sie doch einfach mal eine Zeit lang eine statistische Erfolgsplanung. Finden Sie heraus, wie viele Telefonkontakte Sie machen müssen, um einen Termin zu machen. Wenn Sie diese Quote haben, sind Sie sich sicher und wissen ganz genau, wie viele Telefonate Sie machen müssen, um noch erfolgreicher zu werden. Wenn Sie wissen, wie viele Termine Sie machen müssen, um einen Abschluss zu bekommen, können Sie sich ganz genau ausrechnen, wie viele Telefonate Sie in einer Woche machen müssen oder wollen, um Ihr wirkliches Ziel, also Ihr Wochenziel, zu erreichen.

Benutzen Sie das Telefon auch, um Weiterempfehlungen zu bekommen. Benutzen Sie das Telefon, um Ihre Kundenkontakte einfach nur zu pflegen. Ein kurzer Anruf bei verschiedenen Kunden, und sei es nur, um nachzuprüfen, ob beim letzten Auftrag alles in Ordnung war, hilft schon, um dem Kunden ein gutes Gefühl zu geben. Da ist jemand, der sich um mich und meine Belange kümmert – und nicht immer nur dann, wenn ich etwas kaufen soll. Genau bei dieser Pflege der Kunden können Sie nach einer Weiterempfehlung fragen. Und er wird sie Ihnen gerne geben!

Exzellentes Verkaufen

Wenn Sie an Spitzenleistung herankommen möchten, müssen Sie verschiedene Punkte erreichen. Sie müssen kontinuierlich daran arbeiten, Termine zu machen. Kontinuität ist gefragt.

Mein Umsatzziel   **Ziel**

Aufteilung der Produkte oder Dienstleistung:

1. Produkt _____ : _____ St. x _____ Prov. =   _____

2. Produkt _____ : _____ St. x _____ Prov. =   _____

A K T I V I T Ä T E N

Wie viel Interessenten benötigen Sie, um einen Abschluss zu tätigen?
Angenommene Abschlussquote (z.B. 3 Interessenten für 1 Auftrag)   _____

Wie viel Kontakte brauchen Sie, um einen Interessenten zu erhalten?
(z.B. 6 Kontakte für 1 Interessent)
Kontakte über Telefon oder persönlich   _____

_____ Interessenten x _____ Kontakte =   _____

(z.B. 3 Interessenten x 6 Kontakte = 18 Kontakte)

_____ Kontakte x _____ Aufträge =   _____

(z.B. 18 Kontakte x 100 Aufträge = 1800 Kontakte)

_____ Kontakte : _____ Tage =   _____

(z.B. 1800 Kontakte : 200 Arbeitstage im Jahr = 9 Kontakte)

Sie können alles erreichen, was Sie wollen. Sie können so viel verdienen,
wie Sie wollen. Sie müssen nur darauf achten, dass Sie Ihre Kontakte auch
wirklich jeden Tag erreichen. Konzentrieren Sie sich auf Ihre Kontakte
und vergessen Sie Ihre Umsätze, weil das, was Sie wirklich jeden Tag beeinflussen können, sind Ihre Kontakte. Je mehr Kontakte Sie machen,
desto mehr Chancen haben Sie, einen Auftrag zu erhalten. Mit nachfolgenden Punkten erhalten Sie wertvolle Tipps und eine kurze Erklärung,
wie Sie Ihre genauen Kontaktzahlen errechnen können:

- Sie sollten sich genaue Ziele setzen. Wie viel wollen Sie realistisch im
  Jahr verdienen? Tragen Sie die Zahl oben rechts ein.
- Wie viel Provision bekommen Sie pro Auftrag? Tragen Sie den Betrag
  auch ein.
- Die Frage, die Sie sich stellen sollten, ist: Wie viele Aufträge müssen Sie
  machen, um Ihr tatsächliches Provisionsziel zu erreichen?

- Wie viele Interessenten benötigen Sie, um einen Abschluss zu tätigen? Wie ist Ihre angenommene Abschlussquote? Tragen Sie die Zahl in der zweiten Spalte ein.
- Wie viele Kontakte brauchen Sie, um einen Interessenten zu erhalten? Es ist egal, ob Sie diese mit dem Telefon erledigen oder jeden persönlich besuchen, um festzustellen, wer Ihr Interessent ist. Tragen Sie es in der dritten Spalte ein.
- Jetzt wissen Sie, wie viele Kontakte und Interessenten Sie brauchen, um einen Auftrag zu tätigen. Tragen Sie diese Kontaktzahl in der vierten Spalte ein.
- Sie brauchen z. B. 18 Kontakte, um einen Auftrag zu erhalten, und Sie wollen z. B. 100 Aufträge machen, um Ihr tatsächliches Provisionsziel zu erreichen. Multiplizieren Sie Ihre Aufträge mit Ihren angenommenen Kontakten, die Sie benötigen, um einen Auftrag zu erhalten. Tragen Sie es in der fünften Spalte ein.
- Sie haben somit eine Übersicht, wie viele Kontakte Sie im ganzen Jahr machen müssen, um Ihr Ziel zu erreichen. Dividieren Sie Ihre Kontakte durch Ihre Arbeitstage, z. B. 200 Tage im Jahr. Der Rest sind Urlaub, Wochenenden und Feiertage oder Zeiträume, in denen Sie sich vielleicht eine Auszeit nehmen wollen. Sie erhalten jetzt eine genaue Zahl, um zu wissen, wie viele Kontakte Sie täglich brauchen, um Ihr gestecktes Ziel zu erreichen.

Persönlich genommen, haben Sie jetzt keine Ausrede mehr. Sie müssen Ihre Kontakte täglich erreichen, und wenn Sie es nicht machen, dann sind sie selber schuld, oder?

Kontakt herstellen

Das erinnert mich an einen meiner Mitarbeiter im Vertrieb, der wirklich permanent Kontakte machte und permanent telefonierte. Er war nicht der überragende Top-Verkäufer. Er hatte auch noch nicht diesen Dreh heraus, absolut schnell eine gute Beziehung mit dem Kunden aufzubauen. Aber eins hatte er: Er hatte den eisernen Willen, permanent Kontakte zu machen. Er hatte viel mehr Kontakte als alle anderen Verkäufer. Diese Kontaktzahl und die sich daraus ergebenden Chancen haben ihn wirklich an die Spitze des Verkaufens gebracht. Nach einer Weile hatte er auch seine anderen Fähigkeiten und Fertigkeiten immer weiter verbessert.

Ich persönlich schätze es sehr, wenn Verkäufer ehrlich und aufrichtig sind. Eines Tages ist ein Finanzfachmann zu mir gekommen und hat mich beraten, meine finanzielle Situation durchleuchtet. Er hat mir die gesamten Möglichkeiten aufgezeigt, wie es zurzeit auf dem Finanzmarkt wirklich ist, um sein Geld so effektiv und so effizient wie möglich anzulegen. Dabei gab es natürlich verschiedene Highlights, die wir beide grundlegend für sehr effektiv hielten, um mein Geld schnellstmöglich zu vermehren. Doch er riet mir in der momentanen Lage ab, diesen Punkt abzuschließen, und begründete diese Entscheidung für mich auch sehr verständlich und logisch. Genau das schätzte ich an ihm, dass er mir in aller Aufrichtigkeit und Ehrlichkeit sagte, wozu er als Fachmann, als Spezialist in diesem Bereich tendieren würde und warum.

Seien Sie Ihrem Kunden gegenüber aufrichtig und ehrlich und Sie bekommen es um ein Vielfaches wieder zurück. Wenn Sie es schaffen, dass Sie bei einem Kunden sagen: Nein, dass ist momentan nicht der richtige Zeitpunkt für Sie, diese Investitionen zu tätigen, merkt der Kunde, dass Sie nicht nur auf Ihre Provision aus sind und darauf, „auf Teufel komm raus" etwas zu verkaufen. Der Kunde merkt, dass Sie es ehrlich mit ihm meinen. Der Kunde merkt, dass er einen vertrauenswürdigen Berater hat, der ihm ganz genau sagt, wann etwas möglich ist und wann nicht, wann er z. B. etwas investieren sollte oder eben auch nicht. Alles im Leben kommt zurück.

Zusammenfassung: Die Werkzeuge eines Spitzenverkäufers

1. Zeitmanagement:
Beginnen Sie Ihre Zeit so effektiv wie möglich zu planen. Finden Sie heraus, wo Sie in 5 Jahren, in 3 Jahren, in 2 Jahren und in einem Jahr sein möchten. Brechen Sie es herunter bis auf einen Tag. Dann wissen Sie auch, was Sie jeden Tag machen sollten.

2. Mehr Zeit mit dem Telefon gewinnen:
Nutzen Sie die Kraft und Macht des Telefons. Sie können so viel mehr Menschen erreichen. Machen Sie sich Zeitblöcke. Machen Sie Statistiken. Pflegen Sie Ihre Kunden am Telefon.

3. Exzellentes Verkaufen:
Arbeiten Sie kontinuierlich an Ihrem Erfolg. Mehr Kontakte heißen mehr Geschäft. Seien Sie aufrichtig und ehrlich.

2. Verkaufspsychologie für Insider

Haben Sie sich schon einmal gefragt, warum Sie gerade bei einem bestimmten Verkäufer etwas gekauft haben und bei einem anderen nicht? Haben Sie im Gespräch mit einem Verkäufer, der Ihnen etwas verkaufen wollte, bemerkt, dass Sie ganz plötzlich so ein Gefühl haben, Sie müssten es unbedingt (jetzt gleich und hier) kaufen, Sie wollten dieses Produkt oder diese Dienstleistung unbedingt haben. Was waren die Gründe, dass Sie wirklich gekauft haben? Welche internen Prozesse laufen bei uns Menschen ab, wenn wir uns entscheiden, ob wir etwas kaufen oder wie wir etwas kaufen? Welche Geheimnisse haben die meisten Werbespots, die im TV laufen? Was sind die Geheimnisse der Spitzenverkäufer, die genau wissen, warum ein Mensch etwas kauft? Welche Veränderung würde es bei Ihnen auslösen, wenn Sie genau wüssten, welche Mechanismen, welchen Knopf Sie drücken müssten, um einen Menschen so zu überzeugen und herauszufinden, wie er kauft, dass er auch tatsächlich bei Ihnen kauft.

Ich weiß nicht, welche Vorstellungen Sie jetzt gerade haben. Vielleicht wie Sie mit diesen Techniken per Knopfdruck jedem Kunden etwas verkaufen können. Wie Sie so effektiv und effizient sind, dass Sie nach einer Weile so viel mehr verkaufen, dass Sie gar nicht wissen, wohin mit Ihrem ganzen Geld. Wenn Sie also wissen, welche Prozesse notwendig sind, um einem Menschen zu helfen, eine Entscheidung zu fällen, wie er etwas kauft, dann haben Sie ein mächtiges Instrument.

Stellen Sie sich einmal vor, Sie könnten bei Ihrem Kunden in den Kopf hineinschlüpfen und erfahren, wie Ihr Kunde denkt. Was denkt wohl Ihr Kunde? Ihr Kunde denkt: Kann ich dem Verkäufer trauen? Der Verkäufer will mir doch nur etwas verkaufen. Er will doch nur seinen eigenen Vorteil. Ihm geht es doch nur um die Provision. Er will mich über den Tisch ziehen. Das sind alles meistens Dinge, die der Kunde denkt. Ihre Aufgabe ist es, ihm zu zeigen, dass Sie es wirklich ehrlich mit ihm meinen. Sie müssen es ehrlich meinen, wenn Sie an die Spitze gehören wollen, weil der Kunde unbewusst oder bewusst merkt, wie ehrlich Sie ihm gegenüber sind. Wenn der Kunde merkt, dass Sie es ehrlich meinen, dann können Sie positiven Kaufdruck ausüben, weil die Entscheidung Vorteile für Ihren Kunden hat. Genau wie bei einem kleinen Kind, das eine lebenswichtige Tablette braucht und dem Sie helfen wollen, ja sogar verpflichtet sind zu helfen.

2.1 Warum wir Menschen etwas kaufen

Die Prophezeiung

Ein Mann lebte am Straßenrand und verkaufte heiße Würstchen. Er war schwerhörig, deshalb hatte er kein Radio. Er sah schlecht, deshalb las er keine Zeitung. Aber er verkaufte köstliche heiße Würstchen. Das sprach sich herum, und die Nachfrage stieg von Tag zu Tag. Er kaufte einen größeren Herd, musste immer mehr Wurst und Brötchen einkaufen. Er holte seinen Sohn von der Universität zurück, damit er ihm half. Aber dann geschah etwas ... Sein Sohn sagte: „Vater, hast du denn nicht Radio gehört? Eine schwere Rezession kommt auf uns zu. Der Umsatz wird zurückgehen. Du solltest nichts mehr investieren!" Der Vater dachte: „Mein Sohn hat studiert. Er schaut Fernsehen, hört Radio, liest Zeitung. Er muss es wissen." Also verringerte er seinen Wurst- und Brötcheneinkauf, sparte an der Qualität des Fleisches. Er verringerte seine Kosten, indem er keine Werbung mehr machte. Und das Schlimmste: Die Ungewissheit vor der Zukunft ließ ihn missmutig werden im Umgang mit seinen Kunden. Was passierte daraufhin? Sein Absatz an heißen Würstchen fiel über Nacht. „Du hattest Recht, mein Sohn", sagte der Vater zum Jungen. „Es steht uns eine schwere Rezession bevor."

Was verkaufen Sie?

Was denken Sie? Was verkaufen Sie Ihren Kunden oder was will Ihr Kunde bei Ihnen kaufen? Was veranlasst uns, täglich zur Arbeit zu gehen, uns schöne große Häuser und zusätzlich ein schnittiges Auto zu kaufen? Wir kaufen uns Kleidung, vielleicht auch große Marken, wir freuen uns auf Urlaubsreisen in ferne Länder, lassen unsere Seele baumeln. Dann gibt es aber auch Intrigen, wir spielen uns gegenseitig aus. Manchmal passieren schreckliche Dinge, wie Mord, Vergewaltigungen und so weiter. Nur wieso machen wir Menschen das alles?

Alles, was wir machen, jede Aktivität und jedes Verhalten, hat einen gemeinsamen Nenner: Wir wollen irgendein GEFÜHL befriedigen. Dafür machen wir alles, was in unserer Macht steht. Unser Leben ist geprägt von

Emotionen. Wir leben auf einem Planeten Namens Emotion. Selbst wenn unsere Handlungen rational erscheinen, gibt es, wenn man nur tief genug gräbt, immer einen emotionalen Grund. Entlässt z. B. ein Chef einen Mitarbeiter, mag der rationale Hintergrund sicher der sein, dass seine Arbeitsleistung nicht ausreichend war, und doch spielen Gefühle dabei eine sehr große Rolle. Der Chef möchte ein schönes Haus für seine Familie kaufen oder die Firma soll so viel Profit erzielen, dass er sich seine Träume erfüllen kann. Es kann aber auch sein, dass er Angst hat, seine Firma zu verlieren, oder dass er durch die schlechte Leistung des Mitarbeiters einen wichtigen Kunden verlieren könnte. Gefühle waren in allen Lebensbereichen immer da und werden auch immer da sein.

Was bringt uns dazu, in ein Fitness-Studio zu gehen und monatlich Geld dafür zu bezahlen? Weil wir unsere Schönheit genießen und die Gesundheit erhalten wollen. Weil uns unser Aussehen und Ansehen wichtig ist. Weil wir lange und gesund leben wollen. Uns interessiert nicht wirklich, von welchem Hersteller oder aus welchem Material die Geräte sind. In jedem Haushalt finden Sie Kosmetikprodukte. Was ist der Motor, diese Produkte zu kaufen? Ist es vielleicht die Verpackung, die bunte Plastikdose oder eine Tube, die aus verschiedenen Erzeugnissen hergestellt worden ist? Oder wollen wir nicht vielmehr ein Gefühl damit erzeugen – ein Gefühl von Schönheit und Ansehen? Spielt nicht die Angst vor dem Alter und dass wir diesem Prozess vorbeugen wollen, eine entscheidende Rolle beim Griff zum Kosmetikprodukt.

Ich frage mich, warum dann immer noch fast 90% der Verkäufer denken, dass sie ein Produkt verkaufen. Was denken Sie? Was verkaufen Sie jeden Tag? Oder besser gefragt: Was wollen Ihre Kunden wirklich von Ihnen kaufen?

Wenn ich bei meinen Seminaren diese Frage in den Raum werfe, bekomme ich die besten Antworten: „Wie, was ich verkaufe? Software-Programme natürlich!" Einer verkauft Versicherungen, der andere Immobilien. Es gibt natürlich auch andere Antworten wie: „Ich verkaufe mich selbst!" – bitte Vorsicht, denn das ist z. B. in manchen Staaten von Amerika verboten.

Die einzige Sache, die wir verkaufen, sind Gefühle. Unsere Aufgabe ist deshalb, die Wertebedürfnisse des Kunden zu befriedigen, weil jedes Wertebedürfnis immer ein Gefühl ist. Und hinter jedem Wertebedürfnis steckt immer auch eine Kaufentscheidungsstrategie, die dann ein positives Gefühl erzeugt. Ihre Aufgabe als Verkäufer ist es, dieses Gefühl, das Ihr Kunde braucht, zu finden und es ihm zu vermitteln.

An ein Einzelcoaching kann ich mich noch gut erinnern, bei dem ich zusammen mit einem Klienten zum Kunden gefahren bin und dieser mir über seine Arbeit erzählt hat. Er hat mir mit einer langweiligen Stimme berichtet, was er so alles den ganzen Tag macht. Seine Körperhaltung und sein ganzes Dasein wirkten gelangweilt. Genauso hat er dann auch den Kundenbesuch gestaltet. Kaum haben wir uns begrüßt, begann er mit der Präsentation. Der Kunde hat sich alles angehört und sagte zum Schluss: „Ich werde mir alles durch den Kopf gehen lassen und mich gegebenenfalls wieder melden." Wir gingen, und dann sprachen wir über die Situation.

Ich war mal bei einer Bäckerei, habe ganz gemütlich meinen Kaffee an einem Stehtisch getrunken und die Menschen beobachtet, wie sie sich verhalten. Da kam ein älterer Mann herein und war ziemlich unfreundlich. Sein Gesicht sah leicht verbittert aus, seine Schultern hingen nach unten, und er sagte mit kratziger Stimme, was er wollte. Die Verkäuferin war leicht geschockt über die Art und Weise, wie der Mann seine Brötchen bei ihr bestellt hatte. Die Verkäuferin hat sich natürlich dementsprechend verhalten. Sie war auch nicht gerade freundlich und legte kurz angebunden die bestellten Brötchen auf die Theke. Man konnte spüren, dass es für die Verkäuferin unangenehm war. Dann kam ein anderer Mann herein, der sah eher lustig und zufrieden aus und bestellte bei der Verkäuferin mit einer freundlichen Stimme seine Brötchen. Sein Gang war aufrecht, und sein Gesicht sah zufrieden aus. Die Verkäuferin war wie ausgewechselt. Sie war sehr zuvorkommend, legte ganz freundlich die Brötchen auf die Theke und wünschte dem Herren einen schönen Tag. Ich trank meinen Kaffee und ging nach Hause.

Warum kaufen Menschen?

Erinnern Sie sich bitte an einen Kauf, bei dem Sie mehr als 1.000 Euro ausgegeben haben. Welche Gründe hatten Sie, dieses Produkt/diese Dienstleistung zu kaufen? Was hat Sie angetrieben?

_____

_____

Sicher haben auch Sie eine der vier wichtigsten Gründe, warum Menschen etwas kaufen, genannt:

- Um Freude zu erlangen.
- Um Werte zu befriedigen.
- Um ein Gefühl (Zustand) zu erhalten.
- Um Schmerz zu vermeiden.

Ob wir kaufen oder nicht, wie die Entscheidung ausfällt, sie ist mit Gefühlen und Zuständen verbunden – positiv wie negativ! Werte bestimmen unser Leben und unser Verhalten beim Kauf. Menschen sind von ihren Werten geprägt. Ein Mensch kauft, weil im Leben folgende Faktoren für ihn wichtig sind:

- **Profit:** Gewinnstreben, Spartrieb, Zeitgewinnung und -einsparung
- **Sicherheit:** Selbsterhaltung, Gesundheit, Risikofreiheit, Sorgenfreiheit
- **Komfort:** Bequemlichkeit, Ästhetik, Schönheitssinn
- **Ansehen:** Stolz, Prestige, Anlehnungsbedürfnis, „in" sein, „dabei" sein
- **Freude:** Vergnügen, Großzügigkeit, Sympathie, Liebe zur Familie

Ein Freund von mir wollte sich ein schönes, großes Haus kaufen. Er hat sich viele Immobilien angesehen und sprach mit Experten und Bekannten über die Vorteile und Nachteile einer Immobilie. Bei den Experten gab es verschiedene Meinungen über den Kauf einer Immobilie. Die einen haben ihm gesagt, dass es wegen der hohen Sicherheit eine gute Geldanlage ist. Andere hingegen haben gesagt, dass für einen Vermögensaufbau eine Immobilie nicht lukrativ ist, weil viele versteckte Kosten zu beachten sind. Eigentlich ist eine Immobilie nur ein Zwang oder ein Druck, um jeden Monat Geld zu „sparen". Was meinen Sie, hat mein Freund die Immobile gekauft? Ja, er hat sie gekauft, weil ihm gewisse Werte wichtiger waren.

Werte bestimmen unser Leben und unser Verhalten beim Kauf eines Produktes oder einer Dienstleistung, und sie bestimmen unser Verhalten, wie wir auf bestimmte Situationen reagieren. Jeder Mensch hat diese Werte – wenn auch in unterschiedlicher Rangfolge.

Die zwei größten Motivationsknöpfe

Wir Menschen haben ein Motivationsmuster, das uns veranlasst, Dinge zu kaufen oder gewisse Aktivitäten zu machen. Ich wurde von einer renommierten Vertriebsgesellschaft engagiert, die Verkaufsmitarbeiter zu schulen. Bevor ich begann, das Konzept für diese Firma zu erstellen, bemerkte ich, dass auf dem firmeneigenen Parkplatz schöne große Autos waren, und dachte, die Verkäufer müssen ganz gut Provision bekommen, um sich solche Luxuslimousinen leisten zu können. Der Vertriebsleiter und ich sprachen über seine Vertriebsmitarbeiter und deren Rahmenbedingungen. Er erzählte mir, dass die Mitarbeiter bestimmte Incentives erhalten, wenn sie ihre Umsatzzahlen erreichen. Und dann fragte ich ihn: Bezahlen Sie auch gute Provisionen oder geben Sie Luxuslimousinen als Incentives? Er sagte, die Provision sei angemessen und die Autos hätten sich die Verkäufer selbst gekauft bzw. finanziert oder geleast. Viele müssen monatlich einen beträchtlichen Betrag zahlen, um sich das Auto leisten zu können. Er erzählte weiterhin: Wenn die Umsätze nicht stimmen sollten, gehe ich einfach zu der Person und frage sie, wie es denn mit dem Auto so läuft, oder ich erzähle ihm etwas über die Incentive-Möglichkeiten und mache ihn „scharf", dass er so richtig schön hungrig ist. Diese Firma setzt die zwei größten Motivationsmuster ein, um ihre Leute „auf Trab" zu halten. Wir Menschen haben den Drang, Dinge zu erreichen, ein freudiges Gefühl wie Liebe, Freiheit oder Anerkennung zu erhalten, oder wir wollen Schmerz oder Niederlage vermeiden. Wenn z. B. jemand eine Immobilie kauft, will er damit Vermögen oder Ansehen haben und zeigen, dass er im

Leben etwas erreicht hat. Oder jemand kauft eine Immobilie, um im Alter keine Angst zu haben, die Miete nicht bezahlen zu können.

Wir Menschen kaufen etwas, um Schmerz zu vermeiden oder um Freude zu erlangen. Stellen Sie sich vor, Sie haben seit Jahren einen heimlichen Verehrer oder eine Verehrerin. Und wenn Sie ihn oder sie sehen, haben Sie so ein mulmiges Gefühl im Bauch. Sie werden ganz nervös, wenn er/sie in der Nähe ist. Nach großer Mühe und viel Ausdauer haben Sie es geschafft, einen romantischen Abend mit Kerzenlicht mit Ihrer großen Liebe zu arrangieren. Danach gehen sie beide zu ihm oder ihr. Sie wussten beide, sie sind füreinander bestimmt, und fallen übereinander her, wie zwei hungrige Wölfe. Plötzlich fängt es an, im Haus zu brennen. Was machen Sie wohl? Löschen Sie das Feuer oder machen Sie einfach weiter, weil die Freude und Lust größer ist als die Angst, sich zu verbrennen? Wir Menschen unternehmen mehr, um Schmerz zu vermeiden, als Freude zu erlangen. Mit dieser Strategie machen schon seit Jahren die Versicherungsgesellschaften jährlich Milliarden-Umsätze. Wie können wir die zwei größten Motivationsknöpfe in unseren Verkaufsprozess einbinden?

Durch geschickte Fragen finden Sie heraus, wie Sie am effektivsten und schnellsten eine Kaufentscheidung herbeiführen können. Darauf können Sie schon ganz gespannt sein. Außer Sie entscheiden sich, nicht weiterzulesen, und verpassen dadurch die Möglichkeit, erfolgreicher zu werden.

Die Strategie beim Verkaufsprozess

- Finden Sie bei Ihrem Kunden heraus, was sein Problem ist, wo sein Schmerz und seine unerfüllten Wünsche sind.
- Verstärken Sie das Problem, den Schmerz und die unerfüllten Wünsche.
- Helfen Sie dem Kunden, seien Sie Problemlöser und geben Sie ihm Freude mit Ihrem Produkt oder Ihrer Dienstleistung.

Beim Kauf spielt neben Werten und Emotionen auch die Logik eine Rolle. Es ist richtig, dass wir meist aus emotionalen Gründen kaufen. Wenn das allerdings nicht ausreicht, brauchen wir noch logische Gründe, um eine Kaufentscheidung zu treffen.

Emotionen gegen Logik

Vielleicht können Sie sich noch an einen Moment erinnern, in dem Sie eine höhere Investition getätigt haben und sich etwas Luxuriöses gegönnt haben. Wie z. B. eine exklusive Armbanduhr oder ein besonderes Kleidungsstück oder ein Traumauto oder was auch immer es für Sie war. Wie sind Sie vorgegangen? Vielleicht hatten Sie einen intensiven Wunsch, ein Gefühl, das Sie dazu gedrängt hat, genau dieses Luxusteil zu kaufen? Wie war es in diesem Moment? Sie standen vor der Wahl und fingen an zu zweifeln, ob Sie so viel Geld ausgeben sollten, weil eigentlich brauchten

Sie es nicht unbedingt. Sie machten also im Kopf ein Für und Wider. Sie sagten zu sich: Dieses Traumauto brauche ich nicht wirklich. Aber wenn ich damit bei meinen Kunden vorfahre, meinen die bestimmt, das Geschäft, das ich mache, ist gut und ich bin ein kompetenter Geschäftsmann oder eine erfahrene Geschäftsfrau. Also kann man sagen, dass gerade dieses Auto förderlich ist und mein Geschäft sogar ankurbelt. Ja, eigentlich brauche ich es unbedingt. Somit haben Sie sich entschieden, das Produkt oder die Dienstleistung zu kaufen. Wir Menschen sind schon eigenartig. Unsere Emotionen drängen uns regelrecht zum Kauf. Es ist wie ein Sog, dem wir uns unmöglich entziehen können, nicht wahr?

Wir Menschen kaufen aus emotionalen Gründen, reicht das noch nicht aus, brauchen wir noch logische Gründe, um jetzt zu kaufen.

Wenn Sie im Verkaufsprozess sind, sprechen Sie die Emotionen und Werte des Kunden an. Präsentieren und argumentieren Sie auf Sicherheit, Profit, Bequemlichkeit und Ansehen. Reicht das noch nicht aus, beginnen Sie mit logischen Gründen.

Die vier wichtigsten Gründe, warum Menschen etwas kaufen:

- Um ein Gefühl (einen Zustand) zu erlangen.
- Um unsere Werte zu befriedigen.
- Um Schmerz zu vermeiden.
- Um Freude zu erlangen.

Als NLS-Seller sollten Sie diese Gründe nicht nur kennen, sondern auch wissen, wie Sie diese für Ihren erfolgreichen Verkaufsprozess nutzen können. Mehr dazu erfahren Sie auf den folgenden Seiten. Seien Sie neugierig und gespannt und bleiben Sie offen für all jene Geheimnisse, die sich Ihnen bei der weiteren Lektüre dieses Buches erschließen werden.

Zusammenfassung
Warum wir Menschen etwas kaufen
- Wir verkaufen kein Produkt, wir verkaufen keine Dienstleistung, wir verkaufen GEFÜHLE und ZUSTÄNDE.
- Werte bestimmen unser Leben und unser Verhalten. Wir reagieren auf bestimmte Situationen, wie unser Wertesystem dies zulässt.
- Die zwei größten Motivationsknöpfe: Schmerz und Freude. Wir Menschen vermeiden mehr, um Schmerzen zu vermeiden, als Freude zu erlangen.
- Emotionen gegen Logik. Wir Menschen kaufen aus emotionalen Gründen. Reicht das noch nicht aus, brauchen wir noch logische Gründe, um jetzt zu kaufen.

2.2 Spitzeninstrumente der Überzeugung

Ist Ihnen schon mal aufgefallen, dass es bestimmte Instrumente gibt, die Sie vielleicht ganz unbewusst angewendet und die Ihren Kunden verzaubert haben? Haben Sie schon mal beobachtet, dass es bestimmte Personen gibt, die ziemlich einfach Menschen überzeugen können und so vielleicht ganz verwunderliche Ergebnisse erzielt haben? Waren Sie mal in einer Situation, in der Sie gerne einen Menschen von einer Sache überzeugen wollten und es einfach nicht geschafft haben? Sind Ihnen in diesem Moment nicht viele Dinge durch den Kopf gegangen und haben Sie sich gefragt: Wie kann ich diesen Menschen nur überzeugen?

Ich werde Sie jetzt mit einer der wertvollsten Techniken vertraut machen, durch die Sie die Spitzeninstrumente der Überzeugung einfacher beherrschen werden. Wenn Sie jetzt gespannt sind, wie sich das in Ihrer Zukunft positiv auswirken wird und wie sich die Erfolge bemerkbar machen, dann haben Sie bereits den ersten Schritt getan.

Die 11 Techniken, die Sie zur Höchstleistung bringen

Eines Tages hat mir eine Person erzählt, dass sie sich bei ihrem letzten Gespräch ziemlich unterlegen gefühlt hat. Sie erzählte, dass der Gesprächspartner sie immer wieder persönliche Dinge gefragt hat. Sie konnte sich irgendwie nicht zurückhalten und hat einem eigentlich eher Unbekannten Dinge erzählt, die sie gar nicht erzählen wollte. In dieser speziellen Situation war es nicht gerade förderlich, um eine gute Beziehung aufzubauen. Doch was hatte der Gesprächspartner gemacht? Der Gesprächspartner hat bestimmte Fragen gestellt, und die Person konnte nicht anders und hat sie einfach beantwortet.

1. Wer fragt, der führt das Gespräch

Eines der ersten und wichtigsten Instrumente ist die Frage. Wenn Sie mehr fragen als sprechen und den Gedanken verfolgen, dass Sie eher etwas Neues wissen wollen, dann werden Sie viel mehr über und von Ihrem Gesprächspartner erfahren. Wie wir im letzten Kapitel erfahren haben, ist eine Frage nicht nur eine Frage. Mit einer Frage erzeugen Sie gewisse Bilder, verändern die Körperhaltung und den internen Dialog. Eine Frage dient dazu, den Zustand eines Menschen zu verändern, Einwände zu entkräften, Informationen zu erhalten, persönliche Überzeugungskraft zu verstärken, jemanden zu motivieren oder zu demotivieren, einen Testabschluss zu machen, Soggefühle zu erzeugen und so weiter. Die Liste kann beliebig noch sehr lange so fortgeführt werden. Und Sie gehen jetzt mit Fragen vielleicht ganz anders um, nicht wahr?

2. Menschen richtig einschätzen können

Ein Seminarteilnehmer hat mich während der Pause angesprochen. Er kam mit schnellen, großen Schritten auf mich zu und sprach mit voller Begeisterung und wahnsinnig viel Energie. Er war sehr gut gekleidet, und man konnte merken, dass er auf sein Äußeres achtet. Man konnte erkennen, dass er kleine kurze Atemzüge bis zum Brustbereich nahm. Er sprach zu mir mit einer schnellen Geschwindigkeit, wie ein Wasserfall, ohne Punkt und Komma. Er hat erzählt: Herr Galal, ich verstehe manche Kunden nicht. Manchmal habe ich Kunden, die sprechen ganz langsam, und dabei werde ich sehr nervös, weil ich gerne schnell spreche. Manche Kunden von mir lieben es, dass ich schnell auf den Punkt komme und in dieser Geschwindigkeit spreche. Wie werde ich mit dieser Situation fertig? Ich sagte zu ihm: Versuchen Sie mal, noch schneller zu sprechen. So schnell, dass Sie selber sich kaum verstehen können. Er schaute mich an, lächelte leicht und begann zu sprechen, so schnell, dass ich gedacht habe, einer hat die Taste „Schneller Vorlauf" bei einem Videorecorder gedrückt. Ich sagte dann zu ihm: Meinen Sie, es gibt Personen, die noch viel schneller sprechen als Sie und es auch noch 100-prozentig verstehen können? Er sagte: Ja, bestimmt. Ich sagte dann zu ihm: Würden Sie es denn wirklich verstehen können? Er sagte: Vielleicht nicht. Nein, ich glaube nicht wirklich!

Ich möchte Ihnen etwas erklären. Stellen Sie sich mal vor, Sie würden Ihr vorhandenes Wissen nehmen und es mit dem neuen Wissen vermischen, das Sie bis jetzt gehört und gelesen haben. Das wäre, wie wenn wir ein halb volles Glass mit Wasser nehmen und noch mehr Wasser hineinfüllen würden. So wie sich das Wasser vermischt, genauso vermischt sich Ihr vorhandenes mit dem neuen Wissen. Wie leicht könnten Sie dann bei Ihren Kunden eine noch größere Wirkung erzielen. Wenn Sie alles durchgearbeitet haben, dann wird es Ihnen leicht fallen, diese Strategien in Ihrem Alltag einzusetzen. Wahrscheinlich können Sie es schon erahnen, welche Veränderungen auf Sie zukommen werden.

Nehmen Sie einmal an, Sie könnten einfach in das Gehirn Ihres Kunden eintauchen und erkennen, wie er Informationen verarbeitet, wie er Ihre Präsentation wahrnimmt und welche Faktoren ihn am meisten beeinflussen. Sie könnten hören, was Ihr Kunde hört, fühlen, was er fühlt, sehen, was er sieht, schmecken und riechen genauso wie er. Wäre das nicht ein Eintauchen in die Welt Ihres Kunden? Wäre das nicht ein enormer Vorteil für Sie, damit Sie schneller zum Abschluss kommen und Ihr Bankkonto wächst. Würde Sie das nicht brennend interessieren?

Wir Menschen nehmen unsere Umwelt mit unseren fünf Sinnen wahr: Wir sehen, hören, riechen, schmecken und fühlen bzw. tasten. Auch Ihre internen Prozesse, Ihre interne Verarbeitung funktionieren nach diesem System. Das heißt, alles, was Sie sehen, speichern Sie auch als Bild ab; alles, was Sie riechen, speichern Sie als Geruch ab; alles, was Sie hören, speichern Sie als Geräusch ab; alles, was Sie schmecken, speichern Sie als Geschmack ab, und alles, was Sie fühlen oder tasten, speichern Sie als Gefühl ab. Ein kleines Experiment: Nehmen Sie einmal Ihre Lieblingshand, also die Hand, mit der Sie schreiben, und strecken Sie diese ganz fest nach oben, wie einen Stock. Haben Sie es gemacht? O.K.! Das bedeutet, Sie haben zwei Hände und geben doch einer Hand den Vorzug, und so ist es auch mit unseren Sinneskanälen. Wir Menschen haben alle fünf Sinne, doch wir geben einem Sinneskanal den Vorzug.

Um die Einfachheit und Praxistauglichkeit zu bewahren, unterteilen wir die Menschen in drei Rubriken: den Seh-Typ, den Hör-Typ und den Fühl-Typ. Im Fachjargon nennt man sie visueller Typ, auditiver Typ und kinästhetischer Typ. Stellen Sie sich mal vor, ein visueller Typ spricht mit einem auditiven Typ. Das ist genauso, wie wenn sich zwei verschiedensprachige Personen miteinander unterhalten. Meinen Sie, die beiden könnten sich – ohne Kenntnis der anderen Sprache – verstehen?

Gehirngerechte Informationsverarbeitung/Sprachmuster

Sinneskanal Worte NLP-Bezeichnung	Sprachmuster
Auge sehen, vorstellen **Visuell**	Roter Faden, Klarheit und Überblick gewinnen, Scheinargumente erkennen, Übersicht behalten, sich ein Bild machen.
Ohr hören, reden, klingen **Auditiv**	Hört sich gut an, in Einklang bringen, gehorcht aufs Wort, laut und leise, aber unüberhörbar, Klappern gehört zum Handwerk, stumm wie ein Fisch.
Tastsinn fühlen, bewegen **Kinästhetisch**	Da lacht das Herz, ich fühle mich beschwingt, vor Freude Purzelbäume schlagen, der Atem stockt, das Blut gefriert in den Adern, in die Ecke gedrängt.
Nase riechen, Duft **Olfaktorisch**	Den Wind um die Nase wehen lassen, der Duft der großen weiten Welt, Tür vor der Nase zuschlagen, die Nase voll haben, steck die Nase nicht in Dinge, die dich nichts angehen, einen guten Riecher haben.
Mund schmecken **Gustatorisch**	Dicke Lippe riskieren, jemanden zum Fressen gern haben, geschmackvoll gekleidet, das schmeckt mir nicht, das ist Geschmackssache, vollmundig im Geschmack.

Der visuelle Typ

Visuell orientierte Menschen haben gewisse Merkmale und Eigenschaften. Sie sprechen schnell, ohne Punkt und ohne Komma. Sie atmen meistens im Brustbereich und machen kurze Atemzüge. Ihre Bewegungen sind meistens ebenfalls schnell. Ihre Kleidung ist auffällig und extrovertiert. Sie ziehen auffällige Kleider an mit satten und kräftigen Farben. Sie sind eher Macher- und Leistungstypen. Sie entscheiden sich ziemlich schnell, weil es bei ihnen immer schnell gehen muss.

Visuell orientierte Menschen beschreiben ihr konstruiertes Bild in verschiedenen Eigenschaften, und man erkennt sie an ihrer Wortwahl.

Sie verwenden Wörter wie:

Abbild	Einsicht	Scheuklappen
Abgrenzen	Enthüllen	Schimmern
Abklären	Entwurf	Sehen
Abrisse	Erblicken	Sicht
Anstarren	Erscheinen	Sichtbar
Aufdecken	Farbe	Skizzieren
Auffällig	Fleckenlos	Szene
Aufgemotzt	Fokus	Träumen
Aufgetakelt	Gesichtspunkt	Trüb
Ausblick	Hell	Tunnelblick
Aussehen	Horizont	Überblick
Aussicht	Idee	Übersicht
Bandbreite	Inneres Auge	Umriss
Beobachten	Illusion	Unklar
Betrachten	Illustrieren	Unter die Lupe nehmen
Bild	Im Auge behalten	Unterscheiden
Blendende Idee	Inspizieren	Verdeckt
Blick	Klar	Vernebeln
Blickwinkel	Klarheit	Verschleiern
Darstellen	Klären	Vogelperspektive
Demonstrieren	Klar machen	Vorausschauen
Dunkel	Klarstellen	Vorstellen
Diagramm	Kurzsicht	Wahrnehmung
Durchleuchten	Mittelpunkt	Weitsicht
Ebenbild	Offensichtlich	Widerspiegeln
Erkennen	Perspektive	Zeichnen
Einblick	Prüfen	Zeigen
Einleuten	Schauen	Zielen
Einsehen	Schauspiel	

Sie können leicht erkennen, ob Ihr Kunde visuell orientiert ist. Wenn Sie genau hinhören, wird es Ihnen auf Anhieb auffallen, was sein bevorzugter

Sinneskanal ist. Dann können Sie Ihre Präsentation und Argumentation individuell auf ihn abstimmen. Denken Sie daran: Machen Sie schöne bunte, farbige Bilder, damit Sie ihn mit Ihren Worten in eine Welt verzaubern, in der sich der Visuelle wohlfühlt.

Übungen:

Ihre Fähigkeiten auszubauen ist der Schlüssel zum Erfolg. Versuchen Sie die nachfolgenden Äußerungen für einen visuell orientierten Menschen umzuschreiben.

Wenn Sie mit diesem Produkt arbeiten, werden Sie Ihren Umsatz sehr schnell erhöhen.

_____

_____

Wenn Sie sich für unser Produkt entscheiden würden, welche relevanten Faktoren wären für Sie wichtig, um heute eine gute Entscheidung zu fällen?

_____

_____

Vielleicht können Sie schon erahnen, wie sich die Zukunft für Sie beim Einsatz unseres stabilen und sicheren Produktes verändern würde.

_____

_____

Machen Sie eine eigene Formulierung:

_____

_____

Wichtige Tipps für Ihre Verkaufsstrategien

Visuelle Menschen nehmen ihre Umwelt mit ihren Augen wahr. Aus diesem Grund verwenden Sie so viele visuelle Begriffe in einer Präsentation und Argumentation, wie Sie können. Visuelle Menschen möchten das Produkt sehen und weniger darüber sprechen. Aussehen und Design ist ihm sehr wichtig, um schnell eine positive Entscheidung zu fällen. Er legt auch Wert auf die Verpackung eines Produktes.

1 Für den visuellen Menschen sind Bilder sehr wichtig. Aus diesem Grund verwenden Sie in Ihrer Präsentation und Argumentation viele visuelle Materialien, wie Beamer, Pinnwand, PowerPoint-Präsentationen, Tabellen, Fotografien, Schaustücke und Videos etc.

2 Ein visueller Mensch achtet selber auf seine Garderobe, und das ist für Sie ebenso wichtig. Er beurteilt Sie nach Ihrem Äußeren. Er versucht sich, durch alle visuellen Reize ein Bild von Ihnen zu machen. Er achtet auf Ihre Kleider, den Aktenkoffer, Schreibinstrumente und Präsentationsmaterial.

3 Erstellen Sie mit Ihrem Kunden eine individuelle Präsentation, das heißt, nehmen Sie ein weißes Blatt Papier und malen Sie bildlich auf, was Sie sagen wollen, und schreiben Sie zugleich die wichtigen Äußerungen und Wünsche von ihm auf. Zum Schluss können Sie bei Ihrer Zusammenfassung dieses erstellte Blatt verwenden. Ihr Kunde wird sich mit all seinen Wünschen und Vorstellungen bildhaft wieder erkennen.

4 Wenn Sie bei Ihrem Kunden eine visuelle und bildhafte Äußerung festigen bzw. anregen wollen, schauen Sie nach oben. Damit regen Sie Ihren Kunden an, selber nach oben zu blicken, und somit konstruiert auch er bildhafte Vorstellungen.

5 Ihre Präsentation und Argumentation sollte unwiderstehliche Bilder hervorrufen, verzaubern Sie ihn in die Welt der Bilder. Je lebhafter Ihre Präsentation ist, umso wirkungsvoller wird Sie Ihren Kunden verführen.

Der auditive Typ

Auditiv orientierte Menschen haben gewisse Merkmale und Eigenschaften. Sie sprechen langsamer, bedachter und achten auf Pausen. Sie haben eine ruhige, gleichmäßige Stimme. Sie atmen meistens im Bauchbereich und machen lange Atemzüge. Ihre Bewegungen sind meistens bedacht und langsamer. Ihre Kleidung ist unauffällig, und Sie sind introvertiert. Sie ziehen unauffällige Kleider an und verwenden zurückhaltende Farben. Sie sind eher analytische Typen und vorsichtiger.

Auditiv orientierte Menschen beschreiben Ihr konstruiertes Geräusch in verschiedenen Eigenschaften, und man erkennt sie an ihrer Wortwahl.

Sie verwenden Wörter wie:

Akzent	Getöse	Pfeifen
Alarmsignal	Gerücht	Predigen
Ankündigen	Gespräch	Proklamieren
Anrufen	Gleichklang	Quatschen
Argumentieren	Harmonisch	Quietschen
Aussprechen	Hinhören	Reden
Ausspruch	Hörbar	Reinhören
Äußern	Hören	Referieren
Ausdrücken	Horchen	Rufen
Befragen	Informieren	Sagen
Bellen	Interview	Schnurren
Bemerken	Klang	Schreien
Berichten	Kleinlaut	Sich anhören
Beschreiben	Klingen	Sprachlos
Besprechen	Knirschen	Sprechen
Betonen	Knistern	Spruch
Bitten	Kommunizieren	Stille
Dämpfen	Komponieren	Stimme
Debattieren	Krachen	Ton angeben
Diskutieren	Labern	Tönen
Donnernd	Lärm	Unnützes Gerede
Durchsprechen	Lauschen	Unterhaltung
Einklang	Laut	Verstärken
Erwähnen	Laute	Vorschlagen
Erzählen	Läuten	Vortragen
Flüstern	Leise	Wortreich
Fragen	Missklang	Zuflüstern
Ganz Ohr sein	Mitteilen	Zuhören
Gehör verschaffen	Mündlich	
Geräuschlos	Nuscheln	

Sie können leicht erkennen, ob Ihr Kunde auditiv orientiert ist. Wenn Sie genau hinhören, wird es Ihnen auf Anhieb auffallen, wie sein bevorzugter Sinneskanal ist. Dann können Sie Ihre Präsentation und Argumentation individuell auf ihn abstimmen. Denken Sie daran: Machen Sie viele Klänge, damit Sie ihn mit Ihren Worten in eine Welt verzaubern, in der sich der Auditive wohl fühlt.

Übungen:

Übung macht den Meister. Versuchen Sie, die nachfolgenden Äußerungen für einen auditiv orientierten Menschen umzuschreiben.

Das bedeutet für Sie eine erhöhte Sicherheit für Ihre geschäftliche Zukunft und zusätzlich eine Stabilität Ihrer hausinternen Anlage.

Wollen Sie lieber ein traditionelles Produkt genießen oder lieber ein neues und innovatives Produkt in Ihrem Unternehmen einsetzen?

Wenn ich die Sache richtig einschätze, brauchen Sie noch weitere wichtige Informationen, um heute eine gute Entscheidung zu treffen.

Machen Sie eine eigene Formulierung:

Wichtige Tipps für Ihre Verkaufsstrategien

Auditive Menschen nehmen ihre Umwelt mit ihren Ohren wahr. Aus diesem Grund verwenden Sie so viele auditive Begriffe in einer Präsentation und Argumentation, wie Sie können. Auditive Menschen möchten über das Produkt reden und weniger etwas davon sehen. Um beim auditiven Menschen schnell eine positive Entscheidung zu hören, ist es ihm auch wichtig, was andere Menschen über Ihr Produkt sagen und erzählen.

1 Auditive Menschen hören gerne viel über Ihr Produkt oder Ihre Dienstleistung. Verwenden Sie Zitate und Meinungen, was andere Kunden von Ihrem Produkt oder Ihrer Dienstleistung halten oder darüber berichten.

2 Ihre Sprache ist bei einem auditiven Menschen sehr wichtig. Achten Sie deshalb besonders auf Ihre Wortwahl. Sprechen Sie während Ihrer Präsentation klar und deutlich. Ihre Sprechgeschwindigkeit sollte Ihrem Gesprächspartner angepasst sein. Wirkungsvolle Pausen schätzt Ihr auditiver Kunde. Achten Sie auf Ihre Stimme, Lautstärke und die Hervorhebungen eines Satzes.

3 Setzen Sie für Ihren auditiven Kunden während der Beweisführung Hilfsmittel ein, wie Sprachaufnahmen, Radioberichte oder Ähnliches.

4 Ein auditiver Mensch telefoniert gerne. Halten Sie regen Telefonkontakt mit Ihrem auditiven Kunden. Es machen sich schon kurze Telefonkontakte bezahlt.

5 Ihre Präsentation und Argumentation sollte unwiderstehliche Töne und Klänge hervorrufen. Verzaubern Sie ihn in die Welt der Klänge. Je klangvoller Ihre Präsentation ist, umso wirkungsvoller.

Der kinästhetische Typ

Kinästhetisch orientierte Menschen haben gewisse Merkmale und Eigenschaften. Sie sprechen ganz langsam, weil sie erst fühlen müssen, was sie sagen wollen. Sie machen aus diesem Grund lange Sprechpausen. Sie haben eine weiche Stimme. Sie atmen meistens im Zwerchfell und machen lange Atemzüge. Ihre Bewegungen sind meistens geschmeidig und langsam. Ihre Kleidung ist unauffällig, und sie sind introvertiert. Sie ziehen unauffällige Kleider an und verwenden zarte und weiche Pastelltöne. Sie sind eher friedfertige Typen und vorsichtig. Sie brauchen lange Zeit, um sich zu entscheiden, weil sie mit ihren Gefühlen im Einklang sein möchten.

Kinästhetisch orientierte Menschen beschreiben ihre Welt mit ihren Gefühlen. Sie verwenden verschiedene Eigenschaften, und man erkennt sie an ihrer Wortwahl.

Sie verwenden Wörter wie:

Abtasten	Deprimierend	Fühlbar
Ahnung	Dickköpfig	Fühlen
Aktiv	Druck	Gebunden sein
Akzeptieren	Durchhalten	Gefühle
Anpacken	Durchziehen	Gespür
Anhalten	Eindruck	Halten
Anregen	Emotionen	Hart
Auffassen	Empfinden	Heiß
Auseinander fallen	Empfindlich	Hitzig
Bedauern	Eng	Hoffnung
Bedrücken	Ergreifen	Impuls
Beeindrucken	Erwischen	Instinkt
Begreifen	Fäden ziehen	Intuition
Beim Schopfe packen	Fassen	Irritieren
Belastbar	Feinfühlig	Kalt
Belasten	Fest	Konkret
Betroffen	Festhalten	Last
Bewegen	Frösteln	Lauwarm

Nachfassen	Schwer	Verständnis
Packen	Schwerwiegend	Warm
Panik	Sensibel	Weich
Passiv	Spannung	Wirken
Reichen	Tempo	Zerschlagen
Robust	Tragen	Zurückhalten
Sanft	Tief	Zusammenkommen
Scharf	Unterdrücken	Zwänge
Schlagen	Unterstützen	
Schock	Verbinden	

Sie können leicht erkennen, ob Ihr Kunde kinästhetisch orientiert ist. Wenn Sie genau hinhören, wird es Ihnen auf Anhieb auffallen, wie sein bevorzugter Sinneskanal ist. Ihre Präsentation und Argumentation können Sie so individuell auf ihn abstimmen. Denken Sie daran: Verzaubern Sie ihn in eine Welt der Gefühle, in der sich der Kinästhetische wohl fühlt.

Übungen:

Kein Meister ist vom Himmel gefallen. Fühlen Sie die Veränderung Ihrer Fähigkeiten und formulieren Sie die nachfolgenden Äußerungen für einen kinästhetisch orientierten Menschen.

Das heißt, Sie haben ein Produkt, das Ihre Sicherheit erhöht und Ihren Umsatz maximiert.

_____

_____

Ich werde Ihnen eine kurze Zusammenfassung liefern, so dass Sie beurteilen können, welchen Nutzen es Ihnen in der Zukunft bringen wird.

_____

_____

Können Sie es schon erkennen, welchen größeren Nutzen es Ihnen in der Zukunft bringen wird?

_____

_____

Machen Sie eine eigene Formulierung:

_____

_____

Wichtige Tipps für Ihre Verkaufsstrategien

Kinästhetische Menschen nehmen ihre Umwelt mit ihren Gefühlen wahr. Aus diesem Grund verwenden Sie so viele kinästhetische Begriffe in einer Präsentation und Argumentation, dass es ihm warm ums Herz wird. Kinästhetische Menschen möchten das Produkt anfassen und in ihren Händen halten. Natürlich möchte ein kinästhetischer Mensch bei seiner positiven Entscheidung ein gutes Gefühl haben. Helfen Sie diesem Menschen, dass er mit seiner Gefühlswelt im Reinen ist, und nehmen Sie sich genügend Zeit für ihn.

1 Beziehen Sie den kinästhetischen Menschen mit Haut und Haaren in Ihre Präsentation ein. Wenn Sie ein Muster von Ihrem Produkt haben, lassen Sie es ihn unbedingt selbst erleben, damit er ein Gefühl dafür bekommt.

2 Gefühlsbetonte Geschichten über Ihr Produkt oder Ihre Dienstleistung sind hier notwendiger denn je. Erzählen Sie ihm, dass andere Kunden dadurch eine höhere Sicherheit und gute Unterstützung erhalten haben. Zeigen Sie diesem Menschen, dass Sie hinter Ihrem Produkt oder Ihrer Dienstleistung stehen, und bieten Sie ihm auch Ihre Mithilfe an.

3 Verhandeln Sie lieber persönlich mit Ihren Kunden und verlassen Sie sich nicht nur auf das Telefon oder den Briefverkehr. So ist es für den kinästhetischen Menschen leichter, ein Gefühl von Ihnen und Ihrem Produkt oder Ihrer Dienstleistung zu erhalten.

4 Kinästhetische Menschen lieben Körperkontakt. Aus diesem Grund schütteln Sie oft seine Hand, am besten mit beiden Händen. Das bedeutet so viel wie: Lassen sie uns diese Beziehung lange aufrechterhalten. Wenn Sie zum Abschluss kommen, besiegeln Sie das Geschäft unbedingt mit einem Händedruck.

5 Während Ihrer Präsentation können Sie nach unten schauen. Sie demonstrieren ihm damit, dass Sie ein Gefühl für Ihr Produkt haben und selber hinter Ihrem Produkt stehen. Zusätzlich fördern Sie es, dass Ihr Kunde selbst nach unten schaut und so auch selbst ein positives Gefühl erzeugen wird.

Sie haben gerade gelernt, dass es verschiedene Menschentypen gibt und diese Menschentypen unterschiedliche Sprachen verwenden. Vielleicht wird es Ihnen jetzt sehr leicht fallen, auf diese Merkmale zu achten und Ihre Präsentation und Argumentation darauf abzustimmen. Dadurch erzeugen Sie den Drang, unwiderstehlich zu sein. Sie sprechen quasi die Sprache des Kunden und ihn genauso an, wie er seine Informationen verarbeitet.

Es gibt noch weitere interessante Merkmale, wie Sie die verschiedenen Menschentypen erkennen können. Was das für Ihr Geschäft bringen wird, brauche ich Ihnen wahrscheinlich nicht zu erzählen. Sie wissen, dass es Ihnen dadurch einfacher fallen wird, Menschen noch besser einzuschätzen und noch leichter auf ihre Besonderheiten zu reagieren.

Sinnessprache und Augenmuster

Wissenschaftliche Untersuchungen haben gezeigt, dass es einen Zusammenhang zwischen der Augenkoordination und den visuellen, auditiven und kinästhetischen Verarbeitungs- und Speicherungsprozessen gibt. Das bedeutet, dass wir intern Bilder, Geräusche oder Gefühle abrufen oder konstruieren und unsere Augen dabei gewisse Augenstellungen haben. Und umgekehrt, dass ein Gesprächspartner anhand der Augenmuster erkennen kann, ob jemand sich gerade ein Bild vorstellt (visuell), ein Geräusch hört (auditiv) oder innerlich etwas fühlt (kinästhetisch).

Visuelle Augenmuster

Wenn die Augen nach oben schauen, heißt das, dass visuelle Bilder abgerufen oder konstruiert werden. Auch wenn eine Person plötzlich in die Leere starrt oder mit den Augen blinzelt und geradeaus schaut, weist es darauf hin, dass gerade ein interner Film abläuft. Es kann auch sein, dass Personen ihre Augen schließen, wenn interne Filme angesehen werden. Wenn Sie nach oben rechts blicken, heißt das, dass Sie ein Bild konstruieren, erschaffen, neu erzeugen. Stellen Sie sich mal einen rosa Elefanten vor, der Füße wie eine Ente hat.
Wenn Sie nach oben links blicken, bedeutet das, dass Sie ein Bild aus Ihrer Vergangenheit abrufen. Können Sie sich noch daran erinnern, welche Farbe Ihr erstes Fahrrad hatte?

Rechts: visuell konstruieren   Visuell starren: ein Film   Links: visuell erinnern

Auditive Augenmuster

Wenn die Augen sich in der Diagonale von einer zur anderen Seite bewegen, weist es darauf hin, dass Geräusche konstruiert oder erinnert werden. Wenn Sie mit sich selber sprechen, geht Ihr Blick nach unten links, das nennen wir auditiv internal.

Wenn Sie zur Seite rechts blicken, heißt es, dass Sie ein Geräusch konstruieren, erfinden, zusammensetzen. Das nennen wir auditiv konstruiert. Hören Sie mal Ihre eigene Stimme in Micky-Maus-Art ganz schnell sagen: „Ich bin schlecht."

Wenn Ihre Augen zur Seite links blicken, heißt das, dass Sie ein Geräusch von Ihrer Erinnerung abrufen. Das nennen wir auditiv erinnern. Hören Sie mal, wie Ihr Partner erst gestern etwas ganz Liebes zu Ihnen gesagt hat.

Rechts: auditiv konstruieren   Links unten: auditiv internal   Links: auditiv erinnern

Kinästhetische Augenmuster

Wenn sich die Augen nach unten rechts bewegen, weist es darauf hin, dass ein Gefühl nachempfunden oder ausgelöst wird. Wenn Sie sich z. B. jetzt daran erinnern, wie Ihr erster Kuss war, welche Gefühle Sie hatten. War es wie eine Pusteblume oder wie Schmetterlinge im Bauch?

Rechts unten: kinästhetisch

Regel:
Wenn wir nach oben sehen, heißt das VISUELL.
Wenn wir zur Seite sehen, heißt das AUDITIV.
Wenn wir nach unten sehen, heißt das KINÄSTHETISCH
oder Selbstdialog (Dialog mit sich selbst).

Damit das Mögliche entsteht, muss immer wieder das Unmögliche versucht werden!

3. Per Knopfdruck ein Gefühl auslösen

Kennen Sie das? Plötzlich läuft im Radio eine Musik, die Sie von früher, von Ihrer Jugend her kennen, wo Sie noch ganz schlimme Dinge gemacht oder ganz schöne Sachen erlebt haben. Wie auf Knopfdruck kommt das Gefühl wieder zurück, und Sie schwelgen in Erinnerungen. Mit Ihren Gedanken sind Sie von einer Minute auf die andere in der Vergangenheit.

Haben Sie schon einmal erlebt, dass Sie einen Raum betreten haben, in dem es so roch wie beim Zahnarzt, und Sie vielleicht ein wenig Zahnweh bekommen haben oder irgendeine andere Erinnerung aufgekommen ist. Das heißt, dass ein Anker bei Ihnen ausgelöst wurde. Ein äußerer Umstand/Eindruck (hier ein Geruch) hat bei Ihnen eine Erinnerung ausgelöst. Das klassische Konditionieren geht auf den russischen Physiologen Iwan Pawlow zurück. Im Experiment konditionierte Pawlow Hunde folgendermaßen: Er gab den Hunden etwas zu fressen und läutete zeitgleich eine Glocke. Diesen Prozess wiederholte er mehrere Male, bis eine gewisse Zeit gekommen ist, in der er nur noch mit der Glocke läutete. Kaum hörten die Hunde die Glocke, lief ihnen der Geifer aus dem Maul, die Bauchspeicheldrüse begann zu produzieren. Für dieses Experiment und die Tatsache, dass wir Hunde konditionieren können, und die Schlussfolgerung, dass auch Menschen konditionierbar sind, bekam er 1904 den Nobelpreis für Medizin.

Das Konditionieren besagt: Jedes Mal, wenn Sie sich in einem intensiven Gefühlszustand befinden und etwas Regelmäßiges geschieht, werden beide Dinge miteinander verbunden und verankert. Was bedeutet das für unseren Verkaufsprozess? Wie können wir dies nutzen?

Ankern
Das Installieren eines Ankers

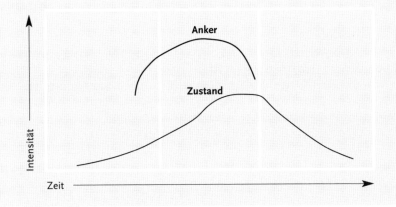

Wir haben im letzten Abschnitt über unsere Sinneswahrnehmung gesprochen: Sehen, Hören, Fühlen, Riechen, Schmecken. Sie können in allen fünf Sinnen einen Anker installieren und auslösen, z. B.

Visuell: Bilder, Gegenstände, Gesten, Tischmarkierungen

Auditiv: Geräusche, Laute, Worte, Stimmlage, Musik

Kinästhetisch: Händedruck, Körperberührung (z. B. auf die Schulter klopfen: „Du schaffst es!" – zugleich auditiver Anker!).

Ein klassischer Anker, den Sie mit Sicherheit kennen, ist folgender: Sprechen Sie mit Ihrem Kunden über seine Hobbys oder seine Familie. Das ist nichts anderes, als dass Sie einen Anker auslösen und Ihren Kunden dadurch in einen bestimmten (positiven) Zustand versetzen. Sie wissen, dass es darum geht, dass unsere Kunden ein besonderes Gefühl erhalten möchten, sonst würden sie Ihr Produkt oder Ihre Dienstleistung nicht kaufen. Wenn Sie merken, dass Ihr Kunde in einem besonderen Zustand ist, können Sie einen Anker installieren. Nehmen Sie z. B. zwei Blätter für Ihre Präsentation, ein Blatt für das Ja, auf dem der Nutzen, die Freude, die Bedürfnisse, die Chance auf ein besseres Leben, das Paradies auf Erden beschrieben ist. Und ein Blatt, auf dem das Problem aufgezeigt wird: Der Schmerz, der unerfüllte Wunsch, wenn er das Produkt nicht kauft. Somit haben Sie zwei Anker für zwei verschiedene Gefühle. Das Gleiche können Sie mit einem Wort, Ihrer Stimmlage, dem Körper oder einer Geste und so weiter machen.

Diese Techniken sind so wertvoll und wirksam, dass Sie sich wundern werden, welche Ergebnisse Sie damit erzielen können. Normalerweise sollte man dafür einen Waffenschein benötigen. Ich appelliere an Ihre Ethik, an Ihre Moral und daran, dass Sie damit Menschen helfen, eine bessere und leichtere Entscheidung zu fällen. Wenn Sie Menschen dazu bringen, nur zu Ihrem eigenen Vorteil etwas zu kaufen, werden Sie nicht zufrieden, glücklich und erfolgreich sein. Denn: Das Leben ist wie ein Bumerang, und es wird bestimmt zu Ihnen zurückkehren. Also: Nutzen Sie diese Strategien nur, um Menschen zu helfen.

Die meisten Menschen haben Angst und vermuten, dass wir Verkäufer nur auf unseren Vorteil bedacht sind. Viele Kunden sind so skeptisch, dass Sie sogar die guten Vorteile eines Produktes nicht sehen oder hören wollen. Wenn Ihr Produkt zum Wohle der Menschen ist und Sie dadurch ein besseres Leben haben, dann können Sie beruhigt Ihren Kunden überzeugen.

Und der psychologische Aspekt dahinter wird Ihnen vielleicht in diesem Moment so richtig klar. Vielleicht haben Sie unbewusst diese Strategien bereits angewendet und einfach aus dem Bauch heraus zu Beginn immer ein wenig über Hobbys oder Familie geplaudert. Umso besser. Nur jetzt wissen Sie: Sie können selber Anker verwenden, einsetzen, konstruieren, aufbauen und neu installieren.

So – jetzt gehen wir zu einem weiteren ganz wichtigen Punkt, das ist die Fokussierung. Den richtigen Fokus zu setzen ist eines der wichtigsten Instrumente beim Überzeugen und Verkaufen.

4. Den Fokus steuern

Stellen Sie sich mal vor, man würde einen Wettbewerb veranstalten. Die Disziplin ist Pfeil- und Bogenschießen. Jeder Teilnehmer konzentriert sich auf den roten Punkt in der Mitte. Das nennt man Fokussieren. Sie spannen den Bogen und können sich bildlich vorstellen, wie der Pfeil genau in die Mitte trifft. Sie haben bestimmt schon einmal eine Diskussion geführt, bei der Sie eine andere Meinung als Ihr Gesprächspartner vertreten haben. Sie waren also auf einen Standpunkt fokussiert. Während der Fokussierung löschen bzw. tilgen Sie alle anderen Gedanken. Eine Fokussierung heißt nichts anderes, als dass Sie sich auf einen Gedanken konzentrieren.

Sie haben diesen Zustand sozusagen einfrieren lassen. Es gibt fünf verschiedene Fokussierungen.

1. Vor-Fokussierung

Packen Sie den Stier an den Hörnern! Spitzenverkäufer versuchen, einen Einwand bereits zu entkräften, bevor ihn der Kunde formuliert. Hat Ihr Kunde einen Einwand, so liegt es daran, dass er auf einen Aspekt Ihres Produktes fokussiert ist, der ihm das Gefühl gibt, besser nicht zu kaufen. Wollen Sie einen Einwand ändern, so ändern Sie die Fokussierung Ihres Gegenübers. Dann haben Sie die besten Chancen. Sicherlich kennen Sie Ihre Kunden sehr gut und wissen, welcher Kunde welche Einwände besonders häufig nennt. Auf dieses Thema gehe ich später noch mal ein. Also haben sie Geduld und zähmen Sie Ihre Neugier.

2. Neu-Fokussierung

Wenn Ihr Kunde ein Problem zu sehen scheint, können Sie Ihm eine neue Sichtweise anbieten. Setzen Sie Ihrem Kunden eine neue Brille auf, damit er ein passendes Gefühl dafür bekommt.

- Stellen Sie sich einmal vor, dass ...
- Nehmen Sie einmal an, dass ...

3. Was-wäre-wenn-Fokussierung

Diese Art von Fokussierung geschieht durch geschickte Frage- und Formulierungsmöglichkeiten, wie:

- Was könnte geschehen, wenn wir dies jetzt machen würden?
- Was wäre, wenn wir eine gute und einfache Lösung finden, würden Sie dann ...?
- Was wäre, wenn wir jetzt aus irgendeinem Grund eine Alternative anbieten könnten, würden Sie dann ...?

4. Ent-Fokussierung

Wir Menschen kaufen nicht das Produkt, sondern Zustände. Wenn Kunden in einen blockierten Zustand geraten, in dem sie nicht kaufen wollen, müssen Sie diesen Zustand verändern, also ent-fokussieren.

Wenn Ihr Kunde eine ganz besondere Fokussierung hat und er von seinem Standpunkt nicht abweichen will, dann müssen Sie sein Verhalten unterbrechen, indem Sie z. B.

- Eine Frage zu einem völlig anderen Thema stellen.
- Ihren Kunden dazu bewegen, aufzustehen und herumzugehen.
- Ihren eigenen Zustand ändern.
- Etwas völlig Unerwartetes tun.

5. Futter-Fokussierung

Versetzen Sie Ihren Kunden in die Zukunft und lassen Sie ihn selbst mit seinen fünf Sinnen ausmalen, wie sich seine Zukunft verändern und verbessern wird. Auch hier kommt z. B. eine Frage zum Einsatz:

- Wie würde sich Ihre Zukunft verändern, wenn Sie unser Produkt schon seit einiger Zeit besäßen?

Verkaufen heißt, den Fokus und den Zustand zu verändern.

5. In einem Spitzenzustand sein

Sie können es sich nicht erlauben, einen Kunden zu besuchen und nicht in einem Spitzenzustand zu sein. So wie Ihr Zustand ist, genau so wird Ihr Verhalten gegenüber Ihren potenziellen Kunden sein. Wie wäre es für Sie, wenn Sie sich entscheiden würden, ein neues Auto zu kaufen, und der Verkäufer ein Langweiler, lustlos und nicht motiviert wäre, Sie von seinen herrlichen und erstklassigen Fahrzeugen zu überzeugen. Was würden Sie machen? Sie würden zu jemand anderem gehen, der in einem Spitzenzustand wäre, oder?

Im vorigen Abschnitt habe ich Ihnen die Kunst des Ankerns vorgestellt. Selbstverständlich können Sie bei sich selbst auch einen Anker installieren. Welche Gefühlsanker wären für Sie förderlich? Welche Zustände könnten Sie zur Spitzenleistung bringen? JA, genau – wenn Sie in einem Spitzenzustand wären!

Können Sie sich noch an einen Moment erinnern, an dem Sie in genauso einem Zustand waren? Ballen Sie jetzt Ihre Faust, so fest Sie können, jetzt.

Vielleicht als Sie Ihren ersten großen Abschluss getätigt haben. Als Sie sich als Sieger gefühlt und möglicherweise einen Luftsprung gemacht haben. Als Sie dachten, dass Sie Bäume ausreißen können, und die Energie Sie überwältigt hat. Wie ein Feuerwerk der Gefühle oder wie ein Vulkan kurz vor dem Ausbruch. Wie war Ihre Körperhaltung? Aufrecht konnten Sie jeden Muskel spüren, konnten Sie die Energie in Ihren Adern intensiv wahrnehmen. Was haben Sie zu sich gesagt? Ja, ich schaffe alles, was ich will! Oder: Ich bin der Beste! Oder: Was haben Sie gesehen? Können Sie dieses Bild beschreiben? War es groß, war es bunt, war es ein Standbild oder ein Film und voller Energie, voller Kraft und Tatendrang? Ihre Verkaufserfolge stehen in direkter Beziehung zu Ihren Fähigkeiten, sich in so einen Spitzenzustand zu versetzen.

Wenn Sie Gefühl verkaufen wollen, müssen Sie zuerst fühlen – dann können Sie verkaufen.

Im Buch zeige ich Ihnen viele Strategien auf, wie Sie im Verkauf erfolgreicher agieren können. Aber das Allerwichtigste sind Sie, ist Ihre Persönlichkeit, ist Ihr Zustand. SIE sind die Person, die strahlt! Und wenn Sie dem Kunden Sicherheit verkaufen wollen, müssen Sie es zuerst fühlen und diese Sicherheit auch ausstrahlen. Es genügt nicht, nur Sicherheit zu sagen. Worte sind Hülsen, sind die Beschreibung eines Gefühls oder einer Tatsache. Sie sind Transportmittel. Konzentrieren Sie sich nicht auf das Wort, sondern konzentrieren Sie sich auf das Gefühl, das Sie transportieren. Es muss in Ihrer Stimme sein, es muss in Ihrem Körper sein. Dann sind Sie ein richtiger Überzeuger! Dann überzeugen Sie mit einer Faszination!

Ist dies nicht der Fall, müssen Sie schauspielern, indem Sie in eine Gefühlsrolle schlüpfen, und so dieses Gefühl transportieren. Das ist die Kunst des Verkaufens.

Ist es Ihnen nicht gelungen, sich in diesen Gefühlszustand hineinzuversetzen, weil Sie schon seit einiger Zeit mehrere Ablehnungen von Ihrem Kunden erfahren haben und anfangen, an sich zu zweifeln, oder Sie private Probleme haben? Dann müssen Sie anfangen, sich selbst zu überzeugen. Stellen Sie sich einfach vor, es gäbe verschiedene Anzüge, die unterschiedliche Gefühlszustände haben, und Sie schlüpfen, wie ein Schauspieler, in einen Spitzenzustand. Und sowie Sie Ihren anderen Anzug anhaben, verändert sich Ihr Körper, verändern sich Ihre Gedanken und verändert sich Ihr Verhalten. Jetzt können Sie mit einer Leichtigkeit dieses Gefühl transportieren. Das ist die Kunst des Verkaufens. Sich selber in Gefühlszustände zu versetzen und diese zu verkaufen.

6. Warum wir Menschen etwas kaufen

Sie wissen, ich habe Ihnen von den zwei größten Motivationsknöpfen erzählt: Schmerz und Freude! Haben Sie schon einmal genau die meisten und vor allen Dingen erfolgreichsten Werbespots im Fernsehen bewusst angeschaut. Da lernt man interessante Dinge. Erst wird dort das Problem geschildert (völlig verdreckte Kinder-T-Shirts), dann der unerfüllte Wunsch der Mutter (porentiefe Reinheit), der mit genau diesem Produkt oder jener Dienstleistung erfüllt wird. Das ist wohl eine der wichtigsten Strategien, die Sie sofort anwenden können und sollten.

7. Die unbegrenzte Macht der Überzeugung

Haben Sie mal beobachtet, wie Top-Redner Ihren Vortrag gestalten oder Spitzenverkäufer Ihre Präsentation machen? Haben Sie bemerkt, welche Unterschiede es gibt, wenn ein nicht so erfolgreicher Redner oder Verkäufer agiert? Wissenschaftler haben die erfolgreichsten Kommunikatoren beobachtet und festgestellt, wie die Kommunikation uns Menschen am meisten beeinflusst. Wie kommunizieren wir eigentlich? Welche Faktoren gehören zu einer erfolgreichen Kommunikation?

Richtig: Wir kommunizieren mit unseren Worten, also dem Inhalt. Wie noch? Genau: Mit unserer Stimme, der Melodie der Sprache und den Schwingungen der Worte. Und schließlich kommunizieren wir auch noch mit unserem Körper, unseren kraftvollen Gesten. Was meinen Sie, zu wie viel Prozent beeinflusst uns das Wort, die Stimme und unser Körper? Jetzt halten Sie sich fest. Bei 100% beeinflusst uns das Wort, also der Inhalt einer Präsentation, nur zu 7%. Unsere Stimme, die Melodie der Sprache beeinflusst – oder beeindruckt – uns zu sage und schreibe 38%. Und schließlich der Körper mit Mimik und Gestik, der mit 55% zum größten Beeinflussungsfaktor gehört.

Was bedeutet das für uns? Wie sollten wir unsere Präsentationen gestalten? Wenn Sie einen oder mehrere Menschen überzeugen wollen, setzen Sie Ihren Körper ein, verwenden Sie kraftvolle Gesten. Unterstreichen Sie gewisse Aussagen z. B. mit einer Handbewegung. Und wenn Ihr Kunde sagen sollte, der Preis ist zu hoch, können Sie ganz einfach nur Ihre Augenbrauen nach oben ziehen und verwundert schauen. Das sagt manchmal mehr aus als tausend Worte. Spielen Sie mit Ihrer Stimme. Sprechen Sie einmal hoch und dann wieder tiefer, einmal schnell und dann wieder langsamer. Und wenn Sie etwas mit Ihrer Stimme unterstreichen wollen, machen sie eine Pause. Das wirkt Wunder und erzeugt eine energiereiche Spannung. Um den fachlichen Inhalt brauchen Sie sich sicher nicht allzu viele Gedanken machen, denn den beherrschen Sie aus dem Effeff. Und 7% sind schließlich nicht die Welt.

Liebe Leser, ich möchte gerne, dass Sie heute oder morgen damit beginnen, tatsächlich mit Ihrem Körper und an der Modulation Ihrer Stimme intensiv zu arbeiten. Sie werden merken, Sie können dadurch richtig gut beeinflussen und ganz einfach überzeugen!

8. Die Modulation der Sprache

Der griechische Philosoph Sokrates sagt: „Sprich, damit ich dich sehe." Sokrates wusste, dass die Sprache der Ausdruck der Persönlichkeit ist. Die Stimme kommt von innen und offenbart so auch Ihr Innerstes.

Wie ich gerade aufgezeigt habe, beeinflusst uns die Modulation der Sprachen immerhin mit 38%. Verwenden Sie deshalb die Melodie der Sprache wie ein Zauberer seinen Zauberstock, um die Menschen zu beeindrucken. Es gibt noch ein weiteres Geheimnis, wie Sie Ihre Stimme einsetzen können. Wie Sie sicher bemerkt haben, können Sie in Ihrer Stimme Gefühle transportieren, Spannung erzeugen und selbstverständlich auch gewisse Satzteile separat betonen. Wie zum Beispiel. Wie GLÜCKLICH Ihre Frau sein wird, wenn Sie diesen HERRLICHEN Diamantring trägt. Der Ton macht die Musik. Seien Sie ein Virtuoser mit Ihrer Stimme, spielen Sie auf ihr, wie ein Musiker oder Sänger ein Musikinstrument spielt und damit Gefühle transportiert. Sind Sie bereit für ein Experiment?

Sagen Sie mal:

Das empfehle ich Ihnen	Ansteigende Betonung	⊙ Das ist eine Frage?
Das empfehle ich Ihnen	Gleich bleibende Betonung	⊙ Das ist eine Aussage.
Das empfehle ich Ihnen	Fallende Betonung	⊙ Das ist ein Befehl!

Wenn Sie eine außergewöhnliche Feststellung äußern möchten oder einer festen Überzeugung sind, sollten Sie Ihre Stimme fallend betonen. Oder: Versuchen Sie einmal, Ihren Kunden zu überzeugen mit der Aussage: „Wir haben ein einzigartiges Produkt." Versuchen Sie einmal, diesen Satz in den drei oben genannten Varianten auszusprechen.

> „Das Verständliche an der Sprache ist nicht das Wort selber, sondern Ton, Stärke, Modulation und Tempo, mit dem eine Reihe von Worten gesprochen wird. Kurz, die Musik hinter den Worten, die Leidenschaft dieser Musik, die Person hinter dieser Leidenschaft, alles also, was nicht geschrieben werden kann."
> Friedrich Nietzsche

9. Die Kraft der Kontraste

Wenn Sie exzellente Immobilien verkaufen, dann sollten Sie Ihrem Kunden erst eine Immobilie zeigen, die vielleicht das Budget Ihres Kunden etwas übersteigt. Dann wird Ihr Kunde seine eigene Preis-Messlatte ebenfalls höher setzen. Wenn ich z. B. bei einer Firma bin und meine internen

Firmenkonzepte vorstelle, dann erwähne ich erst die Tagessätze von Brian Tracy oder Richard Bandler, die einen Tagessatz von ca. 25.000 $ haben. Jetzt werden meine tatsächlichen Preise viel schneller akzeptiert. Verkaufen Sie zuerst einen Elefanten, dann bieten Sie eine Maus an.

10. Revanchieren ist ein Muss

Ich kann mich noch an meine Kindheit erinnern, in der meine Mutter mir erklärt hat: Wenn ein Klassenkamerad mich zu seinem Geburtstag eingeladen hat, müsste ich ihn auch zu meinem Geburtstag einladen. Eigentlich wollte ich das nicht, aber es zeigte gute Manieren.

Dieses Verhalten kann man immer noch in unserer Gesellschaft erkennen. Wir Menschen sind darauf konditioniert, sich zu revanchieren. Wenn dir ein Mensch etwas Gutes tut, dann musst du ihm das – in welcher Form auch immer – wieder zurückgeben. Diese Konditionierung ist bei uns Menschen stark ausgeprägt. Meine Empfehlung an Sie: Machen Sie Ihrem Kunden ein kleines Geschenk oder kommen Sie ihm in irgendeiner Form entgegen. Dann will sich Ihr Kunde bei Ihnen revanchieren. Und was könnte Ihnen schließlich Besseres passieren, als dass er sich mit einem Auftrag revanchiert.

11. Untermauern Sie Ihre Aussage

Vor kurzem entschloss ich mich, mir eine Digitalkamera zu kaufen. Ich suchte ein Fachgeschäft aus, das sich extra darauf spezialisiert hatte. Der Verkäufer war sehr nett und zuvorkommend. Er fragte mich, für welchen Zweck ich so eine Kamera benötige, und ich schilderte ihm meine Bedürfnisse. Er zeigte mir verschiedene Kameras und sagte, diese Kamera würde er mir empfehlen. Sie sei zwar eine wenig kostenintensiver, aber von der Qualität her unschlagbar. Er sagte, diese Kamera ist in Stiftung Warentest auf Platz eins und zeigte mir die Zeitschrift. Da meine Kenntnisse über Digitalkameras sehr dürftig sind, hätte er mir viel erzählen können. Aber der schriftliche Beweis mit Stiftung Warentest hat mich überzeugt, diese Kamera zu kaufen.

Untermauern Sie Ihre Behauptungen immer mit einem schriftlichen Beweis. Das zeigt, dass eine unabhängige Institution Ihr Produkt oder Ihre Dienstleistung getestet hat und diese ja keinen Vorteil hat, wenn Sie es kaufen würden. Mit dieser Technik holen Sie quasi einen neutralen und imaginären Befürworter mit ins Boot. Sammeln Sie für Ihr Produkt oder Ihre Dienstleistung so viele Beweise, wie Sie nur können, und lassen Sie gegebenenfalls eine unabhängige Institution Ihr Produkt testen.

Zusammenfassung:
Spitzeninstrumente der Überzeugung

1. Wer fragt, der führt den Zustand.
2. Verwenden Sie Sinnessprache und präsentieren Sie auf allen 5 Sinneska-nälen oder in dem bevorzugten Sinneskanal Ihres Kunden. Erkennen Sie die Augenmuster. Regel: oben – visuell, an der Seite – auditiv, unten – kinästhetisch.
3. Verwenden Sie Gefühlsanker, um Ihren Kunden in einen besonderen Zu-stand zu versetzen.
4. Den Fokus steuern und die Zukunft sichern.
5. Seien Sie in einem Spitzenzustand. Sie verkaufen Gefühle.
6. Warum wir Menschen etwas kaufen? Die zwei größten Motivationsknöp-fe sind Schmerz und Freude. Erfüllen Sie Ihrem Kunden diesen Wunsch.
7. Die unbegrenzte Macht der Überzeugung. Wie und was uns Menschen beeinflusst: das Wort 7%, die Stimme – Modulation 38%, der Körperein-satz 55%!
8. Die Modulation der Sprache nutzen. Ansteigende Betonung – eine Frage. Gleich bleibende Betonung – eine Aussage. Fallende Betonung – ein Befehl. Verwenden Sie in Ihrer Präsentation bestimmte Betonungen von Satzteilen. Transportieren Sie mit der Melodie der Sprache Gefühle.
9. Die Kraft der Kontraste. Verkaufen Sie zuerst einen Elefanten und bieten Sie erst dann eine Maus an.
10. Konditionieren ist ein MUSS. Wir Menschen sind konditioniert und wol-len uns revanchieren. Machen Sie kleine Geschenke.
11. Untermauern Sie Ihre Aussage. Sammeln Sie Beweise für Ihr Produkt oder Ihre Dienstleistung und bringen Sie so viele Beweise wie möglich in Ihre Präsentation ein.

3. Der Verkaufsprozess

In diesem Kapitel geht es um den Verkaufsprozess. 12 Steps werden Ihnen den Weg zum NLS-Seller weisen. Nach diesen 12 Strategien werden Sie wissen, was zu beachten ist, welche Hebel Sie bewegen müssen, um ganz nach oben zu kommen. Wenn Sie meinen, das, was Sie bis jetzt gelesen haben, sei schon alles, dann haben Sie sich getäuscht. Wir sind gerade erst am Anfang. Bis jetzt war alles gerade nur ein Tropfen auf einen heißen Stein, die Spitze von einem großen Eisberg, der erste Schritt von einer großen Reise. Wenn Sie jetzt neugierig und gespannt sind, wie es weitergeht, dann werden Sie bald bemerken, wie sich Ihre Zukunft ganz natürlich verändert und Sie diese Strategien verinnerlichen. Manchmal kann es sein, dass die Faszination Sie so fesselt und überwältigt, dass Sie nicht mehr unterscheiden können, was Ihre bisherige Strategie war und welche Sie neu dazugewonnen haben. Wenn Sie von sich selbst ein Bild in Ihrer Zukunft sehen und bemerken, dass es so groß wie eine Kinoleinwand wird, und Sie das starke Verlangen haben, in diese Kinoleinwand einzutauchen, dann werden Sie wahre Wunder erleben. Es ist etwas ganz Natürliches, wenn Sie neugierig, gespannt und hungrig sind, als hätten Sie seit Wochen nichts mehr gegessen.

3.1 Der transparente Kunde

Wir beginnen den Verkaufprozess mit dem Vorverkauf, d. h., wir suchen uns alle wichtigen Informationen über unseren Kunden. Wie in der Schule müssen wir unsere Hausaufgaben machen, erst dann können wir bei der Prüfung (= Kundengespräch) auch wirklich punkten und einen guten Abschluss machen. Das ist enorm wichtig!

Die Dinge ändern sich nicht, nur wir verändern uns! Ich kann mich an einen unangenehmen Termin erinnern: Ich war bei einem Kunden und nicht auf den Termin vorbereitet. Die Firma wollte von mir eine effektive und schnelle Lösung, um ein akutes Problem zu beheben. Ich wusste gar nichts von der Firma, wie die Geschäftsprozesse waren, welche Produkte sie im Sortiment hatte, die Größe der Firma, und in dem Moment hatte ich sogar den Namen meines Ansprechpartners vergessen. Ich war sehr leichtsinnig. Ich dachte, durch meine Kommunikationsfähigkeit würde ich bestimmt eine Lösung finden. Selbstverständlich konnte ich den Kunden nicht zufrieden stellen und bekam den großen Auftrag nicht. Rückblickend bin ich über diese Situation sehr dankbar. Denn ich erhielt eine Lektion, die ich mein ganzes Verkäuferdasein nicht mehr vergessen sollte. Es war zwar hohes Lehrgeld, doch sehr wirkungsvoll. An diesem Tag schwor ich mir, mich immer, aber auch wirklich immer vorzubereiten und nichts mehr dem Zufall zu überlassen.

Step by Step: Der Vorverkauf

Etwas anders zu tun beginnt mit einem anderen Gedanken! Bereiten Sie sich immer vor! Ich gehe sogar so weit, dass ich bei Kundenanrufen nie um Rückruf bitte, weil ich auch dann am Telefon perfekt vorbereitet sein will. Welche Vorbereitungen sind notwendig, um den Abschluss sicher in der Tasche zu haben? Stellen Sie sich die folgenden Fragen, bevor Sie einen Kunden besuchen oder ihn anrufen wollen. Und beantworten Sie diese aus Übungszwecken ruhig immer schriftlich:

Wie ist mein Zustand? Was denke ich über den Kunden?

_____

_____

Welchen Zustand will ich meinem Kunden vermitteln?

_____

_____

Welchen Zustand will mein Kunde erhalten?

_____

_____

Wie kann ich meinen Kunden in diesen Zustand versetzen?

_____

_____

Was denkt der Kunde über mich? Und über unsere Firma?

_____

_____

Wer ist der Entscheider oder wer entscheidet mit?

_____

_____

Welche Firmengröße erwartet mich?

_____

_____

Welche Marktstellung und Kundenzielgruppen hat die Firma?

_____

_____

Wie laufen die internen Geschäftsprozesse der Firma?

_____

_____

Welchen Mehrwert kann ich bieten?

_____

_____

Meine Gesprächseröffnung.

_____

_____

Welchen Engpass, welches Problem hat mein Kunde?

_____

_____

Wie ist meine Lösung?

_____

_____

Welche Einwände können auftauchen?

_____

_____

Welche Argumentationen habe ich parat?

_____

_____

Welche Beweisführung setze ich ein?

_____

_____

Machen Sie Ihren Kunden erfolgreich und Sie werden erfolgreicher!

Zusammenfassung
Step 1: Der transparente Kunde

- ⊙ Machen Sie Ihre Hausaufgaben und beschaffen Sie sich so viele Informationen über Ihren Kunden wie möglich.
- ⊙ Überlassen Sie nichts dem Zufall. Bereiten Sie sich auf jedes Kundengespräch, ob am Telefon oder persönlich, bestens vor.
- ⊙ Überprüfen Sie vor jedem Kundenkontakt Ihren Zustand – er muss exzellent sein!

3.2 Zustandsmanagement, der Schlüssel zum Verkaufserfolg

Die Begeisterungsfähigkeit trägt deine Hoffnung empor zu den Sternen. Sie ist das Funkeln in deinen Augen, die Beschwingtheit deines Ganges, der Druck deiner Hände und der Wille und die Entschlossenheit, deine Wünsche in die Tat umzusetzen.
Henry Ford

Es gibt Zeiten, in denen wir gut sind, selbstbewusst und stark auftreten, und es gibt Zeiten, in denen wir weniger gut oder selbstbewusst sind. Beim Beraten eines Unternehmens und deren Verkäufer ist mir etwas sehr Gegensätzliches aufgefallen. Ein Verkäufer hatte sehr starke emotionale Schwankungen. Aus heiterem Himmel war er bei seinen Verkaufsgesprächen plötzlich unsicher. Er hat nicht die richtigen Worte gefunden, seine Körperhaltung war niedergeschmettert, aus seiner Stimme hörte man die Nervosität heraus, sein Gesichtsausdruck war irgendwie bedrückt. Diese Phase dauerte meist eine ganze Weile an. Seine Verkaufszahlen waren auf einmal so schlecht, dass er mehrere Gespräche mit seinem Vertriebsleiter hatte. Diese negative Phase entwickelte sich als Abwärtsspirale. Auch in seinem Privatleben sind plötzlich Probleme aufgetaucht. Er hat sich mit seiner Frau permanent gestritten, und die Frau wusste nicht, was los war. Er wurde grimmig, und seine Kinder gingen ihm aus dem Weg. Und auf einmal war dieser Verkäufer wieder wie ausgewechselt. Er war charmant, hatte ein sicheres Auftreten, seine Stimme war melodisch, die Betonungen war ausgeprägt, Gestik und Mimik überzeugend. Er war wie ein Entertainer. Er war so selbstbewusst, dass er seine Kunden verzaubern konnte. Man konnte sehen, wie die Kunden an seinen Lippen klebten und darauf warteten, wie elegant er seine Beschreibungen ausführte. Sein Verkaufsleiter war begeistert über seinen Wandel, seine Zahlen schossen regelrecht nach oben, so hoch, dass er Rekordzahlen erreichte. Diese positive Spirale weitete sich auf sein gesamtes Umfeld aus. Im Privatleben ging es auf einmal auch besser. Lebenslustig, aufgeschlossen und mit sehr viel Humor überzeugte er seine Frau und seine Kinder. Was war mit diesem Menschen geschehen?

Die Qualität Ihres Lebens ist die Qualität Ihrer Kommunikation – nach außen wie auch nach innen. Deshalb ist es auch so enorm wichtig, wie Ihr Zustand ist. Sie fühlen sich gut bei dem, was Sie tun und sagen, oder Sie fühlen sich weniger gut bei dem, was Sie zu hören bekommen oder erleben. Halt! Denn was Sie fühlen, ist und bleibt immer Ihre Entscheidung! Gut und schlecht gibt es nicht, es ist immer eine Prägung aus unserer Vergangenheit. Es gibt immer zwei Möglichkeiten, den Zustand zu managen:

1 Ändern Sie Ihre Körperhaltung und versetzen Sie sich in den körperlichen Zustand, in dem Sie sein möchten. Denn: Unser Körper ist nicht nur der Spiegel unserer Stimmung, er ist auch der Schlüssel dazu!

2 Was Sie fühlen, beruht auf dem, was Sie denken. Die wichtigste Methode, um Ihre Gedanken zu steuern, ist der Einsatz von Fragen, z. B.: „Wie war mein erster Kuss?"

Der Unterschied zwischen Erfolg und Misserfolg hängt von Ihren Entscheidungen ab. Ihre Entscheidungen sind von Ihren Zuständen gesteuert, und somit steuern Ihre Zustände Ihr Leben.

Ihre Gefühlswelt überträgt sich, ob Sie wollen oder nicht, auf Ihren Kunden. Stellen Sie sich vor, wir Menschen haben auf unserem Kopf eine Glühlampe und egal welchen Zustand Sie auch haben, diese Glühlampe zeigt immer an, in welcher Gefühlslage Sie sich zurzeit befinden. Wir

Menschen haben ein Gespür, feine Sensoren, um erkennen zu können, in welchem Zustand sich ein Gesprächspartner gerade befindet. Auch die feinsten körperlichen Signale, die ein anderer unbewusst sendet, kommen beim Empfänger an. Denken Sie daran: Wir verändern in erster Linie Zustände. Ihr Zustand und die Gedanken, die Sie haben, verursachen Ihr Verhalten. Wenn Sie also Ihr Verhalten verändern wollen, sollten Sie zunächst Ihren Zustand verändern. Und Sie sollen in jedem Fall in einem Spitzenzustand sein, wenn Sie Ihren Kunden besuchen.

Unser Körper ist nicht nur der Spiegel unserer Stimmung. Er ist auch der Schlüssel dazu! Das alles haben Sie bereits in Kapitel 1.1 ausführlich gelesen. Nun geht es darum, wie Sie den eigenen außergewöhnlichen Zustand auch auf andere übertragen. Denn nur wenn Ihr Kunde in einem guten Zustand ist, wird es auch zum Abschluss kommen.

Zusammenfassung
Step 2: Zustandsmanagement, der Schlüssel zum Verkaufserfolg

◯ Sie sind Herr bzw. Frau über Ihren Zustand. Sie entscheiden, ob Sie gut oder schlecht drauf sind, nicht die Umstände.
◯ Sie können Ihren Zustand ändern, wenn Sie Ihre Körperhaltung ändern oder Ihre Einstellung.
◯ Ihre Zustände steuern Ihre Entscheidungen und damit Ihren Erfolg.
◯ Sie sollten, bevor Sie zum Kunden gehen, in einem guten Zustand sein.

3.3 Die Geheimnisse des Beziehungsaufbaus

Lächle in die Welt und die Welt lächelt dir zurück.
Chinesische Weisheit

Zeigen Sie mir einen erfolgreichen Spitzenverkäufer und ich zeige Ihnen einen Menschen, der es beherrscht, schnelle und gute Beziehungen aufzubauen. Die Anzahl Ihrer Abschlüsse können Sie daran messen, wie gut und einzigartig Sie eine Beziehung aufbauen können.

Step 3: Die Geheimnisse des Beziehungsaufbaus
Sie müssen sich mal überlegen: Ein Mensch vertraut Ihnen z. B. im Finanzdienstleistungsbereich sein schwer und hart erarbeitetes Geld an. Ihr

Kunde will das Beste mit seinem Geld machen. Wären Sie da nicht auch vorsichtig? Vor einiger Zeit habe ich ein großes und renommiertes Autohaus gecoacht und trainiert. Selbstverständlich wollte ich die Geschäftsprozesse genau kennen lernen und habe mir alles ganz genau angeschaut, bis hin zum Einzelcoaching mit dem besten und dem schlechtesten Verkäufer.

Als ich den besten Verkäufer gecoacht habe, ist mir etwas Entscheidendes aufgefallen. Ich machte mir zur Aufgabe, genau zu beobachten, wie der beste Verkäufer arbeitet. Dazu begleitete ich ihn einen ganzen Tag und bin natürlich auch bei seinen Verkaufsgesprächen dabei gewesen. Er war sehr freundlich und zuvorkommend gegenüber seinen Kunden. Auf dem Weg zu einem Termin sagte er plötzlich: Da kommt ein Freund von mir! Er begrüßte seinen Freund, und die beiden plauderten einfach nur so. Dabei fiel mir die Körperhaltung des Verkäufers auf. Er stellte sich komplett auf sein Gegenüber ein. Nach einer kurzen Zeit erkannte ich, dass es gar kein Freund von ihm war, sondern ein potenzieller Kunde. Dieser Spitzenverkäufer sah in jedem seiner Kunden einen Freund.

Das Verhalten muss dem Zustand entsprechen

Dieser Spitzenverkäufer hat sich ganz unbewusst vollkommen authentisch verhalten. Selbstverständlich galt diese Person als einer der erfolgreichsten Verkäufer, die die Firma je hatte. Und zu Recht! Sein Verhalten war so ehrlich, dass jeder Kunde das Gefühl hatte, bei ihm gut aufgehoben zu sein. Sein Verhalten entsprach seinem Zustand!

Vor längerer Zeit habe ich mich entschlossen, in die Vereinigten Arabischen Emirate zu gehen, also nach Dubai. Ich wusste, dass Dubai eines der reichsten Länder der Welt ist. Und dort das Geld quasi auf der Straße liegt. Also beschloss ich, dort hinzufliegen. Ich wusste ganz genau, dass es in den Vereinigten Arabischen Emiraten 5 Scheiche gibt. Drei von diesen waren sehr wohlhabend, zwei weniger. Ich hatte mir als Ziel gesetzt, einen dieser Scheiche kennen zu lernen, um mit ihm Geschäfte zu machen. Mein Ziel war, in Dubai Hotels Schlösser einzurichten, also die Innenarchitektur mitzubestimmen. Ich hatte davon fachlich eigentlich überhaupt gar keine Ahnung und habe beschlossen, dass ich, wenn ich unten wäre und sich die Geschäfte anbahnen würden, entsprechende Spezialisten suche, die genau diesen Anforderungen entsprechen. Also, ich ging nach Dubai und machte mich auf die Suche nach einem Geschäftsmann. Als ich angekommen bin, habe ich gemerkt, dass es gar nicht so einfach war, irgendeinen erfolgreichen Geschäftsmann kennen zu lernen, um mit ihm zusammenzuarbeiten. Nach der ersten Woche schaltete ich in der Zeitung Anzeigen, um auf diesem Weg interessante Geschäftsleute kennen zu lernen. Das war eine hervorragende Idee. Denn sofort sind viele Personen auf mich zugekommen, und ich habe meine Geschäftsideen bzw. Kooperationen vorgestellt. Ich hatte viele Gespräche und habe bemerkt, dass viele Personen nicht so erfolgreich waren, wie Sie vorgaben zu sein.

Ich hatte natürlich auch nicht genügend Geldmittel, um das Geschäft alleine aufzubauen. Also, mein Gedanke war, auch einen Sponsor zu finden, der bereit ist, in meine Ideen zu investieren. Nach vielen Gesprächen und einer ganzen Weile tauchte ganz plötzlich und unerwartet eine wirklich wichtige Person auf. Es war ein Verwandter von einem größeren Scheich. Man hat sofort bemerkt, dass er ganz anders war als alle anderen vorher. Die anderen sind alle mit Anzügen gekommen, mit europäischer Kleidung, er hingegen ist traditionell gekleidet gekommen und hatte ein ganz anderes Auftreten. Intuitiv beschloss ich, die Besprechung in meiner Hotelsuite durchzuführen, wo ein größerer Balkon war. Wir saßen dort und sprachen über Belangloses, $1^{1}/_{2}$ Stunden lang. Wir haben uns etwas zu essen und zu trinken bestellt und plauderten. Über das Wetter, wie schön die Aussicht wäre, wie angenehm die Luft riecht. Und dann merkte ich plötzlich an seinen leichten Körpersignalen, dass das Gespräch für ihn zu Ende war. Wir hatten noch kein einziges Wort darüber gesprochen, was ich genau machen wollte. Er stand auf und ging an die Tür. Wir hatten noch kein Wort über das Geschäft gesprochen, und ich wusste ganz genau, das war mein Mann. Ich hatte mir schon bildlich vorgestellt, wie er aus meinen Händen gleitet, wie eine Fata Morgana wieder verschwand. Ganz plötzlich, ganz unerwartet, mit seiner Hand bereits am Türgriff, drehte er sich um, zeigte auf mich und sagte: Herr Galal, lassen Sie die geschäftlichen Belange unsere Anwälte klären. Wir machen den Weg zusammen. Diese Lektion vergesse ich nie und das, was ich daraus gelernt habe:

○ Der Kunde beginnt immer zuerst über das Geschäftliche zu reden. Egal wie lange es dauert. Der Kunde bestimmt, wie lange eine Beziehungsphase für ihn andauern muss.

○ Viel wichtiger als alles andere ist es, eine gute Beziehungsphase zu haben.

Vertrauen entsteht nicht immer nur dann, wenn ein Geschäft zustande kommt, die Bearbeitung reibungslos klappt und der Kunde mit dem Produkt oder der Dienstleistung zufrieden ist. Vertrauen entsteht manchmal gerade dann, wenn eben kein Geschäft zustande kommt und der Kunde das Gefühl hat: Dieser Verkäufer will nicht unbedingt etwas verkaufen, er ist an mir als Person und einem Gespräch interessiert. Der Kunde denkt dann: Wenn er nicht unbedingt ein Geschäft abschließen will, können wir alle Probleme beiseite schaffen und sicher eine gemeinsame Lösung finden. Was ich Ihnen damit sagen möchte, ist Folgendes: Das Vertrauen ist einer der wichtigsten Verkaufsfaktoren überhaupt. Sie müssen Ihrem Kunden das Gefühl des absoluten Vertrauens geben und ehrlich sein. Dann werden Sie in Ihrem Beruf absolute Spitzenleistungen bringen.

Das Vertrauen eines Kunden zu gewinnen, dauert Jahre. Es zu verlieren, Sekunden.
Managerweisheit

Beziehung aufbauen

Wie können Sie schnell und ganz leicht eine Beziehung aufbauen? Wie können Sie vorgehen? Ganz einfach: Indem Sie Komplimente geben. Zeigen Sie einem Menschen, wie wertvoll und wichtig er ist. Hören Sie ihm zu. Schenken Sie ihm ein Lächeln. Finden Sie gemeinsame Interessen heraus. Demonstrieren Sie ihm, dass in diesem Moment nur er Ihnen wichtig ist. Zusätzlich habe ich noch eine Strategie, wie Sie effektiv und wirklich wirkungsvoll Komplimente geben können.

Wenn Sie einen anderen Menschen für Ihre Sache gewinnen wollen, müssen Sie ihn zuerst davon überzeugen, dass Sie sein aufrichtiger Freund sind.
Abraham Lincoln

Die drei Stufen der Beziehungsphase:

1 Geben Sie Anerkennung. Geben Sie detaillierte Anerkennung, was Sie genau gut und schön finden.
2 Begründen Sie Ihre Anerkennung. Sagen Sie, warum Ihnen das so gut gefällt oder warum das so wichtig für Sie ist, warum Sie genau diesen Punkt genannt haben. Verwenden Sie das Wort „weil".
3 Stellen Sie eine W-Frage. Fragen Sie den Kunden, wie er das geschafft hat. Wo er das gekauft hat. Wie er das gemacht hat.

Diese Strategie bringt Sie dazu, in verschiedenen Punkten eine richtige Richtung einzuschlagen. Denn wenn Sie nur einfach so und automatisiert Anerkennung geben, denkt Ihr Kunde, dass Sie es nicht ernst meinen. Wenn Sie es allerdings begründen und detailliert sagen, warum Sie etwas wirklich so gut finden, dann ist Ihre Glaubwürdigkeit um einiges höher. Entscheidend ist natürlich auch der dritte Punkt: Wenn Sie ihm eine Frage stellen, woher oder wie er was gemacht hat, versetzen Sie ihn in den (guten) Zustand zurück. Sie wissen ja: Eine Frage versetzt eine Person in einen Zustand zurück. Und wenn Sie einem Kunden sagen, dass er gut aussieht und dass er einen schönen Anzug trägt, weil ihm diese Farbkombination sehr gut steht. Und Sie ihn dann fragen, woher er diesen Anzug hat oder wer ihn beraten hat, so eine perfekte Kombination herauszufinden, geben Sie ihm Lob und Anerkennung.

Haben Sie schon einmal einen Raum betreten, wo viele verschiedene, Ihnen unbekannte Menschen waren und Sie am anderen Ende einen Menschen sahen, der Ihnen irgendwie sofort sympathisch war? Sie haben so das Gefühl, dass Sie ihn schon länger, vielleicht schon Ihr ganzes Leben lang kennen? Sie sind sich unsicher und wissen nicht, ob Sie ihn wirklich kennen oder ob nur ein imaginärer Sympathiefaktor entstanden ist. Oder ist Ihnen schon einmal etwas Ähnliches passiert? Sie waren auf einer Feier, eine Person kommt auf Sie zu, die zu Ihnen sagt: „Irgendwie kommen Sie mir bekannt vor. Kennen wir uns? Kann das sein?" Wäre es nicht großartig zu wissen, was ganz genau da vor sich ging. Warum unbewusste Kommunikationsfaktoren dies ausgelöst haben. Eine der wichtigsten Punkte im Verkauf überhaupt ist der Rapport. Rapport ist gleich Beziehungsaufbau.

Beantworten Sie bitte diese Frage:

Erinnern Sie sich an eine Person, mit der Sie nicht gut harmonieren. Denken Sie zurück. Überlegen Sie Gründe, warum der Kontakt nicht gut ist, und notieren Sie diese.

_____

_____

Beantworten Sie bitte die zweite Frage:

Denken Sie an eine Person, einen Freund oder Bekannten, mit dem Sie einen sehr guten Kontakt haben. Überlegen Sie Gründe, warum der Kontakt so gut ist, und notieren Sie auch diese.

_____

_____

Die Macht des Vertrauens

Wir Menschen lieben Menschen, die so ähnlich sind wie wir. Wir mögen Menschen, die gleicher Meinung sind. Wenn Sie jemanden kennen lernen, dann versuchen Sie in den ersten Sekunden herauszufinden, welche Gleichheiten oder Übereinstimmigkeiten sie beide haben. Nutzen Sie die Kraft des Spiegelns. Nutzen Sie die Magie des Spiegelns. Die unbewusste Kommunikation zeigt, dass wir Menschen lieben, die so ähnlich sind wie wir. Stellen Sie sich vor, Sie würden ein Spiegelbild von sich kennen lernen. Würden Sie diesen Menschen mögen? Selbstverständlich würden Sie diesen Menschen mögen. Er trägt die gleichen Schuhe. Er hat die gleichen Kleider an wie Sie. Er hat eine ähnliche Körperbewegung wie Sie. Und vor allem, er hat die gleiche Einstellung wie Sie. Erwartet das Gleiche vom Leben wie Sie.

Seien Sie das Spiegelbild Ihres Kunden. Ahmen Sie ganz unauffällig die Körperhaltung, die Stimme, die Meinung, eine Aussage nach. Und das Allerwichtigste ist: Spiegeln Sie seine Atmung. Dr. Richard Bandler hat mir einmal erzählt, dass er ein kleines Experiment gemacht hat. Er ist abends in eine Bar gegangen und hat einfach ganz gemütlich Kaffee getrunken.

Am ganz anderen Ende der Bar war ein anderer Mann, der auch Kaffee trank. Richard Bandler ahmte ihn nach, er spiegelte ihn. Er hatte die gleiche Körperbewegung wie er, er nahm auch die Tasse in der gleichen Zeit, trank mit der gleichen Geschwindigkeit und spiegelte das Allerwichtigste, seine Atmung. Er atmete in seinem Tempo. Die Atmung steht in direkter Beziehung zu Ihrer gesamten Gefühlswelt. Somit war unbewusst eine Verbindung aufgebaut. Und plötzlich, ganz unerwartet, hat Richard Bandler die Tasse, die leer war, nach vorne gekippt und so getan, als ob er sich selbst voll geschüttet hätte. Am anderen Ende der Bar hat der fremde Mann unbewusst ganz plötzlich auch seine Tasse genommen, und diese kippte auch, nur mit dem Unterschied, dass seine Tasse voll war.

Was können Sie alles spiegeln?

Körper: Händedruck, Kopfneigung, Arme, Gesichtsausdruck, Schulter, Beine, Füße

Stimme: Klangfarbe, Geschwindigkeit, Rhythmus, Lieblingswörter

Meinung: 1% Übereinstimmung finden

Aussage: Tatsachen von Wahrnehmungen:
    Sie sitzen hier ...
    Sie sehen den Baum ...
   Tatsachen der Wirklichkeit:
    Sie wollen 500 XY haben ...
    Sie sind Chef ...
    Sie wollen mehr Geld ...

Stimmung: Empathie entwickeln, mitfühlen, Freude, Angst, Unsicherheit, Sicherheit, Zuversicht

Atmung: Das ist die wirksamste Strategie, weil sie mit unseren Emotionen verbunden ist. Wir achten auf Hebung und Senkung des Schulter-Brust- und Zwerchfell-Bereiches.

Tipp: Beim Sprechen atmen wir aus!

Dies soll Ihnen beweisen und aufzeigen, dass wir unbewusst immer wieder kommunizieren. Vielleicht haben Sie schon einmal zwei ganz frisch verliebte Menschen gesehen, die beide eine ähnliche Körperhaltung hatten. Beide neigten gleichzeitig den Kopf, stützen sich gleichzeitig mit ihren Händen ab und blickten einander mit verträumten Augen an. Wenn man das von außen beobachtet, dann denkt man, oh, die sind irgendwie in einem zusammengehörigen genetischen Feld. Da gibt es eine unbewusste Verbindung, eine unbewusste Kommunikation.

Einer der wichtigsten Punkte ist, Vertrauen aufzubauen. Wenn Sie es schaffen können, innerhalb kürzester Zeit das Vertrauen eines Menschen zu gewinnen, dann haben Sie gewonnen. Es muss selbstverständlich authentisch sein. Es muss ehrlich sein. Wenn Sie lange genug einen Menschen spiegeln, können Sie anfangen, diesen zu führen. Ein Beispiel: Kennen Sie das, Sie sitzen abends im Cafe und trinken vielleicht ein Bier oder einen Eiskaffee, mit verschiedenen Freunden oder Bekannten zusammen. Man lacht, man redet, die Gläser sind alle am Tisch abgestellt, und plötzlich geht einer nach vorne und greift zum Glas. Ganz unerwartet greifen alle anderen gleich hinterher und trinken auch mit. Da gibt es eine unbewusste Verbindung, eine unbewusste Kommunikation und einen, der in diesem Moment die Gruppe geführt hat. Wenn Sie lange genug einen Kunden spiegeln, dann können Sie anfangen, ihn zu führen, mit Ihrer Körperhaltung, mit Ihrer Aussage, mit der Meinung und mit dem Gefühlszustand. Nutzen Sie Ihre nonverbale Kommunikation, um Beziehung aufzubauen.

> **Zusammenfassung**
> **Step 3: Die Geheimnisse des Beziehungsaufbaus**
>
> ○ Die Beziehungsphase ist in drei Stufen unterteilt: Erstens geben Sie Komplimente und Anerkennung, zweitens begründen Sie Ihre Aussage mit dem Wort „weil" und drittens stellen Sie Ihrem Kunden eine offene Frage, um den Zustand zu managen.
> ○ Wenn Sie und eine andere Person die gleichen Meinungen und Gefühle haben, entsteht Vertrauen. Spiegeln Sie Ihre Kunden!
> ○ Der Kunde bestimmt, wie lange die Beziehungsphase dauern soll.

3.4 Eine fesselnde Neugier erzeugen

Wie schaffen Sie es, bei Ihrem Kunden Neugier, Spannung, ein fesselndes und unwiderstehliches Verlangen zu erzeugen? Ihrem Kunden das Gefühl zu geben, dass er ohne Ihre Produkte nicht mehr leben kann? Dass er in Ihrem Produkt die Erfüllung seiner Wünsche findet und er eine große, bunte, positive Zukunftsvision sehen kann. Waren Sie schon einmal in der Situation, in der Sie ganz genau wussten, dass Ihr Produkt für diesen Kunden genau das Richtige ist, er einen so großen Vorteil hat, er mehr Geld verdienen oder enorm viel sparen kann? Und Ihr Kunde wollte Sie gar nicht anhören und hat überhaupt kein Interesse gezeigt? Woher auch, Sie hatten ja nicht einmal die Chance, ihm von seinem Glück zu erzählen.

Step 4: Eine fesselnde Neugier erzeugen

Wenn Sie es nicht schaffen, eine fesselnde Neugier zu erzeugen, dann kann Ihr Produkt noch so gut sein. Ihr Kunde wird Sie erst gar nicht anhören wollen. Wenn Sie nicht die absolute Neugier erzeugt haben, kann es auch sein, dass er Ihrer Präsentation nur halbherzig zuhört. Der Zustand Ihres Kunden sollte so sein, dass er eine regelrechte Gier hat, Ihren Worten zu lauschen und das Wunderprodukt endlich selbst in Händen zu halten.

Sechs Steps, um eine zukunftsorientierte Neugier zu erzeugen:

1. Beeindruckende Behauptung
2. „Weil" ... Produktstärke
3. das bedeutet für Sie ... Produktnutzen
4. und zusätzlich ... Produktnutzen
5. Das sage ich, weil ... Beweise
6. Um dies genauer zu erläutern, würde ich Ihnen jetzt gerne ein paar Fragen stellen. Und dann klassifizieren Sie Ihren Kunden!

Hier ein kleines Beispiel, wie sie Step by Step vorgehen könnten: Wenn Sie Ihre Mitarbeiter zu unseren Trainings schicken, dann werden Ihre Verkaufszahlen um 30 bis 100 Prozent steigen. Weil wir in unseren Trainings keine herkömmlichen Techniken vortragen. Wir haben Spitzenverkäufer beobachtet, analysiert und deren Know-how in lernbare Einheiten umgesetzt. Diese Strategien stammen von Verkäufern, die 150.000,– Euro pro Jahr und mehr verdienen. Das bedeutet für Sie, Sie brauchen kein Selbststudium oder Experimente zu machen. Sie erhalten alle Strategien auf einem silbernen Tablett. Das können wir sagen, weil wir bereits ähnliche Konzepte für einige Firmen in Ihrer Größe realisiert haben. Worum es mir geht, sind Ihre Antworten auf ein paar Fragen. Kann ich Ihnen diese jetzt stellen?

Selbstverständlich denken Sie jetzt, das kann doch jeder sagen. Sie haben auch Recht! Viele Verkäufer präsentieren das Blaue vom Himmel, und unsere Kunden sind einfach skeptischer geworden. Wenn unsere Kunden von Tag zu Tag hören, wie toll ein oder alle Produkte sind, wissen sie nicht mehr, was sie glauben sollen, stimmt's? Meine Erfahrung hat mir gezeigt, dass, wenn die allgemeine konjunkturelle Lage sehr positiv verläuft, viele Kunden möglichen Chancen sehr offen gegenüberstehen und die oben genannte Strategie sehr gute Früchte trägt. Ist jedoch die konjunkturelle Lage schlechter, sind die Kunden einfach skeptischer und haben Angst, dass ihr Unternehmen oder ihre Existenz überhaupt bestehen bleibt. Aus diesem Grund gilt es, eine mehr lösungsorientierte Neugier zu erzeugen. Ich brauche Ihnen vielleicht nicht zu sagen, dass eine Konjunktur im Kopfe beginnt und bei vielen Unternehmen oder Personen dies der Fall ist. Sie werden auch in den nächsten Kapiteln über Persönlichkeitsmuster lesen, an denen Sie erkennen werden, welche Strategie, Neugier zu erzeugen, zu welcher Persönlichkeit am besten passt.

Wie Sie wissen, sind die zwei größten Motivationsknöpfe Schmerz und Freude. Wir haben gerade das erste Prinzip kennen gelernt, nämlich mit Freude einen Menschen zu motivieren und die Aufmerksamkeit auf uns zu lenken. Das zweite Prinzip ist, mit Schmerzen einen Menschen zu motivieren und so die Aufmerksamkeit auf uns zu lenken. Und sicher wissen Sie aus eigener Erfahrung, dass wir Menschen mehr unternehmen, um Schmerzen zu vermeiden, als um Freude zu erlangen.

Fünf Steps, um eine lösungsorientierte Neugier zu erzeugen:

1. Problem aufzeigen, Aussagen treffen
2. Problem festigen, Fragen stellen, um in den gewünschten Zustand zu versetzen
3. Lösung andeuten mit unserem Produkt
4. Beweise bringen und Aussage untermauern
5. Klassifizieren Sie Ihren Kunden

Sind Sie es nicht auch leid, wenn immer die EDV-Anlage spinnt und keiner zur Hand ist und Ihnen dabei helfen kann. Wenn wichtige Daten verloren gehen oder sogar ein Virus Ihre EDV-Anlage anfallen würde, dann wäre es ein Drama, nicht wahr?

Welche Maßnahmen haben Sie getroffen, um diesem Drama vorzubeugen? Ich würde niemals sagen, Herr Müller, dass unsere EDV-Anlage sicher ist und zusätzlich sogar Kosten einspart, wenn wir nicht schon mit vielen ähnlichen Firmen wie Ihrer gearbeitet hätten und gute Erfolge erzielt hätten. Lassen Sie es uns innerhalb 15 Minuten prüfen, ob wir Ihnen helfen können.

Die zweite Strategie ist sehr wirkungsvoll, um Ihren Kunden in den Zustand der Neugier zu versetzen. Sie kennen Ihre Kunden und wissen vielleicht, mit welchen Problemen diese zu kämpfen haben. Sprechen Sie genau diese Probleme an, um ein offenes Ohr bei Ihrem Kunden zu erzeugen. Wenn Sie Schmerzen oder ein Gefühl erzeugen wollen, damit Ihr Kunde unbedingt Ihr Produkt oder Ihre Dienstleistung braucht, um endlich eine Lösung für sein Problem zu erhalten, dann sollten Sie zuerst Behauptungen aufstellen und danach Fragen stellen, um die Person noch tiefer in diesen Zustand zu versetzen.

Jetzt haben Sie seine Neugier auf Ihrer Seite und können sich sicher sein, dass er Ihnen auch mit voller Aufmerksamkeit zuhört. Es ist wichtig, dass Sie diesen Part „Neugier erzeugen" ziemlich vage halten, weil sie ja noch gar nichts oder zumindest nicht viel über Ihren Kunden wissen. Welche Wünsche und unerfüllte Bedürfnisse er eigentlich hat. Stellen Sie sich vor, Sie würden mit einem Dartpfeil in einem dunklen Raum versuchen, voll ins Schwarze zu treffen. Die Chancen sind sehr gering, dass Sie überhaupt die Scheibe treffen, oder?

Diese Strategien sind sehr wirkungsvoll, um Ihren Kunden in den Zustand der Neugier zu versetzen. Wenn Sie die Werbung beobachten, können Sie feststellen, dass die Werbefachleute genau diese Strategien schon längst verwenden. Der Erfolg ist Ihnen garantiert, wenn Sie sofort und ohne zu zögern die Leichtigkeit eines Kindes nehmen und einfach einmal testen, wie es in der Praxis funktioniert.

Zu den „Fünf Glocken"

Es war einmal ein Gasthaus, das hieß Silberstern. Der Gastwirt kam auf keinen grünen Zweig, obgleich er alles tat, Gäste zu gewinnen: Er richtete das Haus gemütlich ein, sorgte für eine freundliche Bedienung und hielt die Preise in vernünftigen Grenzen. In seiner Verzweiflung fragte er einen weisen Menschen um Rat. Als dieser die jammervolle Geschichte des anderen gehört hatte, sagte der Weise: „Es ist sehr einfach. Du musst den Namen deines Gasthauses ändern." „Unmöglich!", sagte der Gastwirt, „seit Generationen heißt es Silberstern und ist unter diesem Namen im ganzen Land bekannt." „Nein", sagte der Weise bestimmt, „du musst es nun die ,Fünf Glocken' nennen und über dem Eingang sechs Glocken aufhängen." „Sechs Glocken? Das ist doch absurd. Was soll das bewirken?" „Versuch es einmal, und sieh selbst", sagte der Weise lächelnd. Also machte der Gastwirt einen Versuch, und Folgendes geschah. Jeder Reisende, der an dem Gasthaus vorbeikam, ging hinein, um auf den Fehler aufmerksam zu machen. Jeder in dem Glauben, außer ihm habe ihn noch keiner bemerkt. Und wenn sie erst einmal in der Gaststube waren, waren sie beeindruckt von der freundlichen Bedienung und blieben da, um eine Erfrischung zu bestellen.

Zusammenfassung
Step 4: Eine fesselnde Neugier erzeugen

- Jeder Kunde braucht vor dem Kauf ein Gefühl, dass er ohne das Produkt oder die Dienstleistung nicht mehr leben kann.
- Sie müssen bei Ihrem Kunden eine fesselnde Neugier erzeugen. Je nach Marktlage ist die Vorgehensweise eher positiv (in guten Zeiten), dann verwenden Sie die sechs Steps, um eine zukunftsorientierte Neugier zu erzeugen, oder eher negativ (in schlechten Zeiten), dann verwenden Sie die fünf Steps, um eine lösungsorientierte Neugier zu erzeugen.
- 6 Steps, um eine zukunftsorientierte Neugier zu erzeugen: Behauptung, Produktstärke, Produktnutzen, Produktnutzen, Beweise und Klassifizierung. 5 Steps, um eine lösungsorientierte Neugier zu erzeugen: Aussage über Problem, Fragen, Lösung andeuten, Beweise und Klassifizierung.

3.5 Kunden richtig einschätzen und Salz in die Wunde geben

Denken Sie daran, Ihre Zeit ist kostbar, weil Sie eine Kapazität auf Ihrem Gebiet sind. Sie sind der Spezialist in Ihrem Bereich. Selbstverständlich kennen Sie Ihr Produkt zu 100 Prozent. Sie wissen, welche Mitbewerber es auf dem Markt gibt. Wenn Sie diese nicht kennen, dann nehmen Sie Ihren Beruf als Verkäufer nicht ernst genug und brauchen sich auch nicht zu wundern, wenn Sie weniger Umsatz machen, als Sie gerne hätten.

Sie sind ein Spezialist, eine Kapazität, ein Fachmann in Ihrem Bereich, und Sie sollten sich die Frage stellen, ob Sie überhaupt mit diesem Kunden zusammenarbeiten möchten. Schließlich hört es bei einer Unterschrift nicht auf. Da fängt es gerade erst an. Der Kunde erteilt uns einen Auftrag. Und im wahrsten Sinne des Wortes steckt hinter einem „Auftrag" mehr, als nur dafür zu sorgen, dass z. B. eine Ware pünktlich geliefert wird.

Die meisten Produkte haben eine Garantie, und bei einer Dienstleistung fängt die Arbeit nach dem Auftrag erst an. Und wenn Sie sich nicht vorstellen können, mit einem Menschen zusammenzuarbeiten, der Ihnen schon in dem Moment der Unterschrift als Person unangenehm ist, dann lassen Sie den Kunden weiterziehen. Es gibt so viele Menschen, die vielleicht in diesem Moment auf Sie warten, bis Sie ihn ansprechen. Beißen Sie sich nicht fest wie ein Bullterrier. Lernen Sie loszulassen. Das wirkt manchmal wahre Wunder, oder was meinen Sie?

Was wir über unseren Kunden wissen sollten

Wenn Sie präzise vorgegangen sind, haben Sie einen Vorverkauf gemacht und wissen schon einiges über Ihren Kunden. Was Sie auf jeden Fall wissen sollten, ist Folgendes: Hat Ihr Kunde Geld, um Ihr Produkt zu kaufen? Ist der Gesprächspartner auch wirklich der Entscheider? Sie sind ein Spezialist und kennen die Probleme Ihrer Kunden, was ihm Schmerzen verursacht und was seine unerfüllten Wünsche sind. Und wenn nicht, finden Sie es heraus!

Nicht von Antwort zu Antwort wachsen wir, sondern von Frage zu Frage.
Konfuzius

Gezielt und genau zu fragen ist wohl eines der mächtigsten Instrumente, die es im Verkauf gibt. Mit Fragen können Sie Zeit sparen und schnell herausfinden, ob Ihr Gesprächspartner auch wirklich ein potenzieller Kunde ist. Mit Fragen können Sie den Zustand Ihres Kunden steuern, Neugier erzeugen, den Abschluss beschleunigen, die Denkmuster erfahren, die Überzeugungen erkennen, die Werte aufspüren, die Einstellung erkunden und Glaubenssätze aufdecken. Sie können die Welt des Kunden erst durch Fragen so richtig verstehen.

In der Psychotherapie könnte man es sich gar nicht vorstellen, ohne Fragen zurechtzukommen. Um einem Menschen zu helfen, muss man zuerst sein Weltmodell erforschen und herausfinden, warum ein Mensch das macht, was er macht. Ein professioneller Coach würde Ihnen niemals die Lösung Ihres Problems sagen, sondern er würde Sie mit Fragen dazu bewegen, selber eine Lösung zu finden. Ein Spitzenverkäufer würde niemals eine Präsentation beginnen, ohne vorher zu wissen, was der Kunde wirklich will. Stellen Sie sich einmal vor, Sie hätten Zahnschmerzen und würden zu einem Arzt gehen. Sie sitzen beim Arzt, und alles, was er macht, ist, dass er Ihnen ein Rezept mit der Anweisung gibt, jeden Tag drei Tabletten zu nehmen. Würden Sie die Tabletten nehmen, ohne dass der Arzt eine genaue Diagnose gestellt hat? Also, ich würde diese Tabletten nicht nehmen, auch wenn es der beste Arzt der Welt wäre. Er hat ja keine Diagnose gestellt! Kann er vielleicht hellsehen? Wie können dann manche Verkäufer einfach eine Präsentation machen, ohne zu wissen, was der Kunde wirklich will oder wo ihn der Schuh drückt?

Beschreiben Sie mal bitte mit ein, zwei kurzen Sätzen die Welt. Was ist die Welt?

_____

_____

Klasse. Schon bei 20 Menschen hat doch tatsächlich jeder eine andere Antwort. Die Frage war identisch. Wir sind doch hier alle auf dieser Erde, auf dieser Welt, oder? Wie kann es dann sein, dass jeder etwas anderes geschrieben hat?

Wir leben, jeder für sich selbst, in einer subjektiven Welt – das bedeutet, es gibt tatsächlich 6 Milliarden verschiedene Welten, und wenn eine Welt mit der anderen Welt kommuniziert, dann weiß die andere Welt nicht genau, was die eine Welt sagt! Wir verschlucken bei der Kommunikation wahnsinnig viel, und es gibt immer wieder unterschiedliche Äußerungen von der Welt. Jeder hat seine eigene Interpretation. Das ist einer der wichtigsten Punkte der Kommunikation, und Sie müssen wissen, dass die Landkarte nicht das Gebiet ist.

Was bedeutet für Sie Effektivität, Rentabilität, Motivation oder Liebe? Das sind alles Wolkenwörter, jeder kann in diese Wörter etwas hineininterpretieren. Diese stark unterschiedlichen Interpretationsmöglichkeiten sind die Spielwiese eines Spitzenverkäufers, der verstehen möchte, was hinter dem Wort steckt.

Liebe ist zum Beispiel die Landkarte (Rahmenbedingung), das Gebiet, ist das, was Sie oder Ihr Partner darunter versteht. Was verstehen Sie unter

Motivation? Motivation ist jetzt die „Landkarte", was ist es für Sie, für Ihren Chef, für eine Mutter oder für einen Lehrer? Jeder hat seine eigene Interpretation, also sein eigenes „Gebiet". Fazit: Die Landkarte ist nicht das Gebiet!

Genau das sollten Sie sich immer wieder vor Augen führen. Bei jeder Diskussion, bei jedem Gespräch, das Sie mit einer anderen Person führen. Und wenn ein anderer von einer Sache spricht, heißt das noch lange nicht, dass sie beide auch das Gleiche darunter verstehen. Egal was Sie oder Ihr Gegenüber auch sagen, es ist immer ein Unterschied da! Sie müssen erst seine Welt verstehen, um auch das, was er sagt, zu verstehen.

Ich möchte Ihnen jetzt einige Fragen vorstellen, mit denen Sie ein herausragendes und effektives Instrument besitzen, um Ihren Kunden richtig einschätzen (offene Fragen) und besser lenken (geschlossene Fragen und andere Frageformen) zu können.

Offene Fragen
- ⊙ Welche Erwartung haben Sie ...?
- ⊙ Was stellen Sie sich vor, wenn Sie XY verwenden wollen?
- ⊙ Was erhoffen Sie sich durch ...?
- ⊙ Was wünschen Sie sich?
- ⊙ Welche Gedanken haben Sie, wenn Sie an XY denken?

Eine offene Frage ist eine Informationsfrage. Eine Frage, durch die Sie viele Infos vom Kunden erhalten können. Offene Fragen dienen dazu, um von Ihrem Kunden so viel wie möglich zu erfahren. Somit können Sie Ihren Kunden besser einschätzen und einfacher darauf reagieren.

Geschlossene Fragen
- ⊙ Würden Sie es begrüßen, wenn ...?
- ⊙ Sollen wir es zu diesem Termin XY liefern?
- ⊙ Können Sie sich vorstellen, dass wir es so machen?
- ⊙ Wissen Sie schon, welche Vorteile es Ihnen in der Zukunft bringen kann?

Auf diese Fragen wird Ihr Kunde mit Ja oder Nein antworten. Diese Frageart können Sie verwenden, wenn Sie Ihren Kunden in eine besondere Richtung lenken wollen oder um ganz offiziell herzufinden, wo er steht.

Ja-Rhythmus-Fragen
Hier verwenden Sie mehrere geschlossene Fragen hintereinander, mit der Absicht, zum Abschluss zu kommen oder eine Einsicht zu erhalten.

- **Stimmt es, dass** Immobilien in den letzten Jahrzehnten immer teurer wurden und nicht billiger?
- **Ist es richtig, dass** die Mieten andauernd steigen und nicht sinken?
- **Ist es nicht so, dass** überall Wohnungen fehlen und der Wohnungsbedarf stetig steigt?
- **Sind nicht auch** Immobilien ein großer Vorteil bei Erbschaft und Schenkungssteuern?
- **Also ist ein** Immobilienerwerb eine kluge Entscheidung! Wollen Sie eine kaufen?

Ja-Rhythmus-Fragen sind selbstverständlich aneinander folgende Suggestivfragen, die den Kunden dazu bewegen, einen Abschluss zu tätigen.

Ein kleines Experiment. Sagen Sie 10-mal hintereinander **weiß** – weiß, weiß, weiß ... und jetzt weitere 5-mal weiß, weiß, weiß ... und jetzt wieder 5-mal weiß, weiß, weiß ... und was trinkt eine Kuh? Milch, oder? Kühe trinken aber Wasser und keine Milch.

Direkte Fragen
- Ist es der Preis, der Sie davon noch abhält?
- Sind es die Lieferbedingung, die Sie noch zögern lassen?
- Ist es die Lage der Immobilie, die Sie noch zögern lässt?
- Ist Ihnen die monatliche Investition zu hoch?

Somit sprechen Sie direkt den Punkt an. Vergewissern Sie sich, damit Sie wissen, wo Sie im Verkaufsprozess stehen, um heute eine positive Entscheidung zu erhalten.

Backtracking-Fragen
- Habe ich Sie da richtig verstanden, dass ...?
- Es würde also Ihre Entscheidung sehr erleichtern, wenn ...?
- Ah, Sie meinen ...?
- Ich verstehe, Sie wollen ...?

Wiederholen Sie Ihren Kunden gelegentlich, was er gesagt hat, wenn Sie sich vergewissern wollen, ob Sie ihn richtig verstanden haben. Wenn Sie zusätzlich die gleichen Worte und eine ähnliche Melodie verwenden, fühlt sich der Kunde verstanden und ernst genommen. Es ist auch eine Form, wie Sie spiegeln können.

Kontrollfragen
- Habe ich damit geklärt, dass ...?
- Was meinen Sie dazu?

○ Wie finden Sie das?
○ Was sagt Ihr Gefühl dazu?

Diese Frage zeigt Ihnen, welchen Weg Sie gehen müssen. Das Tolle bei dieser Frage ist, dass Sie nur nach einer Meinung gefragt haben, also keine definitive Entscheidung erwarten.

Bestätigungsfragen
○ ..., nicht wahr?
○ ..., oder?
○ ..., ist es nicht so?
○ ..., oder nicht?

Mit diesen Endungen können Sie etwas Zusätzliches suggerieren und Widerstände verringern, oder nicht?

Bumerang-Fragen
○ Sind Sie wirklich der Ansicht, dass ...?
○ Wie kommen Sie darauf, dass ...?
○ Finden Sie wirklich, dass ...?

Sie werfen die Aussage einfach wieder zurück. Somit kann Ihr Kunde seine Aussage noch einmal überdenken, und vielleicht hat er durch Argumente von Ihrer Seite plötzlich eine andere Meinung.

Zurückstellungsfragen
○ Das ist eine wichtige Frage! Kann ich diese Frage kurz notieren und darauf später eingehen?
○ Wäre es Ihnen recht, wenn ich Ihre Frage zu einem späteren Zeitpunkt beantworte?
○ Das ist ein interessanter Punkt. Vielleicht können wir diese Frage nachher noch intensiver besprechen?
○ Ich würde gerne diesen wichtigen Punkt zurückstellen und gleich noch viel ausführlicher darauf eingehen. Ist das O.K.?

Entweder Sie schinden mit dieser Frage noch Zeit, um sich eine genaue Antwort zu überlegen, oder Sie wissen zu einem späteren Zeitpunkt einfach mehr über Ihren Kunden und können deshalb viel besser darauf eingehen. Manchmal klärt sich die Frage auch von selbst, oder sie wird ganz vergessen.

Gegenfragen
○ Wie teuer ist das Produkt? Wie viel würden Sie investieren wollen?
○ Wann können Sie liefern? Was wäre Ihnen denn angenehm?

- Dieses Argument ist nicht legitim! Welche Argumente würden Sie denn gelten lassen?
- Das ist kein triftiger Beweis! Welcher Beweis würde Sie denn überzeugen?

Bei den ersten zwei Fragen kennen Sie ja die Antwort, doch Sie behalten Ihr Ass im Ärmel und erweitern somit Ihren Verhandlungsspielraum. Ein Spitzenverkäufer weiß, dass er niemals die Antwort auf die letzten beiden Fragen kennen kann, weil jeder ein eigenes Weltmodell hat. Und wenn Sie antworten würden, dann hätten Sie Ihr Ass im Ärmel ausgespielt.

Alternativfragen
- Wollen Sie eher diesen Monat mit dem Beitrag beginnen oder lieber erst im nächsten Monat?
- Ist Ihnen eine monatliche Zahlungsweise oder eine Einmalzahlung lieber?
- Wenn Sie die Immobilie kaufen würden, sollen wir sie dann davor noch einmal reinigen lassen, oder würden Sie sie so nehmen wollen?
- Wäre eigentlich Ihr Mann der Begünstigte oder Ihre Kinder?

Manchmal kann es sein, dass Sie, während Sie das lesen, ganz unbewusst merken, wie Ihr rechter oder linker Fußzeh anfängt, leicht und natürlich zu kribbeln.

Wollen Sie kaufen oder kaufen? Bei dieser Frage gehen wir davon aus, dass der Kunde in jedem Fall kaufen wird. Diese Vorannahme kommt auch bei Hypnose-Induktionen vor und ist sehr wirkungsvoll, oder? Verwenden Sie diese Technik bei ganz nebensächlichen Entscheidungen, weil wir Menschen uns leichter tun, kleine Entscheidungen zu fällen als große, oder was sagen Sie?

Multiple-Choice-Fragen
- Würden Sie ein Auto mit Leder, halb Leder oder Stoffsitzen bevorzugen?
- Sollte die Wohnung eher im dritten, im zweiten Stock oder lieber im Erdgeschoss sein? Oder vielleicht bevorzugen Sie etwas ganz anderes?

Diese Frage können Sie verwenden, um Ihre Informationen leichter und genauer abzustecken. Manchmal kann es sein, dass der Kunde nicht viel spricht. Besser ist es dann, wenn Sie ihm eine Auswahlmöglichkeit bieten.

Suggestivfragen
- Sie stimmen mit mir doch sicherlich darin überein, dass ...?
- Sie sind doch bestimmt auch der Ansicht, dass ...?
- Haben Sie nicht auch die Überzeugung gewonnen, dass ...?
- Zeigt nicht Ihre Erfahrung als Unternehmer, dass ...?

An:

Marc M. Galal Institut

Am Wall 4

97525 Schwebheim

Firma

Vorname

Name

Straße

PLZ/Ort

Telefon

Telefax

E-Mail

[nls]
Marc M. Galal

Eliteausbildung

Ja, ich interessiere mich für die Marc M. Galal Seminare und bitte um die Zusendung von detaillierten Unterlagen.

Hörbuchfassung zum Buch

 Event NLS® – Spielend einfach verkaufen

Elite1 NLS® – Die Macht der Überzeugung

Elite2 NLS® – Die Kunst der Beeinflussung

Elite3 NLS® – Die Geheimnisse der Verkaufshypnose

Bitte informieren Sie mich über die **individuellen FirmenCoachings/Trainings.**

Ich bin an **Telefoncoaching** interessiert, bitte nehmen Sie mit mir Kontakt auf

Mit dieser Karte können Sie Ihren persönlichen 50 Euro-Gutschein einlösen!

Dieser Gutschein muss mit den regulären Seminarpreisen verrechnet werden!

Suggestivfragen sind offensichtlich, und eine Person, die gut geschult ist, erkennt das selbstverständlich. Sie legen Ihrem Kunden etwas in den Schoß beziehungsweise in den Mund. Diese Suggestivfrage ist der Baustein für den effektiven Ja-Rhythmus. Später werden Sie Suggestivtechniken erleben, die so versteckt sind, dass es kaum erkennbar ist. Seien Sie gespannt und neugierig auf das Kapitel Verkaufshypnose.

Beschleunigungsfragen
- Nur mal angenommen, wir könnten ... – würden Sie sich dann jetzt entscheiden können?
- Unter der Voraussetzung, dass ... – würden Sie sich heute entscheiden können?
- Falls wir diesen Punkt geklärt haben, sind Sie dann damit einverstanden?
- Wenn wir diesen Punkt lösen könnten, würden Sie sich dann heute entscheiden können?
- Darf ich davon ausgehen, wenn wir diesen Punkt geklärt haben, dass wir den Vertrag heute abschließen können?

Mit diesen Fragen können wir den Abschluss herbeizaubern. Manchmal gelten solche Fragen regelrecht als Wunderinstrument und beschleunigen den Prozess des Abschlusses ganz von selbst.

Welt-Fragen
- Was genau verstehen Sie darunter?
- Was meinen Sie genauer unter XY?
- Was bedeutet das genauer für Sie?
- Welche Bedeutung hat das für Sie?

Die Welt-Frage ist sehr wichtig im Verkaufsprozess, weil jeder Mensch eine andere Auffassung hat. Denken Sie doch an unsere Frage nach der Welt, ein paar Seiten vorher! Wir Menschen leben alle in unserem Weltmodell, das bei jedem Menschen anders ist. Eine respektvolle und achtungsvolle Sichtweise wird Ihnen helfen, viele Menschen besser zu verstehen und leichter akzeptieren zu können, dass nicht alle Menschen gleich denken.

Eingebettete Fragen
- Ich frage mich, wie schnell Sie sich entscheiden können.
- Ich habe mich schon oft gefragt, was Sie mit diesem Produkt alles machen werden.
- Ich habe mich gefragt, wie Sie es schaffen, eine leichtere Entscheidung zu fällen.
- Ich frage mich, was Ihnen an unserem Produkt besonders wichtig ist.

Diese Art der Frage ist ein hypnotisches Sprachmuster und sehr wirksam in der Praxis.Wenn Sie Ihrem Kunden mehrere Fragen gestellt haben und es sich langsam wie ein Verhör anhört, dann können Sie die eingebettete Frage sehr gut benutzen.

Zirkuläre Fragen
- Was würde Ihre Frau jetzt zu diesem Produkt sagen?
- Wenn Ihre Freunde und Bekannten Sie jetzt so sehen würden, was würden die zu Ihrem neuen Auto sagen?
- Wie würde Ihr Mann antworten, wenn er eine Lösung hätte?
- Wenn Ihr Steuerberater diese ganzen Steuervorteile sehen würde, was würde er Ihnen raten?

Diese Art der Frage kommt aus der Systemischen Therapie und ist sinnvoll, wenn Ihr Kunde sich, aus welchem Grund auch immer, nicht entscheiden will oder kann. Es soll ja Menschen geben, die große Schwierigkeiten haben, eine Entscheidung zu treffen. Dann liegen Sie mit dieser Frage goldrichtig. Die Technik ist ganz einfach: Ihr Kunde versetzt sich in eine andere Person, um alle einschränkenden Glaubenssätze für eine kurze Zeit zu verlassen. Somit gewähren Sie ihm eine neue Sichtweise ohne seine Einschränkungen.

Wunderfragen
- Stellen Sie sich einmal vor, Sie haben wirklich Glück und es würde ein Wunder geschehen. Sie hätten über Nacht die Lösung gefunden, sich leicht zu entscheiden. Wie wäre die Lösung?
- Wenn Sie einen Zauberstock zur Hand hätten, mit dem Sie die ideale Lösung für Ihr Problem herbeizaubern könnten, welche Lösung wäre das?
- Nur einmal angenommen, es würde über Nacht ein Wunder geschehen und alle Bedenken wären weg. Was hätte dies ausgelöst?
- Stellen Sie sich einmal vor, Sie hätten einen Zauberstock und könnten alle Zweifel, die Sie haben, einfach wegzaubern. Was hätte Sie dazu veranlasst, alles loszulassen?

Die Wunderfrage ist nach Steve de Shazer eine Brücke zu einer Lösung, die noch nicht in Betracht gezogen wurde. Selbstverständlich ist es wichtig, dass Sie genügend Vertrauen zu Ihrem Kunden aufgebaut haben und einen guten Rapport haben. Die Wunderfrage bringt den Kunden zum Träumen und lässt für kurze Zeit seine Glaubenssätze fallen.

Skalierungsfragen

○ Wo stehen Sie, wenn o Nein und 10 Ja wäre?

○ Was würden Sie sagen, wenn es eine Skala geben würde von o bis 10. o wäre Nein und 10 wäre Ja. Wo würden Sie dann momentan stehen?

○ Stellen Sie sich einmal vor, wir wären in der Schule und Sie könnten das Produkt benoten. Welche Note würden Sie dann diesem Produkt geben?

○ Nur einmal angenommen, wir könnten Schulnoten vergeben. Welche Note würden Sie diesem Produkt geben?

Die Skalierungsfrage ist sehr wirkungsvoll, um zu wissen, wo Sie stehen. Vielleicht hat Ihr Kunde Schwierigkeiten mit dem Wort Nein und kann mit einer Zahl viel besser ausdrücken, was er will (oder auch nicht!). Das hilft Ihrem Kunden, eine Entscheidung zu fällen. Sie können diese Frage mitten in Ihrer Präsentation stellen oder wenn Ihr Kunde sagt: „Das muss ich mir noch überlegen." Ich persönlich stelle diese Frage sehr gerne, weil ich einfach wissen will, wo ich stehe, Sie auch?

Prozessfragen

○ Wie sind die unternehmerischen Entscheidungsprozesse, wenn Sie eine neue Software in Ihrem Haus installieren wollen?

○ Wie gehen Sie vor, wenn Sie eine Entscheidung in dieser Form treffen wollen?

○ Wie entscheiden Sie sich, wenn Sie XY kaufen wollen? Müssen Sie etwas gesehen, gehört oder darüber gelesen haben oder verlassen Sie sich ganz auf Ihr Gefühl?

Die Prozessfrage ist so interessant, dass ich später noch näher darauf eingehen werde. Sie haben mit dieser Frage die Möglichkeit, herauszufinden, wie sich Ihr Kunde entscheiden möchte und wie seine internen Entscheidungsprozesse laufen. Oder welche Prozesse bei einer Firma durchlaufen werden, damit eine Entscheidung gefällt wird.

Werte-Fragen „Motiv"

○ Warum ist Ihnen gerade das so wichtig?

○ Warum möchten Sie diese NLS-Strategien so gut beherrschen?

○ Warum möchten Sie eigentlich so eine hohe Rendite in Ihrer Anlage haben?

○ Warum ist Ihnen die Lage der Immobilie so wichtig?

Ich weiß, Sie denken vielleicht, bei dieser Warum-Frage muss sich der Kunde rechtfertigen, oder? Es kommt immer darauf an, wann Sie diese Frage stellen. Sie sollten diese Frage stellen, wenn Ihr Kunde gesagt hat, was für Ihn an Ihrem Produkt oder Ihrer Dienstleistung wichtig ist. Erst dann erfahren Sie seine Werte, seine Motive, seinen wirklichen Beweggrund. Alles andere ist nur die Oberfläche, und sie wollen doch bestimmt tief in Ihren Kunden hineinschauen, oder?

Somit ist Ihre Werkzeugkiste mit zahlreichen Fragen bestimmt gut bestückt. Wenn Sie anfangen, diese Frageformen zu üben, dann kann Ihrem Erfolg nichts mehr im Wege stehen, außer Sie selbst. Ein Tennisspieler muss, wenn er an die Spitze kommen will, üben. Ein Fußballspieler, der der Beste sein will, übt jeden Tag. Ein Musiker, der einen großen Auftritt vor sich hat, bereitet sich Wochen, Monate, Jahre vor, um eine Präsentation darzubieten, die seine Zuschauer bezaubert, verführt und begeistert. Ein NLS-Seller ist nicht nur ein Verkäufer. Er lebt die Strategien, er lebt die Techniken, es ist seine Philosophie. Jetzt gebe ich Ihnen einen roten Faden, wie Sie möglicherweise vorgehen können, um an die Spitze zu gelangen, und das ganz schnell.

1. Fragen zur Person/Sache
- Was machen Sie beruflich?
- Wie viele Mitarbeiter haben Sie in Ihrem Unternehmen?
- Welche EDV-Anlage verwenden Sie zurzeit in Ihrem Unternehmen?
- Welche Anlageformen haben Sie zurzeit?

2. Fragen nach seinen Zielen
- Welche Anforderung stellen Sie, wenn Sie sich eine EDV-Anlage kaufen?
- Welche Erwartungen haben Sie gegenüber einer Geldanlage?
- Wie sollte Ihre ideale Immobilie sein?
- Wie sollte Ihr PKW idealerweise sein?

3. Die Fragen nach seinen Zielen im Fluss halten
- Gibt es außerdem noch etwas?
- Gibt es sonst noch etwas?
- Was ansonsten noch?
- Welche Wünsche haben Sie noch?

4. Fragen zur „Welt"
- Was verstehen Sie unter ...?
- Was meine Sie genau mit ...?
- Wie soll ich das verstehen?
- Was verstehen Sie unter XY genau?

5. Fragen zur Priorität
- Welcher der genannten Punkte ist für Sie der wichtigste?
- Welcher dieser Punkte ist der wichtigste für Sie?
- Was hat für Sie die oberste Priorität?
- Welcher Punkt ist für Sie der gewichtigste?

6. Fragen nach dem Motiv

- ○ Warum ist gerade XY so wichtig für Sie?
- ○ Warum ist dieser Punkt XY ausschlaggebend?
- ○ Warum legen Sie so viel Wert auf XY?
- ○ Warum möchten Sie die NLS-Strategie so gut beherrschen?

7. Zusammenfassung

- ○ Wenn ich Sie richtig verstanden habe (Backtracking), sind Ihre wichtigsten Anforderungen ...
- ○ Also heißt das für Sie (Backtracking), die wichtigsten Punkte sind ..., oder?
- ○ Habe ich Sie da richtig verstanden (Backtracking), dass ... die wichtigsten Punkte sind?
- ○ Es würde also Ihre Entscheidung sehr erleichtern, wenn (Backtracking) ... enthalten ist?

8. Überleitung

- ○ Dann habe ich genau das Richtige für Sie.
- ○ Dann habe ich etwas Passendes für Sie.
- ○ Dann habe ich genau das Passende für Sie, Sie werden gleich verwundert sein.
- ○ Dann werden Sie gleich erstaunt sein über unser Angebot.

Das ist der Key, der Schlüssel, mit dem Sie ganz schnell und einfach Ihren Kunden einschätzen können. Das ist eine Struktur, die Sie immer wieder an Ihre Verkaufssituation anpassen können, aber das ist eine Struktur, die sich auf jeden Fall bewährt hat. Sicherlich wollen Sie diesen roten Faden an Ihre Branche anpassen. Bedenken Sie, es gibt keinen perfekten roten Faden, weil jeder NLS-Seller und jeder Kunde anders ist. Ihre Flexibilität ist im Verkaufsprozess maßgeblich an Ihrem Erfolg beteiligt. Seien Sie also so flexibel, wie es verschiedene Menschen gibt.

Die versteckten Botschaften Ihrer Kunden erkennen

Jetzt werden Sie lernen, dass hinter jedem Wort, das Ihr Kunde sagt, mehr steckt, als Sie hören und er vielleicht wirklich sagen möchte. Jeder Mensch, der sich mit Kommunikation beschäftigt, weiß, dass hinter einem Wort mehr steckt, als nur die Oberfläche. Was immer ein Mensch auch sendet, es kann passieren, dass der Empfänger etwas ganz anderes aufnimmt.

Jetzt sprechen wir über unsere Filtersysteme. Diese Filtersysteme sind manchmal sehr hilfreich und manchmal auch einschränkend. Für die Nichtübereinstimmung sind drei Gestaltungsprozesse verantwortlich, die unser Weltmodell konstruieren. Alles, was wir in unserer Umwelt wahrnehmen, durchläuft mindestens eines der drei Filterprogramme:

1. Tilgung
2. Verzerrung
3. Generalisierung

Jedes Erlebnis, jedes Gespräch und jede einzelne Äußerung durchläuft diesen Filterprozess: Entweder Sie tilgen etwas davon, lassen also einen Teil weg. Oder Sie verzerren, d. h., Sie interpretieren etwas ganz anders und speichern so nicht mehr das ab, was Ihr Gegenüber gesagt hat, sondern das, was Sie daraus gemacht haben. Oder Sie generalisieren und machen eine Verallgemeinerung daraus. Und wenn Sie einmal in England waren und ein oder zwei Engländer ziemlich steif und sehr akkurat waren, dann sind für Sie ab diesem Zeitpunkt alle Engländer steif und akkurat. Wir tilgen Äußerungen, wir verzerren Äußerungen und wir generalisieren Äußerungen. Das sind unsere Filter, die wir vor der Aufnahme von Informationen in unser Gehirn haben. Und diese Filter bestimmen auch zusätzlich, welche Äußerungen wir wieder nach außen geben.

Die Prozesse des Gehirns

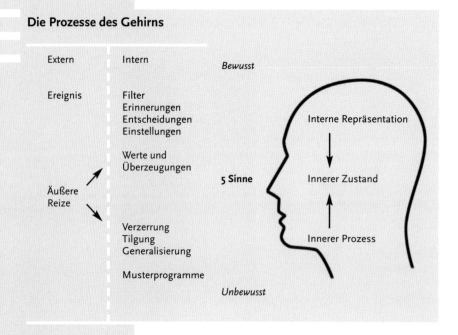

Tilgung, was bedeutet das?

Stellen Sie sich mal vor, Sie würden in einem Raum sein, wo ziemlich viele Gesprächspartner sind, und Sie würden mit einem Gesprächspartner ein intensives und interessantes Gespräch führen. Die gesamte Geräuschkulisse um Sie herum ist sehr laut, alle sprechen. Sie wollen sich jedoch auf diesen einen Gesprächspartner konzentrieren. Wenn Sie besonders konzentriert zuhören, tilgen Sie alles um Sie herum. Sie konzentrieren sich vollkommen auf Ihren Gesprächspartner. Sie nehmen also nur noch den einen Gesprächspartner wahr. Stellen Sie sich einmal vor, Sie würden mit Ihrem Partner zusammensitzen und Sie unterhalten sich. Selbstverständlich laufen bei uns intern verschiedene Gedankenprozesse ab. Das heißt, wir denken permanent. An die Arbeit, an den Ärger beim Einkaufen, an das Programm am Wochenende. Und Ihre Frau oder Ihr Mann sagt zu Ihnen: „Ich liebe dich." Sie waren aber so in Gedanken, dass Sie genau diesen entscheidenden Satz einfach weggetilgt, weggelassen haben. Und dann wundern Sie sich, warum Ihr Partner Sie nicht liebt oder es zumindest nicht sagt. Dabei haben Sie die Worte und den damit verbundenen Sinn einfach getilgt.

Verzerrung, was bedeutet das?

Gewisse Informationen oder Satzteile werden nicht vollkommen wahrgenommen und verändert beim Gegenüber abgespeichert. Zum Beispiel: Stellen Sie sich vor, Sie würden in einer Galerie stehen und mit anderen Menschen ein Bild betrachten. Jeder sieht dasselbe Bild anders. Wenn ich zum Beispiel sagen würde, Sie sollen gelassen bei Ihrem Kunden auftreten, dann wäre es möglich, dass eine Person verstehen würde, sie soll eine gelassene Kleidung tragen, und geht zu einem wichtigen Kunden ohne Krawatte und stattdessen mit einer lockeren Jeanshose. Dabei war die Botschaft, eine gelassene Einstellung zu haben. Verzerrung bedeutet nichts anderes, als dass ein gewisses Wort oder ein ganzer Satz bei Ihrem Gegenüber, beim Empfänger anders aufgenommen, ergänzt oder verändert und dann abgespeichert wird.

Generalisierung, was bedeutet das?

Eine Erfahrung wird auf alle zukünftigen ähnlichen Erfahrungen übertragen. Beispiel: Stellen Sie sich einmal vor, ein kleines Kind würde auf die Herdplatte fassen. Es lernt dadurch sehr schnell und schmerzhaft, dass Herdplatten heiß sein können. Das Kind hat also mit heißen Herdplatten eine schlechte Erfahrung gemacht. Eine Generalisierung ist in diesem Fall sehr förderlich, weil das Kind weiß, an heißen Herdplatten kann ich mich verbrennen. Jetzt stellen Sie sich einmal vor, dieses selbe Kind sitzt auf einem Stuhl, der viel größer ist, mit Armlehnen. Und ganz plötzlich fällt dieses Kind hin, mit diesem Stuhl. Seit diesem Erlebnis denkt dieses Kind, alle Stühle dieser Art bringen es zum Hinfallen. Eine Generalisierung, eine Verallgemeinerung zu einer Situation. So können dann Glaubenssätze, Einschränkungen auftauchen. Stellen Sie sich einmal vor, ein Jugendlicher, 18 Jahre, macht seinen Autoführerschein und kauft sich ein älteres Auto. Dieses Auto hat stark abgenutzte Stoßdämpfer. Es fährt durch die Kurve und plötzlich, ganz unerwartet, bricht das Auto leicht aus, so stark, dass der noch unerfahrene Autolenker einen Schock bekommt. Und dann seine Schlussfolgerung daraus zieht: Alle alten Autos sind gefährlich. Eine Generalisierung, die zum Schutz führen kann, aber auch zu einschränkenden Überzeugungen und Glaubenssätzen. Sie besuchen einen Kunden. Der Kunde hatte in der Vergangenheit eine Erfahrung, bei der ihn ein Verkäufer über den Tisch gezogen hat, unbedingt etwas verkaufen wollte, und man sah, dass er nur auf seine Provision aus war und dem Kunden gar nicht helfen wollte. Der Kunde macht eine Generalisierung und sagt: „Alle Verkäufer wollen nur ihre Provision haben."

Mit dieser Tatsache und mit dieser Information wissen Sie jetzt, dass jeder Mensch in seinem eigenen Weltmodell lebt. Jeder Mensch interpretiert Sachen ganz anders. Stellen Sie sich einmal Zwillinge vor, zwei Menschen, am gleichen Tag geboren, gleiche Familien, gleiche Umgebung, gleiche Verwandte, in der gleichen Klasse und der gleichen Schule eine gleiche Ausbildung erlebt. Doch jeder von diesen zweien hat ein anderes Weltmodell und eine andere Interpretation. Es kann sein, dass einer von ihnen eine Erfahrung hatte und dadurch eine Generalisierung gemacht hat. Oder etwas getilgt hat. Oder eine Information verzerrt hat. Es ist sehr wichtig zu erkennen, dass jeder Mensch in seinem eigenen Weltmodell lebt. Sie als Top-Kommunikator, als Spitzenverkäufer, als NLS-Seller sollten wissen, dass jeder Mensch in seiner eigenen Welt lebt und seine eigenen Generalisierungen, Tilgungen oder Verzerrungen immer als Filter mit sich trägt.

Stellen Sie sich einmal vor, Sie können jetzt an dem, wie Ihr Kunde etwas sagt, heraushören, ob er in der Vergangenheit eine Generalisierung, vielleicht sogar eine Tilgung oder eine Verzerrung gemacht hat und deswegen jetzt auf Ihr Produkt, Ihre Argumentation oder auf Sie als Verkäufer oder Sonstiges so reagiert, wie er reagiert. Wenn Sie jetzt die Wichtigkeit erkannt haben, welche Auswirkungen es auf Ihren gesamten Verkaufsprozess hat, dann haben Sie wahrlich schon einen ganz großen Schritt getan.

Spezifische Sprachmodelle im Überblick

Universalaussage	Einzelerfahrungen werden verallgemeinert.	Alle, immer, jeder, nie
Bewertung	Situationen werden als unausweichlich dargestellt, es deutet auf Regeln hin.	Sollte, muss, könnte, dürfte, notwendig
Vergleiche	Es fehlt, womit verglichen wird.	Zu teuer, teurer, zu groß, größer
Verlorene Sprecher	Die Aussage hat keinen Sprecher, von wem das gesagt wurde.	Man, wir, die da, Äpfel sind gesund, man kauft nicht …
Unspezifische Verben	Die Bedeutung des Verbs ist unklar.	Ich werde meinen Chef dazu bewegen.
Unspezifische Substantive	Die Bedeutung des Substantivs ist unklar.	Es ist sehr effizient, wir haben eine Umsatzsteigerung.

Schauen wir uns die spezifischen Sprachmodelle doch einfach mal im Detail an: Es gibt z. B. eine **Universalaussage**. Hier werden einzelne Erfahrungen verallgemeinert.

Beispiele:
- Alle Frauen gehen gerne shoppen.
- Jeder Mann liebt Fußball.
- Alle kaufen immer im Sommer eine Immobilie.
- Ich mache das schon immer so.
- Ich kaufe nie am Telefon.

Bei der **Bewertung** werden Situationen als unausweichlich dargestellt. Die Aussagen deuten auf Punkte hin, die irgendwann einmal allgemein gültige Regeln wurden. Beispiele: „Das sollte man so machen." Oder: „Das müssen wir so machen." Das bedeutet, dass dieser Mensch irgendwann in seiner Vergangenheit von einem anderen Menschen einmal gehört hat, dass etwas nur so oder eben nicht geht. Diese Regel bestimmt jetzt seine Entscheidung! Die Frage könnte lauten: Was würde geschehen, wenn sie es doch machen würden. Wir bewegen ihn dazu, dass er seine eingebauten Regeln nur im Kopf überschreitet. Es ist außerdem interessant zu wissen, welche Wertigkeit Ihr Kunde auf die unterschiedlichen Produktmerkmale legt. Für den NLS-Seller sind dies ganz wichtige Faktoren, denn durch derartige Aussagen sind Regeln erkennbar, die für den Kunden eine hohe Priorität haben.

Im nächsten Schritt betrachten wir **Vergleiche.** Aussagen wie „Zu teuer", „Zu groß" oder Superlative deuten darauf hin, dass Ihr Kunde im Unterbewusstsein oder im ganz klaren Bewusstsein mit irgendetwas vergleicht. Ein Beispiel, das Sie sicher alle kennen. Wie interpretieren Sie die Aussage Ihres Kunden „Der Preis ist mir zu teuer!"? Der will nichts kaufen? Aber was heißt das eigentlich? Was bedeutet die Kundenaussage „Das ist mir zu teuer!"? Zu teuer! Das Wort ZU gibt Ihnen zu verstehen, dieser Mensch sagt mir nicht komplett das Ganze, er tilgt etwas von seiner Äußerung, aber nicht bewusst, sondern meist unbewusst. Im Vergleich zu was? Das heißt, Ihr Kunde vergleicht Ihr Angebot (unbewusst) mit einer (vielleicht vergleichbaren) Ware, die er in der Vergangenheit erstanden hat. Oder er vergleicht das Angebot mit Informationen aus Presse und Rundfunk oder ganz einfach mit seiner Vorstellung. Ein anderes Beispiel: „Dieses Auto ist wirklich das allerbeste Auto!" Was heißt das? Auch hier vergleicht Ihr Gesprächspartner! Er hat das Auto schon einmal getestet und andere vorher und zieht diesen Schluss daraus. Bei derartigen Aussagen fehlt meist das, womit verglichen wird.

Beim **verlorenen Sprecher** ist nicht bekannt, wer eine Aussage gemacht hat. Beispiel: „Man kauft bei dieser schlechten wirtschaftlichen Lage keine Immobilie!" Wer sagt das? Der Sprecher, die Person, die es eigentlich sagt, wird nicht geäußert!

Bei **unspezifischen Verben** ist die Bedeutung des Verbs unklar. Beispiel: „Ich werde meinen Chef dazu bewegen." Wohin bewegen, zu was bewegen, was genau bewegen? Was verstehen Sie denn unter bewegen? Dieses Verb ist tatsächlich so unspezifisch, dass Sie es hinterfragen müssen, um die Aussage zu verstehen.

Gleiches gilt für **unspezifische Substantive,** z. B.: „Wir haben eine Umsatzsteigerung!" Hier ist das Hauptwort nicht genauer definiert. Um wie viel Prozent? Entsprach es der Erwartung? Alle Substantive, die Sie nicht in eine Kiste legen können, sind unspezifische Substantive.

Die Hinterfragung der spezifischen Sprachmodelle

Universalaussage	Alle, immer, jeder, nie. Wir kaufen immer von Firma XY.	Ausnahmen suchen. Wirklich immer? Haben Sie schon mal woanders gekauft?
Bewertung	Sollte, muss, könnte, dürfte, notwendig. Es muss eine 100-m²-Wohnung sein. Ich kann nicht kündigen.	Grenzen überschreiten. Was hindert Sie daran? Was würde passieren, wenn Sie eine Wohnung finden, die Ihnen gefällt und die keine 100 m² hat?
Vergleiche	Zu teuer, teurer, zu groß, größer. Das Angebot ist zu teuer. Ein Mercedes ist besser.	Mit was wird verglichen? Im Vergleich zu was ist es zu teuer? Besser als was?
Verlorene Sprecher	Man, wir, die da. Man kauft nicht im Sommer.	Wer ist der Sprecher? Wer sagt das? Wer ist man?
Unspezifische Verben	Ich werde meinen Chef dazu bewegen.	Wie wollen Sie ihn dazu bewegen? Was meinen Sie mit bewegen?
Unspezifische Substantive	Die Effektivität sollte gesteigert werden.	Was meinen Sie genau mit Effektivität? Was verstehen Sie darunter?

Übungen zu den spezifischen Sprachmodellen
Üben Sie, um Ihre Fähigkeiten zu erweitern und damit Sie bei Ihren Kunden und Ihren Mitmenschen leichter erkennen können, welche Tilgung, Verzerrung, Generalisierung stattfindet und was die versteckten Botschaften sind. Hinterfragen Sie den Satz so lange, bis Sie die Tiefenstruktur erkannt haben.

1. Ein **BMW** ist **besser.**

_____

_____

2. Ihre **EDV-Anlage** ist **zu** teuer.

_____

_____

3. **Eigentlich sollte man** dieses Werkzeug haben.

_____

_____

4. Ich **fühle** mich nicht wohl bei **der Geschichte.**

_____

_____

5. **Man** hat mir erzählt, dass die **Ware zu** teuer ist.

_____

_____

6. **Alle** Verkäufer denken nur an ihren eigenen **Nutzen.**

_____

_____

7. Ihre Firma ist **immer** die **teuerste.**

_____

_____

8. **Man sollte** eine **effektive Maschine verwenden.**

_____

_____

9. Diese **Anlage** wird **niemals** so eine **hohe** Rendite haben.

_____

_____

10. So eine komplexe Maschine kann doch **keiner** bedienen.

_____

_____

11. Wir **müssen** dieses Jahr **sparen.**

_____

_____

12. Ich **sollte** auf meine Frau hören.

_____

_____

13. Ich **kann** mich **nicht** zum Kauf entscheiden.

_____

_____

14. **Die Bedingungen sind unannehmbar.**

_____

_____

15. **Wer nicht zum Kunden geht, ist erfolglos.**

_____

_____

Bei allen spezifischen Sprachmodellen gilt es, diese zu hinterfragen und eine Ausnahme der Regel zu suchen. Für Ihren Kunden bedeutet eine Regel nämlich nur eins: Er geht mit seinen Gedanken nur genau bis zu diesem Punkt. Er hat in seinem Kopf sozusagen eine Blockade. Wenn Sie jetzt alleine schon sagen: „Was würde denn passieren, wenn Sie diesen Schritt gehen?", bringen Sie ihn erst einmal dazu, über diese gedankliche Mauer zu springen. Und wenn er erst einmal über diese Mauer gesprungen ist, haben Sie die Möglichkeit, effektiv mit ihm zu arbeiten, dann ist er geöffnet und denkt oder sagt: „Ja, eigentlich ...!"

Das nächste Kapitel wird Sie verzaubern, und Sie werden jetzt bestimmt noch einen Quantensprung machen. Sie werden verwundert sein, welche Fähigkeiten Sie mit Verkaufslinguistik erreichen können. Wie wäre es für Sie, wenn Sie hinter die Sprache blicken könnten und langsam verstehen, was hinter den gesprochenen Worten und Sätzen Ihrer Kunden steckt? Doch zuvor noch eine kurze Zusammenfassung der spezifischen Sprachmuster, des Metamodells der Sprache.

Zusammenfassung
Step 5: Kunden richtig einschätzen und Salz in die Wunde streuen

- Wir nehmen unser Umfeld mit unseren Sinnen unvollständig wahr, unsere Vorstellung von der Welt (die Landkarte) ist nicht mit der Realität (dem Gebiet) identisch.
- Für die Nichtübereinstimmung sind drei Gestaltungsprozesse verantwortlich, die unser Weltmodell konstruieren: Tilgung, Verzerrung, Generalisierung.
- Verwenden Sie möglichst viele Fragen, um die Welt Ihres Kunden besser kennen zu lernen.
- Sprache ist eine der wichtigsten Möglichkeiten, menschliche Erfahrungen auszudrücken und sich miteinander zu verständigen. Da wir zur Mitteilung unserer Erfahrungen meistens die verkürzte Variante nutzen, bleiben gewisse Äußerungen weg. Um das Gehörte zu verstehen, ergänzen wir unbewusst die Äußerung. Das führt zu Missverständnissen bei der Kommunikation.

3.6 Kunden charakterisieren und Denkmuster erkennen

Wie wir im vorigen Kapitel besprochen haben, haben wir Menschen gewisse Filterprogramme: Verzerrungen, Tilgungen und Generalisierungen. Die Menge an Daten, d. h. das, was wir sehen, hören, fühlen, riechen und schmecken, ist durch die Reizüberflutung ungenau. Bei Stress oder Ähnlichem ist unsere Wahrnehmung noch um einiges geringer, unsere Aufmerksamkeitskapazität ist stark beeinträchtigt. Für uns als NLS-Seller gilt es deshalb, in einem guten Zustand zu bleiben, um eine verschärfte Beobachtungsgabe zu besitzen.

Musterprogramme zeigen uns, wie wir auf spezifische Weise verzerren, tilgen und generalisieren. Das heißt, jeder Mensch von uns verzerrt, tilgt und generalisiert mit seinen bestimmten Musterprogrammen. Die Musterprogramme sagen aus, wie wir auf eine jeweilige Situation reagieren, was selbstverständlich von dem jeweiligen Kontext und der Situation abhängig ist. Die Musterprogramme entscheiden, für was wir uns interessieren und wo wir unsere Aufmerksamkeit hinlenken. Sie sind die Bausteine unserer Persönlichkeit.

Was ist unter Persönlichkeit zu verstehen? Wir Menschen sind auf der psychologischen Ebene unterschiedlich. Stellen Sie sich einmal vor, Sie wollen sich mit Freunden und Bekannten treffen, Sie sitzen in der Runde und unterhalten sich. Sie kennen die Personen und Sie wissen auch, wie die Einzelnen reagieren, wenn Sie ein bestimmtes Thema ansprechen. Auch Ihre Freunde und Bekannten kennen Sie und wissen ebenfalls, wie Sie reagieren. Jeder Mensch hat schließlich gewisse Vorlieben, Denkweisen und Musterprogramme.

Normalerweise erkennen wir selber nicht, dass wir gewisse Musterprogramme oder Gewohnheiten haben. Doch unsere Freunde und Bekannten können es von außen viel leichter sehen oder hören, genauso wie Sie es bei anderen sehen oder hören können. Das Wissen, wie wir Menschen auf gewisse Informationen reagieren, ermöglicht es uns, eine gewisse Vorhersage von Präferenzen und Abneigungen, von Stärken und Schwächen einzuschätzen. Beim Sortieren von Informationen gibt es kein Falsch oder Richtig. Für die Bewertung unserer Ereignisse stehen uns unsere Werte zur Verfügung. Die Werte ermöglichen uns, unsere Handlungen als richtig oder falsch zu sortieren, als schlecht oder gut einzustufen. Wenn wir die Werte unserer Kunden erkennen, dann ist es auch leicht, sie zu etwas zu motivieren.

Von Musterprogrammen, Werten und Denkweisen

Die Werte sorgen dafür, dass wir uns entweder von etwas weg oder auf etwas zu bewegen, aber sie sind nicht so stark wie die Musterprogramme. Wenn Sie die Kaufmuster Ihrer Kunden erkennen, dann wird es für Sie einfach sein, Ihre Informationen so zu organisieren und zu strukturieren, dass Sie jede Persönlichkeit leichter überzeugen können. Ich unterscheide die Musterprogramme in vier Kategorien: Motivationsmuster, Überzeugungsmuster, Verarbeitungsmuster und Beziehungsmuster.

Angenommen, Sie würden eine Weltreise mit Ihrem Partner oder Ihrer Partnerin machen. Glauben Sie nicht auch, dass jeder von Ihnen etwas anderes wahrnehmen würde? Entweder Sie achten darauf, wie die Menschen auf Sie wirken oder wie Sie auf die Menschen wirken. Entweder Sie möchten erst einmal einen Gesamtüberblick über das Land haben, oder Sie achten auf die feinsten Details, die es im Land gibt. Sie würden vielleicht merken, dass es Unterschiede gegenüber Ihrem Land gibt, oder Sie erkennen, dass es viele Ähnlichkeiten gibt. Ihre Reaktion hängt davon ab, wie Sie Informationen verarbeiten und wahrnehmen.

Die Musterprogramme sind verantwortlich dafür, wie Sie verzerren, tilgen und generalisieren.

Die Kaufmuster des Kunden erkennen

Um die Kaufmuster unserer Kunden zu erkennen und zu entschlüsseln, müssen wir unsere Informationen organisieren und strukturieren. Wir Menschen sind einer dauernden Reizüberflutung ausgesetzt. Aus diesem Grund haben wir Musterprogramme aufgebaut.

Wenn wir z. B. einen Raum betreten und zu unserem Gesprächspartner gehen, fragen wir uns ja auch nicht, ob die Decke hält oder uns auf den Kopf stürzt. Wir konzentrieren uns auf andere Dinge, wie etwa den Weg und wo unser Ziel ist, ob Gegenstände oder mehrere Personen im Raum sind. Wir beobachten Details oder nehmen einen Gesamteindruck vom Raum wahr, wir sehen ähnliche oder unterschiedliche Dinge. Wir Menschen entwickeln auch in unserem Kaufverhalten solche Muster, um Zeit und Energie zu sparen.

Für Kunden gibt es viele Möglichkeiten, eine Entscheidung zu treffen. Bei manchen spielt der Preis eine Rolle, bei anderen der Vorteil oder der Nutzen und wieder bei anderen, was sie alles verpassen könnten. Deshalb ist es umso wichtiger, die Argumentation und Präsentation genau auf jeden einzelnen Kunden und die entscheidenden Punkte auszurichten, um eine Kaufentscheidung herbeizuführen.

Beim Herauskristallisieren der Musterprogramme kommt es nicht auf den Inhalt an, sondern es geht um den Prozess. WIE wird die Information verarbeitet oder WIE entscheidet mein Kunde?

Wenn Sie jetzt denken, dass Sie mit dieser Strategie die Entscheidungsprozesse erkennen und verschiedene Persönlichkeitstypen besser einschätzen oder sogar vorausahnen können, wie Ihr Kunde reagiert, dann haben Sie richtig gedacht. Genau darum geht es jetzt. Wenn Sie wissensdurstig und wissbegierig sind, dann ist es was ganz Natürliches.

Musterprogramme im Überblick

Motivationsmuster	Zugehörigkeit	Macht	Leistungen
	Auf etwas zu		Von etwas weg
Überzeugungsmuster	VAK		Wiederholung
	Interne		Externe
Verarbeitungsmuster	Detail		Global
	Gleichheit		Gegenteil
Beziehungsmuster	Sachorientiert		Menschenorientiert
	Ichbezogen		Anders bezogen

1. Motivationsmuster
Motivationsmuster sind **Zugehörigkeits-, Macht- und Leistungsmuster.**

Zugehörigkeitsorientierte Menschen versuchen, die Beziehungen zu ihren Mitmenschen sehr harmonisch zu gestalten. Für diese Persönlichkeitstypen sind die Beziehungen zu ihren Mitmenschen das Wichtigste in ihrem Leben. Sie richten ihre Aufmerksamkeit und ihr Verhalten darauf, dass sie eine gute harmonische Beziehung aufbauen wollen.

Machtorientierte Menschen wollen in ihrem Leben persönliche Macht erzielen. Diese Menschen wollen ihre Macht erweitern und qualifizieren.

Leistungsorientierte Menschen wollen in ihrem Leben etwas erreichen, sie wollen Leistung bringen, sie wollen Dinge verändern oder Neues erschaffen. Das ist für leistungsorientierte Menschen das Wichtigste in ihrem Leben.

Sie können sich sicher vorstellen, was passieren wird, wenn sich diese drei Gruppen treffen würden. Sie würden sich vielleicht nicht verstehen, und sie kommen sich einfach fremd vor. Weil jeder von ihnen eine andere Motivationsstrategie hat. Da kann sehr leicht der Gedanke aufkommen, dass die Handlung des anderen unmoralisch oder minderwertig oder sogar bedenklich ist.

Der zugehörigkeitsorientierte Mensch hält von dem machtorientierten Menschen gar nichts, empfindet dessen Tun als eher unmoralisch. Gegenüber dem leistungsorientierten Menschen denkt er, dass dieser eher oberflächlich oder kalt sei.

Der machtorientierte Mensch denkt über den zugehörigkeitsorientierten Menschen, dass dieser ein „Weichei" ist, und benutzt den leistungsorientierten Menschen, um seinen Zweck zu erfüllen.

Der leistungsorientierte Mensch denkt über Macht und den zugehörigkeitsorientierten Menschen, dass dieser ihm zum Zweck dient, um ein bestimmtes Ziel zu erreichen. Sie haben eher ein neutrales Verhältnis.

Fragen
- Was ist für Sie das Wichtigste in Ihrem Leben?
- Was wäre Ihnen wichtig in Ihrem Leben?
- Was ist für Sie bedeutend in Ihrem Leben?

Auf etwas zu, von etwas weg
Bei diesem Muster kommt es darauf an, wie sich ein Mensch selbst motiviert. Was bewegt ihn dazu, ins Handeln zu kommen? Wenn Sie z. B. den

Gang zum Zahnarzt betrachten, gibt es Menschen, die gehen zum Zahnarzt, um mögliche Schmerzen zu vermeiden. Es gibt aber auch andere, die sich motivieren, weil sie lange gesunde und schöne Zähne besitzen wollen. Es sind zwei völlig unterschiedliche Motivationsrichtungen. Der eine will etwas vermeiden, und der andere will etwas erreichen. Personen, die auf etwas zugehen, brauchen die Karotte vor ihrer Nase, sie lassen sich von ihren Zielen motivieren. Sie brauchen eine Belohnung oder Anerkennung, wenn sie ihr Ziel erreicht haben. Personen, die von etwas weggehen, wollen etwas vermeiden, was möglicherweise eintreten könnte. Diese Muster sind eng mit den Werten verbunden. Sie sagen aus, ob eine Person sich von einem Wert weg- oder zu einem Wert hinbewegt.

Fragen
○ Was ist Ihnen bei XY (Wert) wichtig?
○ Ist es wichtiger, X zu erreichen oder Y zu vermeiden?

Sprachmuster
Auf etwas zu:
○ Sie sprechen über das, was sie gewinnen, erreichen oder bekommen können.
○ Sie reden über das, was sie alles haben wollen.
○ Wenn ich ein Ziel vor Augen habe, erreiche ich es auch meistens.

Von etwas weg:
○ Sie sprechen über das, was sie vermeiden oder loswerden möchten.
○ Sie reden viel über Probleme.
○ Ich möchte nicht arbeitslos werden.
○ Ich möchte nicht erfolglos sein.

Körpersprache
Auf etwas zu:
○ Zeigt auf etwas oder nickt mit dem Kopf in eine bestimmte Richtung.

Von etwas weg:
○ Sie haben wegschiebende Gesten und schütteln oft mit dem Kopf.

2. Überzeugungsmuster

VAKOG-D-Muster
Wir haben im vorhergehenden Kapitel darüber gesprochen, dass jeder mit seinem bevorzugten Sinneskanal wahrnimmt (sehen, hören, fühlen, schmecken, riechen und neu lesen). Jetzt geht es darum, in welcher Reihenfolge er sich selbst überzeugt. Das heißt, muss er erst etwas darüber lesen, dann will er es sehen, oder will er gleich das richtige Gefühl dafür haben.

Stellen Sie sich bitte einmal vor, Sie stehen vor der Entscheidung, einen neuen PC zu kaufen. Als Erstes holen Sie sich über Stiftung Warentest einen schriftlichen Vergleich. Dann gehen Sie vielleicht in einen Laden, um es live zu sehen, und kaufen nach einer kurzen Beratung dieses Gerät. Wie entscheiden Sie sich? Lesen Sie zuerst Fachzeitschriften? Fragen Sie einen Bekannten, der schon länger damit arbeitet? Gehen Sie in ein Fachgeschäft und lassen sich beraten? Oder gehen Sie ganz spontan zum Discounter, weil der gerade heute einen Computer mit allem Drum und Dran im Angebot hat? Der Punkt oder der Konsens ist die Prozessfrage: Wie entscheiden Sie sich zum Beispiel, das oder jenes zu tun? Müssen Sie

- es sehen,
- etwas hören,
- gelesen haben,
- gefühlt haben,
- getestet haben

oder alles zusammen? Und in welcher Reihenfolge gehen Sie vor? Denn auch das ist entscheidend wichtig, wenn Sie als NLS-Seller die Kaufmuster Ihrer Kunden erfahren wollen. Wenn ein Kunde z. B. erklärt, dass er immer folgende Stufen

- erst lesen,
- dann anschauen,
- dann fachkundige Beratung,
- dann Kaufentscheidung

durchläuft, hat er Ihnen ganz genau sein individuelles Kaufmuster verraten.

Fragen
- Woher wissen Sie, dass dieses Produkt genau das Richtige für Sie ist?
- Woran merken Sie, dass dieses Produkt das Richtige ist?
- Müssen Sie darüber etwas gelesen, etwas davon gehört, es gesehen oder damit gearbeitet haben, damit Sie davon überzeugt sind?

Sprachmuster
- Kann ich mal die Gebrauchsanweisung von diesem Computer sehen?
- Könnte ich mal mit dem Auto eine Probefahrt machen?

Wiederholungsmuster
Sie haben gerade gelesen, dass wir ein VAKOG-D-Muster haben. Hierbei geht es um die Wiederholung dieses Musters. Es kann z. B. sein, dass Sie in zwei oder drei Geschäfte gehen wollen, um das Produkt zweimal zu sehen oder zwei Beratungen zu haben. Es geht um die Häufigkeit. Wie oft müssen sie es gesehen, gehört, gefühlt, gerochen, geschmeckt und gelesen haben, um sich zu entscheiden oder davon überzeugt zu sein? Somit

wissen Sie, wie oft Sie einen Kunden besuchen oder telefonisch erreichen sollten, bis er überzeugt ist.

Wenn Sie wissen, wie sich Ihr Kunde entscheidet, dann wissen Sie auch, wie sein Überzeugungsmuster ist, wie er sich also selbst von einer Sache überzeugt. Zusätzlich können Sie natürlich noch nachfassen: Wie oft müssen Sie etwas lesen oder wie oft müssen Sie etwas hören oder wie oft müssen Sie etwas machen, damit Sie sich 100%ig für diese Sache entscheiden können? Es gibt Menschen, die brauchen eben mehrere Impulse, um endgültig etwas zu kaufen. Das sollten Sie wissen, um nicht vielleicht nach dem ersten Termin bereits aufzugeben. Wie entscheidet der Mensch? Das ist sehr, sehr wichtig!

Fragen
- Wie oft müsste es demonstriert werden, damit Sie überzeugt wären?
- Wie oft sollte es dargestellt werden, damit Sie überzeugt sind?

Interne oder externe Entscheider
Hier geht es darum, wie ein Mensch Entscheidungen trifft. Es gibt Menschen, die wissen, dass sie es gut und richtig machen oder dass ihre Entscheidung die richtige ist, und nehmen die volle Verantwortung auf sich. Andere wiederum holen sich von außen Meinungen ein und vergleichen diese mit ihrem bisherigen Standpunkt. Sie versuchen so, einen Teil der Verantwortung abzugeben.

Interne Entscheider
Beim Verkaufsprozess ist es wichtig, exakt zu wissen, wie Ihr Kunde entscheidet, und Ihre Präsentation und Argumentation genau auf ihn abzustimmen. Ein interner Entscheider ist ein typischer Unternehmer, weil er sich selbst motivieren kann und ganz genau und alleine weiß, was richtig ist. Diese Person hört es gerne, wenn Sie sagen: Natürlich wissen nur Sie selbst, was für Sie richtig ist.

Externe Entscheider
Der externe Entscheider will wissen, was andere über ihn denken oder sagen. Beim Verkaufsprozess ist es besonders wichtig, ihm zu erzählen, wer mit diesem Produkt oder dieser Dienstleistung erfolgreich ist und dass es viele Menschen gibt, die sich genauso entschieden haben. Externe Entscheider sind Kunden, mit denen Sie auch Probleme bekommen können, die dann vielleicht wieder stornieren. Was ist dann Ihre Aufgabe, bei einem externen Entscheider? Mit viel Referenzen zu arbeiten, zusätzlich die Meinungen von anderen Leuten aufzuzeigen. Fragen Sie: Was würde Ihr Bekannter (Steuerberater, Partner) dazu sagen? Das ist eine so genannte zirkuläre Fragetechnik! Dadurch festigen Sie seinen Standpunkt, eine gute Entscheidung zu treffen. Jedes Lob oder Anerkennung ist für ihn besonders wichtig, Sie können ihn damit leicht lenken und motivieren.

Sprachmuster

- Ich will es mit meiner Frau oder meinem Steuerberater besprechen.
- Ich möchte mir noch verschiedene Meinungen über das Produkt einholen, bevor ich mich entscheide.
- Nein, das gefällt mir nicht. Oder: Ja, das ist genau das Richtige für mich.

Fragen

- Woher wissen Sie, dass dies die richtige Entscheidung ist?
- Nur mal angenommen, Sie hätten es schon gekauft, woher hätten Sie gewusst, dass das genau das Richtige für Sie ist?

3. Verarbeitungsmuster

Detail- und global orientiert

Dieses Muster ist sehr wichtig, wenn Sie Ihre Präsentation machen, weil dieses Muster dafür verantwortlich ist, wie wir am besten neue Informationen verarbeiten können. Gewisse Menschen bevorzugen Details, also kleine Häppchen, detaillierte Schritte, und dann bauen sie das gesamte Bild auf. Dann müssen Sie eben mit 22 Koffern kommen – Ihr Kunde braucht die Details! Und wenn Sie das nicht tun, betrachtet er Sie als inkompetent oder oberflächlich. Geben Sie ihm also so viele Informationen wie möglich und stellen Sie ihm diese am besten immer schriftlich zur Verfügung. Global orientierte Menschen brauchen zuerst einen Gesamtüberblick, also eine Vogelperspektive, dann können Sie ins Detail gehen, um sinnvolle Zusammenhänge besser zu verstehen. Bei einem global orientierten Kunden sollten Sie mit einem Überblick beginnen. Ihr Kunde wird schon nach den Einzelheiten fragen, was für ihn wichtig ist. Er braucht nicht alles zu wissen, um eine Entscheidung zu fällen. Grundsätzlich hängen Überzeugungsmuster immer etwas vom Kontext, vom jeweiligen Thema ab.

Sprachmuster
Global:

- Wenn ich ein Projekt beginne, dann verschaffe ich mir erst einen Überblick, und dann gehe ich in die Details.
- Können Sie mir in kurzen Sätzen sagen, was das Produkt alles kann?

Detail:

- Können Sie mir das noch ein wenig genauer erklären?
- Wenn ich ein Projekt beginne, dann muss ich erst die Einzelheiten kennen, um ein Gesamtverständnis zu erhalten.

Fragen

- Möchten Sie zuerst die Details erfahren oder wollen Sie zuerst den Gesamteindruck?
- Sollen wir gleich ins Konkrete gehen oder möchten Sie erst einen Überblick haben?

Gleichheits- und Gegenteilsmuster

Dieses Muster dient dazu, um Informationen zu verarbeiten. Einige Menschen brauchen Ähnlichkeiten, um neue Informationen besser zu verstehen. Sie vergleichen ihr vorhandenes Wissen und ihre Erfahrungen mit dem, was Sie sagen, um eine Parallele zu erkennen. Die Informationen werden miteinander verglichen. Bei dem Gegenteilssortierer ist es anders: Diese verarbeiten ihre Informationen und suchen einen Unterschied, um die Informationen besser zu verstehen. Dieses Muster ist übrigens eine der dominierendsten Persönlichkeitsstrukturen.

Der Gleichheitssortierer könnte sagen: „Das ist sowieso immer dasselbe." Dieser Mensch mag keine Veränderungen. Am liebsten wäre es ihm, wenn sich nichts verändern würde. Er bleibt gerne lange in demselben Job, weil er denkt, es ist sowieso überall das Gleiche.

Der Gegenteilssortierer sucht nach Unterscheidungen, und er kann sofort erkennen, wenn etwas nicht ganz stimmt. Er erkennt einfach viel leichter die Unterschiede. Dieser Mensch bleibt auch nicht lange in einem Job. Er braucht Abwechslung, oder er muss einen Job haben, in dem Abwechslung gegeben ist. Diese Menschen lieben Neuigkeiten. Sie haben regelrecht einen Neuigkeitswahn. Sobald etwas neu ist, ist es auch gleich besser als das Alte. Wenn Sie diesen Menschen motivieren möchten, sagen Sie vielleicht: Ich weiß nicht, ob Sie das so machen wollen oder nicht. Dann würde er antworten: Ich weiß aber, das ich es so machen will! Der Gegenteilssortierer ist ein Ja-aber-Typ. Und wenn Sie mit ihm zurechtkommen wollen, brauchen Sie nur das Gegenteil zu machen oder sagen.

Dieses Gegenteilsprinzip ist bei den Menschen felsenfest verankert. Auch wenn es zu ihrem Nachteil ist, wie folgendes Beispiel zeigt: Ein ganz junges Mädchen wird schwanger, und ihre Mutter rät zur Abtreibung. Obwohl sie es selbst auch nicht will, entscheidet sie sich als Gegenteilssortierer dazu, das Kind zu behalten. Als ich sie dann gefragt habe, was hätte sie denn gemacht, wenn die Mutter darauf bestanden hätte, das Kind zu behalten, was hätte sie in dieser Situation gemacht? Da antwortete sie: „Ja, dann hätte ich das Kind bestimmt abgetrieben." Ein Gegenteilssortierer reagiert, auch wenn sich für ihn ein Nachteil ergeben würde, nur um das Gegenteil zu machen. Der Gleichheitssortierer ist eher die Person, die leicht zustimmt und mitgeht und sagt: Ja, ich bin dafür!

Sprachmuster
- Wenn ich in ein fremdes Land gehe, kommt es mir vor, als wäre es überall gleich.
- Wenn ich etwas essen gehe, dann gehe ich am liebsten in mein Lieblingslokal.
- Ich liebe die Mode und vor allem, wenn es Abwechslung gibt.
- Ich finde es aufregend, wenn ich neue Leute kennen lernen kann.

Fragen

○ Bevorzugen Sie das, was Sie schon kennen, oder eher nicht?
○ Lieben Sie Abwechslung und Überraschungen?
○ Lieben Sie neue und innovative oder altbewährte Produkte?

4. Beziehungsmuster

Menschenorientiert oder sachorientiert

Ein anderes Beziehungsmuster ist der **sachorientierte** oder der **menschen-orientierte** Typ. Die sachorientierte Person ist der Kunde, der mit Ihnen eine Diskussion führt und mit Ihnen über die Sache spricht: „Ja, ich finde, dieses Produkt ist nicht so kompetent, wie ich gedacht habe" usw. Der sachorientierte Mensch spricht und diskutiert über diese Sache selber! Die menschenorientierte Person bezieht die ganzen Sachen auf sich persönlich und denkt, der mag mich nicht! Wenn ein Menschenorientierter und ein Sachorientierter eine Diskussion führen, wird das spannend! Der Sachorientierte spricht niemals über die Persönlichkeit von einer Person, sondern immer über die Sache. Die Sache ist nicht O.K.! Der Menschenorientierte denkt allerdings, er spricht über ihn, bezieht das auf seine Person und ist dementsprechend unglücklich. Wenn Sie also mit sachorientierten Personen zusammenarbeiten oder einen Kunden haben, dann wollen diese Personen erst mal nur über die Sache diskutieren. Zeigen Sie ihm Zahlen, Daten und Fakten und bringen Sie zusätzlich genügend Beweise.

Wenn Sie mit einem menschenorientierten Kunden zusammenarbeiten, kauft er das Produkt von Ihnen, weil Sie so ein guter Mensch sind und weil Sie so eine gute Beziehung aufgebaut haben. Selbstverständlich sollte das Produkt auch erste Klasse sein. Wenn Sie mit einem menschenorientierten Kunden zusammenarbeiten und er sich aus irgendeinem Grund persönlich angegriffen fühlt, dann machen Sie eine kleine Strategie: Notieren Sie auf einem Blatt Papier das Problem und zeigen Sie Ihrem Kunden, dass das Problem sachorientiert ist und nicht Sie das Problem sind.

Schreiben Sie im Umgang mit menschenorientierten Kunden eine Erläuterung auf ein Blatt Papier und zeigen Sie – im wahrsten Sinne des Wortes – immer wieder auf die Sache!

Sprachmuster

○ Könnten wir die Sicherheit der EDV-Anlage erhöhen?
○ Die Ausstattung des Fahrzeuges lässt zu wünschen übrig?
○ Wer wird uns betreuen, wenn wir diese Anlage kaufen?
○ Ich brauche ein angenehmes Arbeitsklima.

Fragen

○ Was ist für Sie das Wichtigste, wenn wir zusammenarbeiten?
○ Was wollen Sie mit dieser Präsentation erfahren?

Ichbezogen oder anders bezogen

Bei der Kommunikation kommt es darauf an, dass man Informationen von seinem Gegenüber wahrnimmt. Der ichbezogene Mensch hat damit Probleme, weil er immer mit sich selber beschäftigt ist. Der ichbezogene Mensch denkt, so wie ich denke, denkt jeder. Er zieht also Schlüsse auf der Basis seiner eigenen Reaktion. Woher weiß dieser Mensch, dass eine Kommunikation erfolgreich war, wenn er ein gutes Gefühl dabei hat, ohne Rücksicht seines Gegenübers? Der anders bezogene Mensch konzentriert sich auf sein Gegenüber. Er nimmt seine Umwelt wahr, er merkt die kleinsten Veränderungen bei seinem Gesprächspartner. Er geht auch nicht davon aus, so wie ich bin, sind viele Menschen. Viele gute Verkäufer, Manager und Therapeuten sind anders bezogen, d. h., sie orientieren sich an den Wünschen ihres Gegenübers, fühlen sich in dessen Gedanken ein und sind gerade deshalb viel erfolgreicher als ihre Zeitgenossen mit einer ichbezogenen Sichtweise.

Vorausgesetzt, Sie wissen, welcher Ihrer Kunden welche Muster hat, werden Sie erfolgreicher sein, als Sie es für möglich halten. Sie werden Ihre Präsentationen anders vorbereiten! Sie werden anders mit Menschen umgehen! Sie werden ein NLS-Seller.

Körpersprache

Anders bezogen:
- Er beugt sich während des Gespräches zu seinem Gesprächspartner hin.
- Er hält Augenkontakt und lächelt den Gesprächspartner an, man kann merken, dass er sich voll auf das Gespräch einlässt.
- Sein Verhalten und seine Reaktion stimmt er auf sein Gegenüber ab, bemerkt er etwas, dann reagiert er auch darauf.

Ichbezogen:
- Er sitzt eher zurücklehnend.
- Er hat eher weniger Augenkontakt.
- Es kann sein, dass er während der Kommunikation Löcher in die Luft starrt.
- Er ist mehr an seinen Informationen interessiert als an den Informationen seines Gegenübers.

Sprachmuster
- Das Wesentliche ist, dass ich mich dabei wohl fühle.
- Wir machen das nur, wenn es für uns alle O.K. ist.
- In erster Linie sollten unsere Mitarbeiter davon profitieren.

Fragen

- Wer soll den größten Nutzen haben?
- Wer soll am meisten profitieren von diesem Projekt?
- Wer sollte von diesem Produkt den größten Nutzen haben?

Musterprogramme im Detail

Motivationsmuster

Zugehörigkeit	Die Beziehung zu anderen Menschen zu harmonisieren ist das Wichtigste.
Macht	Persönliche Macht zu erweitern, das ist das Wichtigste.
Leistung	Im Leben etwas zu erreichen, Leistung ist das Wichtigste für sie.

Auf etwas zu	Zielorientierte brauchen die Karotte vor ihrer Nase. Bewegen sich in Richtung auf das, was sie mögen.
Von etwas weg	Ist von seinen Ängsten motiviert. Er möchte durch sein Handeln etwas vermeiden.

Überzeugungsmuster

VAK digital	Er muss was sehen, wenn er etwas kauft. Er muss was hören, wenn er etwas kauft. Er muss es ausprobieren, erleben, wenn er etwas kauft. Er muss was darüber lesen, wenn er etwas kauft.
Wiederholung	Hierbei geht es um die Wiederholung, wie oft er etwas hören, sehen, fühlen und lesen muss.

Intern	Trifft Entscheidung intern bei sich, hat ein Bild im Kopf oder ein Gefühl, dass es richtig ist.
Extern	Trifft Entscheidung von außen, braucht Beurteilungsinformationen.

Verarbeitungsmuster

Detail	Will jedes bestimmte und kleinste Detail wissen.
Global	Will Überblick haben, dann die interessantesten Details.

Gleichheit	Sucht und sortiert seine Gedanken und Wahrnehmungen nach Gleichheit.
Gegenteil	Sucht und sortiert seine Gedanken und Wahrnehmungen nach Unterschieden („Ja-aber-Typ". Machen Sie das Gegenteil).

Beziehungsmuster

Sachorientiert	Es geht um den Inhalt, Zahlen, Daten, Fakten, Informationen.
Menschenorientiert	Es geht um die Beziehung, Harmonie, Mensch, Emotionen.

Ichbezogen	Ist stärker nach innen orientiert, zieht seine Schlüsse nach seiner eigenen Reaktion.
Anders bezogen	Richtet seine Aufmerksamkeit nach außen, beobachtet Reaktionen und nimmt sie wichtig.

Musterprogramme und wie Sie zielgerichtet fragen

Motivationsmuster

Zugehörigkeit, Macht, Leistung	Was ist Ihnen wirklich wichtig im Leben?
Auf etwas zu, von etwas weg	Was ist Ihnen bei XY (Werte) wichtig?

Überzeugungsmuster

VAK digital	Woher wissen Sie, ob jemand wirklich etwas von seiner Sache versteht? Müssen Sie was sehen, hören, lesen oder zusammenarbeiten?
Wiederholung	Wie oft müssen Sie es gesehen, gehört, gelesen oder zusammengearbeitet haben?
Intern (Gefühl) Extern (Statistik/Referenz)	Wie wissen Sie, dass Sie das richtige Produkt/ Dienstleistung haben/bekommen?

Verarbeitungsmuster

Detail, global	Möchten Sie zuerst einen Überblick oder soll ich mit den Details beginnen?
Gleichheit, Gegenteil	Legen Sie Wert darauf, dass das Produkt/ Dienstleistung mit Ihren alten ähnlich ist oder anders ist?

Beziehungsmuster

Sachorientiert, menschenorientiert	Wenn wir das Projekt machen, geht es Ihnen um die Sache oder um den Menschen?
Ichbezogen, anders bezogen	Wer soll davon profitieren?

Sie brauchen eigentlich nicht so viele Fragen stellen, um Ihren Kunden richtig einschätzen zu können. Sie müssen nur genau hinhören, dann hören Sie, welches Muster bei Ihren Kunden hervorscheint. Wenn Sie diese Muster bei Ihren Kunden erkennen, können Sie die Reaktionen Ihrer Kunden vorhersagen. Wenn Sie ausführlich diese Lektion gelernt und die Muster verinnerlicht haben, wird es für Sie leicht sein, die Muster bei Ihren Kunden zu erkennen. Sie sollten Ihre Aufmerksamkeit nach außen richten und jede Reaktion von Ihrem Kunden wahrnehmen, dann wird Ihr Kunde wie ein offenes Buch für Sie sein.

Dieses Buch sollten Sie nicht nur als Wissensquelle, sondern auch als Übungsbuch nutzen.

Übungen:

1. Um Musterprogramme schnell und einfach erkennen zu können, sollten Sie die Übungen machen. Finden Sie heraus, welche Muster in diesen Sätzen stecken.

a) Immer wenn ich an meine Ziele denke, weiß ich, dass ich den richtigen Weg gehe.

_____

_____

b) Ich möchte die neueren Finanzierungsmöglichkeiten, damit ich in der Zukunft die Sicherheit habe, nichts zu verlieren.

_____

_____

c) Diese Finanzanlage sollte für meine Familie einen hohen Schutz bieten.

_____

_____

d) Die Sicherheit des Fahrzeuges soll für mich und meine Familie sehr hoch sein, weil wir noch ein langes und gesundes Leben führen wollen.

_____

_____

e) Ich möchte erst etwas darüber lesen und es einfach mal erleben, und wenn dann meine Steuerberaterin mir das O.K. gibt, kaufe ich es.

_____

_____

2. Achten Sie eine Woche darauf, welche Muster Ihre Mitmenschen haben. Achten Sie auf den Prozess, wie ein Mensch etwas sagt. Nutzen Sie die Vorlage, um verschiedene Menschen zu analysieren. Eigentlich brauchen Sie keine Fragen zu stellen, sondern Sie brauchen nur genau hinhören und die Ergebnisse danach notieren. Testen Sie mit Fragen oder Äußerungen Ihre Ergebnisse, und vielleicht können Sie Reaktionen vorhersagen.

a) Analysieren Sie Ihren Partner oder Partnerin.
b) Analysieren Sie Ihre Mitarbeiter oder Geschäftskollegen.
c) Analysieren Sie Ihre Verwandten oder Bekannten.
d) Analysieren Sie Ihre Kunden.

Persönliches Profil
Motivationsmuster

☐ Zugehörigkeit   ☐ Macht   ☐ Leistung

von etwas weg   auf etwas zu

5	4	3	2	1	0	1	2	3	4	5

Überzeugungsmuster

☐ visuell   ☐ auditiv   ☐ kinästhetisch   ☐ digital

| 1 | 2 | 3 | 4 | | 1 | 2 | 3 | 4 | | 1 | 2 | 3 | 4 | | 1 | 2 | 3 | 4 |

intern   extern

5	4	3	2	1	0	1	2	3	4	5

Verarbeitungsmuster

Detail   Global

5	4	3	2	1	0	1	2	3	4	5

Gleichheit   Gegenteil

5	4	3	2	1	0	1	2	3	4	5

Beziehungsmuster

sachorientiert   menschenorientiert

5	4	3	2	1	0	1	2	3	4	5

ichbezogen   anders bezogen

5	4	3	2	1	0	1	2	3	4	5

Zusammenfassung
Step 6: Kunden charakterisieren und Denkmuster erkennen

❍ Alle Menschen besitzen Musterprogramme, nach denen Sie leben: Motivations-, Überzeugungs-, Verarbeitungs- und Beziehungsmuster.

❍ Die Musterprogramme sind verantwortlich, wie wir verzerren, tilgen und generalisieren.

❍ Musterprogramme zeigen Ihnen auf, wie ein Kunde seine (Kauf-) Entscheidung trifft. Es geht um den Prozess, nicht um den Inhalt.

❍ Wenn Sie seine Entscheidungsprozesse kennen, können Sie voraus- ahnen, wie Ihr Kunde in unterschiedlichen Situationen reagiert.

Antworten zu Übung 1:
a) Ichbezogen, auf etwas zu, intern, Leistungen, global
b) Ichbezogen, Verschiedenheitsmuster, weg von, intern, sachorientiert
c) Anders bezogen, weg von, menschenorientiert
d) Ich- und anders bezogen, auf etwas zu, menschenorientiert
e) VAK-Muster, extern, weg von, menschenorientiert

3.7 Die geheimnisvolle Macht der Überzeugung

Wenn wir dieses Buch mit uns Menschen vergleichen würden, kann man sagen, jetzt kommt das Herz, die „Verkaufshypnose". Dieser Teil fasziniert mich immer wieder aufs Neue. So etwas Unglaubliches, so etwas Einzigartiges, so etwas Gigantisches! Und dann frage ich mich, warum habe ich davon nicht viel früher erfahren? Ist es ein Geheimnis, das ein Spitzenverkäufer um keinen Preis der Welt preisgeben will? Ein so genanntes Wunderwerkzeug, mit dem man so viel erreichen kann, dass nur wenige bereit sind, darüber zu sprechen. Und viele nichts erzählen wollen? Oder ist es einfach ein Buch mit sieben Siegeln? Während ich darüber schreibe, fühle ich vor lauter Aufregung regelrecht ein Kribbeln im Bauch, wie Schmetterlinge, wie eine Pusteblume, die vom Wind bewegt in meinem ganzen Körper Energie freisetzt. Freude überkommt mich, Ihnen gleich dieses zauberhafte Instrument vorzustellen. Ich weiß nicht, ob Sie sich jetzt schon vorstellen können, was Ihnen das alles bringen wird. Vielleicht öffnet sich gleich eine neue Tür, was sage ich, eine neue Dimension für Sie. Stellen Sie sich doch nur einmal vor, wie entscheidend Sie Ihre Überzeugungsfähigkeiten steigern und damit Enormes bewirken können.

Sie haben den Kunden richtig eingeschätzt, Sie wissen, welche unerfüllten Wünsche er hat, Sie kennen seine Probleme, Sie wissen, welches Denkmuster Ihr Kunde hat, Sie haben also wie ein professioneller Arzt eine Diagnose gestellt. Der Kunde ist wie ein offenes Buch für Sie. Jetzt wollen wir unseren Kunden verzaubern und in eine andere Welt entführen.

Was will unser Kunde wirklich? Was ist sein tiefstes Verlangen? Die meisten Verkäufer neigen dazu, im Verkaufsgespräch nur über ihre Produktstärken zu sprechen. Sie erzählen ganz ausführlich, was ihr Produkt alles kann. Ab einem gewissen Punkt fragt sich der Kunde, was habe ich eigentlich davon? Wenn das einmal Ihr Kunde sagen sollte, dann wissen Sie, dass Sie mehr bei sich sind als bei Ihrem Kunden. Sie sollten überlegen, was hat Ihr Kunde eigentlich davon, wenn er Ihr Produkt kauft? Unser Kunde erhofft sich mit unserem Produkt einen größeren Nutzen zu erhalten und ein Gefühl zu befriedigen.

Von Produktstärken und Produktnutzen

Produktstärke ist die Eigenschaft Ihres Produktes, die Qualität, die Einzigartigkeit. Finden Sie ein Alleinstellungsmerkmal heraus. Was unterscheidet Ihr Produkt von anderen Produkten auf dem Markt? Was macht Ihr Produkt so einzigartig? Diese Einzigartigkeit ist Ihre beste Produktstärke. Aber selbstverständlich sind die restlichen Eigenschaften auch Produktstärken. Ein Produktnutzen ist das, was Ihr Kunde nun von diesen Produktstärken hat, z. B. Bequemlichkeit, Ansehen, Gewinn, Sicherheit,

Kosteneinsparung usw. Verwenden Sie einfach eine Brücke, die Ihnen dazu hilft, den Nutzen genauer zu definieren, z. B. mit

○ ... das bedeutet für Sie ...

Betrachten wir mal ein Beispiel: Sie gehen zu einem Kaufhaus und wollen sich ein neues Fernsehgerät kaufen. Der Verkäufer sagt: Dieses Gerät hat eine einzigartige Fernbedienung, das bedeutet für Sie, Sie können abends ganz bequem mit Ihrer Frau auf Ihrem angenehmen Sofa liegen bleiben und ein-, aus- und umschalten. Und falls das Telefon klingelt, können Sie sehr schnell reagieren und den Ton sofort leiser machen. Ist das nicht sehr angenehm? Lesen Sie noch ein zweites Beispiel: Dieses Fahrzeug benötigt vier Liter Benzin. Das bedeutet für Sie, Sie können viel länger fahren, und zusätzlich sparen Sie bares Geld dabei.

Fragt der Firmenchef den Manager, der in der Firma für den Verkauf von Bohrmaschinen verantwortlich ist: „Womit machen Sie Geschäfte?" Der Manager denkt kurz nach und antwortet dann: „Natürlich mit Bohrmaschinen." Der Chef hört die Antwort, überlegt noch einmal kurz und entgegnet dem Manager: „Nein! Sie machen Ihre Geschäfte mit Löchern. Wenn die Menschen keine Löcher bräuchten, würden Sie keine einzige Bohrmaschine verkaufen!"

Versuchen Sie es jetzt einmal mit Ihrem eigenen Produkt und verwenden Sie folgende Brücken als Auswahl:

○ Bringt Ihnen ...
○ Bedeutet für Sie ...
○ Erhöht Ihre ...
○ Schützt vor ...
○ Spart Ihnen ...
○ Verhindert ...
○ Sorgt für ...
○ Ermöglicht Ihnen ...
○ Sichert Ihnen ...
○ Erleichtert Ihnen ...
○ Steigert Ihre ...
○ Senkt Ihre ...
○ Maximiert Ihre ...
○ Festigt Ihre ...
○ Gewährt Ihnen ...

Keine Produktstärke ohne Nutzen!

Sie haben die Möglichkeit, mit diesen Brücken verschiedene Arten von Nutzen gegenüber Ihrem Kunden zu benennen. Liebe Leser, jede Übung macht den Meister, machen Sie bitte für Ihr Produkt oder Ihre Dienstleistung zur jeweiligen Nutzenbrücke ein Beispiel.

Die Beweisführung

Sie haben am Anfang des Buches über die Strategie des Untermauerns gelesen. Wenn Sie Präsentationen halten und Ihren Kunden überzeugen wollen, ist es äußerst wichtig, dass Sie Ihre Aussage mit einem Beweis untermauern. Sorgen Sie dafür, dass Sie für Ihr Produkt oder Ihre Dienstleistungen genügend Beweise haben. Es ist ratsam, einen Ordner anzulegen, in dem Sie schriftliche Beweise sammeln. Wenn Sie ein Sales Manager sind und mehrere Verkäufer haben, dann ist es für Sie unabdingbar, dass Sie so einen Ordner besitzen, um dieses Wissen auch Ihren Verkäufern zur Verfügung zu stellen. Sie finden bestimmt auch, dass jeder Verkäufer von seinem Produkt überzeugt sein muss, oder? Wenn Sie von Ihrem Produkt nicht überzeugt wären oder sogar schlecht reden würden, dann würden Sie mit Sicherheit nicht viel verkaufen bzw. auch nicht lange in diesem Beruf sein. Ihr Kunde weiß, dass Sie niemals schlecht über Ihr Produkt reden würden. Er weiß auch, dass Sie Ihr Produkt ins Rampenlicht stellen und ihm alle Vorteile und Möglichkeiten mit den besten Strategien verkaufen wollen. Er kann Sie also nicht als neutrale Person betrachten. Aus diesem Grund ist es wichtig, dass Sie Ihre Behauptungen mit einem schriftlichen Beweis untermauern.

Es gab einmal eine Hotelkette, die Schwierigkeiten mit ihren Kunden hatte. Die Kunden haben grundsätzlich nie pünktlich ausgecheckt. Das behinderte selbstverständlich den reibungslosen Ablauf. Nachfolgende Gäste und Kunden, die rechtzeitig ihre Zimmer beziehen wollten, konnten dies nicht. Es war eine Herausforderung für das Hotelmanagement. Auf der einen Seite wollten sie ihren Kunden Flexibilität und Entgegenkommen zeigen, auf der anderen Seite wollten die neuen Gäste rechtzeitig ihre Zimmer beziehen. Sie engagierten einen externen Berater, um gemeinsam das Problem zu lösen. Die Idee war folgendermaßen: Sie erstellten ein Schriftstück, in dem geschrieben stand, wie viel das Zimmer kostet, wann es zu beziehen ist und wann es zur Reinigung frei sein sollte. Sie rahmten diese Informationen ein und hingen sie in jedes Zimmer. Seit diesem Tag sind 95% der Gäste pünktlich abgereist. Es war ab diesem Zeitpunkt einfach selbstverständlich, schließlich stand es dort schwarz auf weiß geschrieben. Das geschriebene Wort ist immer mehr wert als das gesprochene Wort. Führen Sie also Ihre Beweise immer schriftlich auf. Sie werden jetzt verschiedene Beweisarten kennen lernen:

1. Statistiken oder Untersuchungen: Es gibt interne und externe Statistiken. Sie können z. B. eine interne Statistik machen, die aufzeigt, wie die Kundenzuwächse der letzten 5 Jahre sind, oder Sie messen die Zufrieden-

heit oder wie lange Sie mit Ihren Kunden arbeiten, um die Beständigkeit Ihrer Qualität aufzuzeigen. Externe Statistiken können z. B. aufzeigen, wie sich die gesamte Branche entwickelt.

2. Expertenzeugnis: Viele Produkte oder Dienstleistungen werden ISO-zertifiziert. Sie können auch einen Professor/Doktor oder ein Institut beauftragen, Ihr Produkt oder Ihre Dienstleistung zu überprüfen, oder Sie finden etwas, das schon am Markt vorhanden ist.

3. Schaustücke: Sie können Muster, Zeichnungen, Modelle, Proben oder Fotos verwenden, um Ihre Aussage zu untermauern.

4. Zeitungsartikel: Wenn Sie in einer Tageszeitung, Fachpresse oder Wirtschaftszeitung Informationen über Ihr Produkt entdecken, kann es sehr hilfreich sein, Ihre Kunden davon zu benachrichtigen.

5. Demonstrationen: Sie kennen sicherlich Marktplätze, auf denen Scheuermilch oder ähnliche Produkte demonstriert werden, wie gut und einfach der Schmutz zu entfernen ist. Haben Sie eine Möglichkeit, Ihr Produkt oder Ihre Dienstleistung zu demonstrieren?

6. Referenzen: Ihre zufriedenen Kunden können Ihnen zum Beispiel schriftlich bestätigen, wie zufrieden sie sind. Ein Tipp: Wenn Ihr Kunde viel beschäftigt ist, könnten Sie ein Interview machen, alle seine Äußerungen schriftlich festhalten und Ihrem Kunden überreichen. Somit kann Ihr Kunde, wenn er damit einverstanden ist, die Referenz einfach nur auf seinem Briefpapier ausdrucken und Ihnen überreichen. Eine weitere gute Möglichkeit wäre, wenn Sie die Telefonnummer von Ihrem zufriedenen Kunden weitergeben dürfen. Somit könnte der neue Kunde bei Ihrem zufriedenen Kunden anrufen und sich selbst überzeugen.

Die Überzeugungsstrategie

Diese Überzeugungseinheit wird Ihnen bekannt vorkommen, weil wir diese Strategie bereits bei „Neugier erzeugen" verwendet haben. Der Unterschied ist, dass wir jetzt die genauen Bedürfnisse des Kunden kennen. Wir wissen, welches Motiv, welche Denkmuster und Probleme bzw. Schmerzen unser Kunde hat. Jetzt brauchen wir nur die ganzen Erkenntnisse in unsere Präsentation einbauen.

Achten Sie darauf, dass Sie mehrere Überzeugungseinheiten bei einer Präsentation durchführen, und versuchen Sie nicht, Ihr vielseitiges Produkt mir den vielen verschiedenen Produktstärken in einer Überzeugungseinheit zu verkaufen. Weil Sie mit jeder Überzeugungseinheit Ihren Kunden immer einen Schritt näher zum Abschluss bringen. Es ist genauso, als hätte der Kunde eine Tasche und Sie geben ihm immer etwas Neues und noch mal etwas, und das für das gleiche Geld.

1. Beeindruckende Behauptung ... Wir ermöglichen es ...

_____

_____

2. Tatsachen mit „weil" begründen ... Das sage ich, weil ...

_____

_____

3. Produktnutzen ... Das bedeutet für Sie ...

_____

_____

4. Zusatznutzen ... und zusätzlich bringt es ...

_____

_____

5. Beweisführung mit „weil" ... Das sage ich, weil ...

_____

_____

6. Erlaubnis zu Fragen ... Ich habe ein oder zwei Fragen ...

_____

_____

7. Testabschluss Nutzen 2 ... Es ist doch für sie wichtig ... oder?

_____

_____

8. Testabschluss Nutzen 1 ... und zusätzlich ... nicht wahr?

_____

_____

9. Testabschluss Tatsache ... und ...

_____

_____

10. Suggerieren Sie den Abschluss ... Dann machen wir es.

_____

_____

Ein Beispiel für eine Überzeugungseinheit
Sie werden Ihre Ängste bei der Einwandsbehandlung vollkommen verlieren und jeden Einwand spielerisch behandeln können.

Das sage ich, weil Sie 15 verschiedene, bewährte Einwandsbehandlungsmethoden erlernen werden, mit denen Sie jedem Einwand begegnen können. Dies wird in Rollenspielen und Übungsmaßnahmen trainiert und schriftlich entkräftet.

Das bedeutet für Sie, Sie lernen die bewährtesten Strategien und können diese gleich in Ihrer Praxis spielerisch umsetzen. Das ermöglicht Ihnen unterm Strich, dass Sie mehr und einfachere Abschlüsse tätigen können und mehr Geld haben. Stellen Sie sich einmal vor, Sie gehen zu einem wichtigen Großkunden, mit dem Sie vielleicht schon seit einem Jahr im Gespräch sind. Und dieser Kunde hat verschiedene Einwände. Jetzt können Sie es so machen wie früher: Sie behandeln den Einwand spontan und versuchen händeringend, die richtigen Worte zu finden, und Sie wissen nicht, ob die Art, wie Sie den Einwand behandeln, richtig ist und Sie womöglich dadurch den Auftrag verlieren. Oder Sie lernen die bewährten Einwandsbehandlungsmethoden.

Sie werden dadurch erfolgreicher, weil 95% der Seminarteilnehmer dies uns bestätigen und wir bei vielen großen, renommierten Firmen genau diese Probleme lösen konnten.

Ich habe ein, zwei Fragen an Sie?

Sie möchten doch einfacher und mehr Abschlüsse tätigen, oder?

Sie wollen doch auch die bewährtesten Einwandsbehandlungsmethoden beherrschen, oder?

Und dass dies in Rollenspielen und Übungsmaßnahmen trainiert und schriftlich entkräftet wird, ist doch auch für Sie wichtig, nicht wahr?

Ja, dann sollten wir es machen!

Ein veränderter Bewusstseinszustand nach innen und außen

Und hat es Ihnen bislang so viel Spaß gemacht, dass Sie viele Übungen gleich zweimal ausprobiert haben? Wenn nicht, was hindert sie daran, es einfach mal zu machen? Wenn Sie jetzt denken, das war schon alles, dann haben Sie noch ein wenig Geduld. Sie wissen inzwischen ja, wie unser Zustand funktioniert, oder? Wenn wir jetzt mal einen Blick in unseren Kopf wagen, erkennen wir eines: Wir erzeugen Bilder, führen Selbstgespräche oder hören irgendwelche Stimmen von Vater, Mutter, Verwandten oder irgendwelchen anderen Personen, nicht wahr? Unser interner Prozess funktioniert mit Bildern, Worten, unserem Körper und unserem Fokus nach außen. Das alles ergibt unseren Zustand. Sie haben auch gelesen, dass wir unsere Umwelt mit unseren fünf Sinnen wahrnehmen: Sehen, Hören, Fühlen, Riechen, Schmecken. Erkennen Sie die Parallele? So wie wir die Umwelt wahrnehmen, so speichern wir sie auch in unserem Gehirn ab. Wie außen, so auch innen.

Wenn wir eine verzaubernde Präsentation machen wollen, müssen wir so viel wie möglich in der Sinnessprache sprechen: „Wollen Sie nicht mit diesem wunderschönen Auto mal eine Probefahrt erleben? Betrachten Sie die eleganten Kurven des Fahrzeuges und sehen Sie, wie die Farbe in der Sonne glänzt. Und wenn Sie sich hineinsetzen, dann spüren Sie, wie weich das Leder ist. Vielleicht können Sie sogar das frische Leder riechen. Und während Sie den Motor starten, erkennen Sie die Kraft des Fahrzeuges und können diese am eigenen Körper erleben. Sie spüren regelrecht, dass Ihr Motor ein wilder Tiger ist. Verführerisch, oder?"

Wenn wir über Verkaufshypnose sprechen, dann sprechen wir von einem veränderten Bewusstseinszustand. Ideosensorische Trance ist eine Form der Hypnose, die wir täglich erleben. Unsere angeborene Fähigkeit, sich im Geiste visuelle Vorstellungen auszumalen, Stimmen oder Geräusche zu hören, Gefühle und sogar Geschmacks- und Geruchsempfindungen hervorzurufen. Wann waren Sie das letzte Mal in so einer Trance und haben geträumt?

Wenn Sie sich vielleicht vorstellen können, was Sie heute Abend essen wollen? Sie waren schon einkaufen, vielleicht einen Braten, und können diesen möglicherweise jetzt schon schmecken. Oder wenn Sie sich ausmalen, wie Sie zu Ihrem Kunden gehen und diese neuen Strategien gleich testen wollen. Oder sich geistig vorstellen, was Sie zu Ihrer Partnerin sagen werden. Wir können also Gerüche, Geschmäcker, Bilder, Geräusche, Gefühle halluzinieren. Spitzenverkäufer können durch die Sprache eine intensive Vorstellungskraft bei ihrem Gegenüber entwickeln, sein Wahrnehmungsvermögen und seine Stimmung beeinflussen.

Wenn Sie jetzt das Verlangen haben, diese Strategien gleich bei Ihrem Kunden ausprobieren zu wollen, dann ist das etwas ganz Natürliches. Versetzen Sie Ihren Kunden, bevor er Ihr Produkt testen will, in diese Trance, damit sein Hunger immer weiter wächst.

Submodalitäten

Verwenden Sie in Ihrer Präsentation möglichst viel Sinnessprache, damit Ihre Kunden in eine Welt der Sinne eintauchen. Die Liste der Sinnessprache, die im Buch vorhanden ist, können Sie nutzen, um Ihren Kunden zu verzaubern. Sie haben erfahren, dass wir in unserem Gehirn Bilder, Geräusche, Gefühle, Geschmäcker und Gerüche halluzinieren können. Es gibt noch eine Erweiterung und eine Vertiefung, die sensationell und fundamental ist. Bevor wir darüber sprechen, will ich Ihnen noch eine kleine Geschichte erzählen.

Ich liebe das Extreme und Außergewöhnliche. Vor langer Zeit, an einem schönen heißen Sommertag, gingen meine Freunde und ich zu einem See. Der See war traumhaft schön, ein künstlicher Sandstrand war angelegt und dieser rundherum mit Bäumen, Wiesen und Sträuchern verziert. Das Bild wurde irgendwie gestört, denn an einem Ende stand ein riesiger Kran, von dem ganz plötzlich Menschen sprangen. Es war Bungee-Jumping. Da war ein 60 Meter hoher Kran, von dem sich die verrückten Personen, nur mit einem Gummiseil gesichert, in die Tiefe stürzten. Wir waren ebenso verrückt und beschlossen, dies auch gleich einmal zu testen. Wir gingen los und meldeten uns an. Als ich oben auf dem Absprungspodest stand, ging es auf einmal los. Irgendwie hat meine Vorstellung verrückt gespielt. Meine Füße waren an einem langen und dicken Gummiseil befestigt. Als ich einen Blick hinunter wagte, sah es im ersten Moment nicht so hoch aus. Doch dann plötzlich haben meine Sinne verrückt gespielt, und ich sah, wie sich der Boden und die Wasseroberfläche scheinbar immer weiter entfernten. Zuerst sah es aus wie 100 Meter, dann wie 150 Meter, und schließlich dehnte sich meine Vorstellung weiter auf 200 Meter aus, und es hörte nicht auf. Alle Menschen waren so klein da unten, und sie wurden immer kleiner und kleiner. Mein ganzer Körper fing an zu beben und zu kribbeln, und ich wollte gar nicht mehr springen. Dann sah ich, wie die Menschen zu mir hochschauten, und ich hörte ihre Stimmen: „Spring, spring!" Zu mir selber sagte ich dagegen: „Nein, nein, spring nicht!" Ich habe mir dann vorgestellt, wie 100 Gospelsänger singen würden: „Spring und flieg einfach!" Aus 100 Gospelsängern wurden 200 Sänger, und es wurde immer lauter. Auf einmal halluzinierte ich 1000 Gospelsänger. Es war so laut und dröhnte in meinem Kopf. Dann holte ich tief Luft, atmete wieder aus und sprang einfach darauf los. Die Wasseroberfläche kam immer näher und näher, mit so einer rasenden Geschwindigkeit, dass ich einen lauten Schrei ausstieß, um den Druck und die Angst rauszulassen. Mein Oberkörper tauchte schließlich zweimal ins Wasser, dann haben sie mich irgendwie losgebunden, und ich war wie berauscht.

Kennen Sie die Situation, dass Ihre Vorstellungskraft Ihnen einen Streich spielt. Sie auf einmal etwas viel größer oder höher sehen, als es in Wirklichkeit ist, oder sich etwas viel lauter anhört? Können Sie sich daran erinnern, wie Sie Ihren ersten oder später einen herausragenden Verkaufsabschluss getätigt haben, wo Sie voller Energie waren und gedacht haben, Sie schaffen alles. Wissen Sie noch, wie es war? Welches Gefühl diese Situation bei Ihnen ausgelöst hat? Vielleicht war es wie ein Feuerwerk der Gefühle oder wie eine Pusteblume, die sich ganz langsam oder rasend schnell in Ihrem ganzen Körper ausbreitet. Können Sie sich das bildhaft vorstellen? Wie groß ist dieses Bild? Machen Sie es bitte einmal so groß wie eine Kinoleinwand. Ist es eher ein Bild oder ist es ein Film, sehen sie es in Farbe oder in Schwarz-Weiß? Gibt es einen Rahmen oder verläuft es sich eher ins Nichts. Haben Sie etwas gehört, vielleicht Stimmen oder etwas anderes? Wie hat es sich angehört? War es stereo oder mono? Kam der Sound von allen Seiten oder nur aus einer bestimmten Richtung? War es laut oder leise, war es klar oder unklar? Merken Sie einen Unterschied? Das nennt man Submodalitäten: Die Eigenschaften Ihres Bildes, das Sie sich gerade vorgestellt haben. Richard Bandler würde jetzt sagen, das ist die Währung unseres Gehirnes.

Alle Bilder, Geräusche, Gerüche, Geschmäcker und Gefühle haben solche Submodalitäten, ganz besondere Eigenschaften. Die Eigenschaften machen den feinen Unterschied aus und bestimmen die Intensität. Stellen Sie sich einfach vor, Sie hätten ein Mischpult, auf dem Sie alle Eigenschaften regulieren können. Welche Eigenschaften sind es?

Visuelle Eigenschaften: Farbe oder schwarz-weiß, Rahmen oder unbegrenzt, 2D oder 3D, Entfernung nah oder weit von sich selbst, Helligkeit, Kontrast, Film oder Bild, langsam oder schnell, groß oder klein, sich selber sehend oder im Bild sein.

Auditive Eigenschaften: stereo oder mono, Wörter oder Geräusche, laut oder leise, Klangcharakter, Herkunft der Geräusche, Dauer, anhaltend oder unterbrochen, schnell oder langsam, Klarheit.

Kinästhetische Eigenschaften: Intensität, warm oder kalt, Lokalisierung wo im Körper, Ausdehnung, Gewicht, Dauer, Form.

Wenn zum Beispiel ein Bild größer, das Geräusch lauter ist oder die Farben intensiver sind, dann kann das Gefühl auch intensiver sein. Bei Ihrer verführerischen und anziehenden Präsentation ist es sehr hilfreich, wenn Sie gewisse Eigenschaften genauer beschreiben, um dieses Gefühl Ihren Kunden intensiver erleben zu lassen.

Zusammenfassung
Step 7: Die geheimnisvolle Macht der Überzeugung

○ Nach der vorangegangenen Diagnose stellt die Überzeugungsphase das Herzstück des Verkaufsprozesses dar.
○ Die Produktstärke stellt eine Eigenschaft dar, der Produktnutzen das, was der Kunde von dieser Eigenschaft hat. Ein wesentlicher Unterschied!
○ Durch eine Präsentation in und mit allen Sinnen versetzen Sie Ihren Kunden in eine Art Trancezustand, in dem er unbedingt kaufen will, was gut für ihn ist.
○ Die Submodalitäten sind die Eigenschaften eines Bildes, Geräusches und Gefühles. Sie bestimmen die Intensität der inneren Prozesse oder der Bilder, Geräusche und Gefühle.

3.8 Grundlagen der Verkaufshypnose

Sprachhypnose wird schon längst nicht mehr nur von Hypnotiseuren und Therapeuten verwendet. Es ist ein Irrtum, zu glauben, dass Hypnose nur funktioniert, wenn die Augen geschlossen sind, ein Pendel verwendet wird und man willenlos ausgeliefert ist. Für NLS-Seller ist die Verwendung hypnotischer Sprachmuster bei Präsentationen eine Selbstverständlichkeit. So kommunizieren NLS-Seller wirkungsvoller.

Eine kurze Geschichte der Hypnose

Bevor wir uns mit dem Thema Verkaufshypnose beschäftigen, möchte ich Ihnen in einem kurzen Exkurs etwas über die Geschichte der Hypnose erzählen.

Hypnose wird schon seit Jahrtausenden angewandt. Alte Sanskritschriften zeigen auf, dass es schon in Indien Heilungstempel gab. Aus altägyptischen Papyrusrollen konnte man erkennen, dass es einen so genannten Tempelschlaf gab, der für Heilungsprozesse verwendet wurde. Um 1500 lebte ein Arzt namens Paracelsus in der Schweiz, der mit einem Magneten Heilungsprozesse herbeiführte. Ca. 1600 heilte der Ire Valentine Greatrakes durch Handauflegen seine Patienten und benützte zusätzlich einen Magneten. Durch seine Streichtechniken und Massagen sagte man, dass er Probleme aus dem Körper entfernen kann. So um 1725 nahm ein junger Arzt Namens Franz Anton Mesmer die Magnetheilungstechnik in seine ärztliche Praxis mit auf. Bis er eines Tages keinen Magneten fand, um seine Behandlung fortzuführen. Stattdessen nahm er einen Stock, der zu dem gleichen Ergebnis führte. Im Jahre 1840 hatte ein junger Londoner Chirurg namens James Braid an Vorführungen teilgenommen, bei der die

Technik von Anton Mesmer demonstriert wurde. Er hat erkannt, dass man hinter dem Patienten stand und vom Kopf nach unten streichelte. Dabei fiel ihm auf, dass der Blick des Patienten nach oben erstarrte und fixiert war. James Braid vertritt die Theorie, dass nicht der Magnet oder die Streicheltechnik dafür verantwortlich war, sondern die Fixierung der Augen und die ausgesprochenen Suggestionen einen Trancezustand herbeiführten.

Um 1864 gründeten Bernheim und Liébault die Hypnoseschule von Nancy, wo auch der junge Sigmund Freud studierte. Um 1904 veröffentlichte Iwan Pawlow, ein junger russischer Forscher, das Experiment und die Theorie der menschlichen Konditionierung. Im Jahre 1943 hat Clark Hull an der Yale Universität sein klassisches Werk „Hypnosis and Suggestibility" veröffentlicht. Eine interessante Aussage darin lautet: „Alles, was eine Trance voraussetzt, verursacht Trance. Dieses Prinzip erlaubt uns verschiedene Möglichkeiten, um Menschen in Trance zu versetzen."

Clark Hull wurde auch durch den jungen Milton Erikson bekannt, weil er an verschiedenen Forschungsprojekten teilgenommen hat. Milton Erikson war wohl der bedeutendste Hypnotiseur unseres Jahrhunderts, er praktizierte zwischen 1920 und 1980 fast täglich Hypnose. Seine sechzig Jahre lange Erfahrung, wo er Tag für Tag 14 Klienten behandelte, gaben der Hypnose den Durchbruch. Um 1957 gründete Milton Erikson die Amerikanische Gesellschaft für Klinische Hypnose und gründete die Zeitung The American Journal of Clincal Hypnosis. Durch schwere Erkrankungen an sein Zuhause gefesselt, gab er 1969 noch im Alter von 68 Jahren in seinem Haus vor vielen Studenten und Praktikern Lehrseminare, wo Richard Bandler, John Grinder und andere Mitglieder der NLP-Entwicklungsgruppe die hypnotherapeutische Ausbildung machten.

Hypnose in unserem alltäglichen Leben

Viele Menschen denken, dass Hypnose unbedingt damit zu tun hat, dass man willenlos ist und die Augen immer geschlossen sind. Das ist ein Irrtum. Man kennt Hypnose aus Filmen oder von Showbühnen-Effekten, was aber überhaupt nichts mit der Kunst der Hypnose zu tun hat. Hypnose wird seit Jahrhunderten für klinische Zwecke angewandt.

Richard Bandler und John Grinder, die beiden Urväter des NLP, sagen: „Eigentlich ist jede Kommunikation Hypnose", und zugleich: „Nichts ist Hypnose – so etwas wie Hypnose gibt es gar nicht." In einem gewissen Sinne sind beide Aussagen gleich. Wenn man unter Hypnose etwas versteht, das den Bewusstseinszustand verändert, dann ist jede gelungene Kommunikation Hypnose.

Wenn ich Ihnen z. B. über meinen letzten Urlaub in den Bergen erzähle, wo alles mit schönem weißem Schnee bedeckt war und der Anblick der weißen Berge mich verzaubert hat, und wenn man über den weichen Pulverschnee lief, dann konnte man regelrecht spüren, wie die geschmeidige Schneemasse die Füße umhüllte, man konnte den Schnee bei jedem Schritt knirschen hören. Und die klasklare, kalte, frische Luft beim Ein- und Ausatmen verzauberte einen ebenso wie die Stille der großen, weiten Ferne, die bei jedem Ausatmen eine innere Ruhe auslöste.

Beim Erzählen verändere ich Ihren Bewusstseinszustand, so dass Sie alles leicht nachempfinden können und Sie das Gefühl haben, selbst schon einmal dort gewesen zu sein. Wenn sie jetzt den Drang verspüren, gleich dorthin zu fahren, ist es ein Sprachmuster, das erfolgreiche Hypnotiseure, Dichter, Politiker und Verkäufer anwenden.

Wenn ich Seminare und Trainings bei renommierten Firmen halte, bin ich zwangsläufig damit konfrontiert, mehrere hundert Kilometer zu fahren. Manchmal passiert es mir, dass ich ins Auto einsteige, losfahre und plötzlich bei der anderen Firma ankomme. Die Zeit und die Strecke kommen mir manchmal wie im Flug vor. Ist Ihnen das auch schon einmal passiert? Das war ein Trancezustand. Die Frage, die wir uns stellen sollten, ist nicht, wie wir Personen in einen Trancezustand versetzen können, sondern aus welchem Zustand wir sie rausholen und in welchen Zustand wir sie haben wollen.

Wie Sie schon mitgekriegt haben, gibt es viele hypnotische Zustände verschiedener Ebenen oder verschiedener Trancetiefen. Richard Bandler hat gesagt, dass es nicht darauf ankommt, wie tief ein solcher Zustand ist, sondern nur auf das Ergebnis. Wenn Sie also meinen, dass die Augen immer fest geschlossen sein müssen, um eine Person in einen Trancezustand zu versetzen oder eine Veränderung herbeizuführen, dann werden Sie im weiteren Verlauf dieses Buches etwas Interessantes und Spannendes erleben.

Manchmal passieren mir interessante Phänomene, wie z. B.: Ich suche einen besonderen Stift, finde ihn einfach nicht und merke dann plötzlich, dass er die ganze Zeit vor mir lag. Das war wohl eine Halluzination. Natürlich haben Sie so etwas Ähnliches auch schon mal erlebt, nicht wahr? Was wir in unserem alltäglichen Sprachgebrauch an Sprachmuster verwenden, ist erstaunlich. Eine Mutter sagt z. B. zu ihrem Kind: „Pass auf, stolper nicht über die Schuhe." Und was passiert? Das Kind fällt über die Schuhe. Oder ich sage zu Ihnen: „Denken Sie mal bitte nicht an ein schönes, luxuriöses Auto, nur für 30 Sekunden." Und hat es funktioniert? Haben Sie nicht an das schöne, luxuriöse Auto gedacht? Nein. Es ist unmöglich, weil wir uns erst einmal darüber im Klaren sein müssen, was wir nicht denken dürfen, und schon ist das Bild da. Also, alle Negationen müssen von uns erst einmal visualisiert werden, um sie dann wieder von uns wegzubringen.

Wenn Sie Sportler beobachten oder selber Sport machen, z. B. Marathon laufen, dann machen die Sportler nichts anderes als Selbsthypnose, um die ganzen Schmerzen und Gefühle, die durch die starke Belastung auftreten, in Luft aufzulösen. Wie Sie erkannt haben, ist also Hypnose nichts Besonderes, weil es in unserem alltäglichen Leben immer zu beobachten ist.

Wenn Sie Verkaufshypnose bzw. NLS beherrschen, werden Sie bemerken, dass Sie die gleiche Sprache verwenden, die Sie tagtäglich so oder so verwenden, um zu kommunizieren. Das, was Sie lernen werden, ist, die Sprache jetzt ganz bewusst und qualifiziert anwenden zu können.

Wenn Sie jetzt denken, dass Sprachhypnose ja etwas ganz Natürliches ist und Sie diese leicht in Ihrer Praxis anwenden können, haben Sie zum Teil Recht. Sprachhypnose ist etwas ganz Natürliches, es bedarf allerdings schon etwas Übung, diese auch ganz bewusst anzuwenden. Sie werden verwundert sein über Ihre Fähigkeit, die Sie innerhalb des Buches erlernen werden.

Ist Verkaufshypnose nicht Manipulation?

Viele Menschen denken, die Macht zu besitzen, andere Menschen zu überzeugen, wäre etwas Schlechtes, weil die Menschen dann willenlos sind und Dinge machen, die sie eigentlich gar nicht machen würden. Sie befürchten, dass Personen beeinflusst, überredet oder manipuliert werden und etwas kaufen oder tun, was sie gar nicht machen wollten. Ja, Sie haben Recht! Wenn Sie die Macht besitzen, Menschen zu überzeugen, können Sie vieles machen. Doch schauen wir uns einmal unsere Welt etwas genauer an. Dieses Klischee vom globalen Dorf ist bekannt und immer noch wahr. Noch nie war es so einfach wie in dieser Zeit, Menschenmassen zu beeinflussen und zu manipulieren. Es werden sogar Milliarden von Euro investiert, um uns Menschen zu beeinflussen.

Das bedeutet, dass nur durch Manipulation und Beeinflussung immer mehr Menschen Coca-Cola trinken, zu McDonalds gehen und sogar Dinge machen, die vollkommen sinnlos sind, wie Zigaretten rauchen. Wie Sie sehen, werden wir so manipuliert, dass wir Dinge tun, die sogar ungesund für uns sind. Heutzutage werden wir weltweit in ganz bestimmte Richtungen gelenkt und beeinflusst. Strategien werden dazu verwendet, damit Menschen eine ganz bestimmte Einstellung haben oder einen bestimmten Politiker wählen, es geht sogar so weit, dass Menschen ganz bestimmte Einstellungen, Handlungen oder Landessitten eingetrichtert werden. Da stellt sich die Frage, ob wir überhaupt eine eigene Meinung haben, oder ist alles manipuliert worden und wir denken so, wie wir denken sollen?

Die Welt wird von Menschen beherrscht, die die größten Überzeugungsfähigkeiten haben. Alles, was Sie erfahren, hat nur einen Sinn, wenn Sie mit diesem Wissen auf eine positive Art und Weise andere und sich erfolgreicher machen. Wenn Sie als Verkäufer ein Produkt oder eine Dienstleistung verkaufen, mit der Sie eine positive Veränderung für unsere Welt und Ihre Kunden erreichen, dann überzeugen Sie Ihre Kunden. Wenn Ihr Kunde effektiver, kostensparender und einfach erfolgreicher wird, dann wird es Ihrem Kunden nur helfen, wenn Sie ihn überzeugen. Unser Wirtschaftskreislauf funktioniert nur, wenn gekauft und verkauft wird.

Was heißt Verkaufshypnose?

Bevor ich jetzt genau darauf eingehe und Ihnen sage, was konkret Verkaufshypnose ist, müssen wir erst einmal die Definition von Verkauf bzw. Hypnose klären. Hypnose kommt aus dem Griechischen und bedeutet Schlaf, das heißt ein schlafähnlicher Zustand. Hypnose bedeutet also, einen gewissen Zustand zu erreichen. Verkaufshypnose bedeutet, im Verkaufsprozess einen Zustand zu erreichen. Wir unterscheiden zwischen Hypnose und Suggestion. Hypnose ist der Zustand, und Suggestion ist die Technik, um diesen Zustand herbeizuführen. Als Zweites müssen wir erfahren, wie viele Stufen es in der Hypnose gibt. In der Hypnose unterteilen wir der Einfachheit halber zwischen der leichten, der mittleren und der tiefen Hypnose. Bei der Verkaufshypnose arbeiten wir grundsätzlich mit der leichten Hypnose. Es ist ähnlich, wie wenn Sie einen Stift suchen, der direkt vor Ihrer Nase ist, Sie haben also quasi eine Halluzination, eine negative Halluzination, erzeugt. Das heißt, die Verkaufshypnose bedeutet nichts anderes, als die internen Bilder, internen Geräusche, Gefühle und Gerüche zu aktivieren und eine interne Halluzination zu erzeugen, die nichts mit der Realität zu tun hat.

Es gibt zwei verschiedene Arten der Suggestion, einmal die direkte und einmal die indirekte. Bei der Verkaufshypnose gibt es sowohl Techniken der indirekten als auch der direkten Suggestion. Doch grundsätzlich können wir Verkaufshypnose und Hypnose nicht gleichstellen. Verkaufshypnose bedeutet, dass im Verkaufsprozess ein Verkaufszustand erzeugt wird. Nehmen wir mal ein kleines Beispiel, um die Verkaufshypnose anschaulicher und exakter darzulegen. Stellen Sie sich einmal vor, ich hätte eine schöne goldgelbe Zitrone in meiner Hand. Ich nehme diese goldgelbe Zitrone und zerschneide sie in zwei Hälften. Währenddessen ich sie zerschneide, spritz leicht Zitronensaft nach oben. Jetzt zerschneide ich sie in vier Teile. Nachdem ich die Zitrone zerschnitten habe, nehme ich ein Viertel dieser Zitrone und beiße ganz herzhaft in diese Zitrone hinein. Das Wasser läuft in meinem Munde zusammen, und es gibt einen schön säuerlichen Geschmack.

Wenn Sie jetzt, meine Damen und meine Herren, leicht einen säuerlichen Geschmack wahrnehmen bzw. Ihnen das Wasser im Munde zusammenläuft, wenn dies der Fall ist, dann war dies eine klassische gute Verkaufshypnose. Das bedeutet: Durch die Worte sind Bilder, Gefühle und Sonstiges angeregt worden, so dass Ihr Körper eine Reaktion ausgelöst hat und

Speichelfluss entstanden ist. Aber nicht nur die Sprache der Sinne oder Möglichkeiten, dass eine interne Halluzination erzeugt wird, sind als Sprach- bzw. Verkaufshypnose zu verstehen, sondern in der Verkaufshypnose gibt es gewisse Satzkonstellationen, die eine hypnotische Wirkung erzeugen.

Wir verwenden innerhalb unseres Sprachsystems „Wortverbindungen", um den Sinn von zwei Satzteilen zu kombinieren. Es ist AUCH möglich, Sätze miteinander zu verbinden, die keinen Zusammenhang ergeben, weil unser Bewusstsein dann automatisch nach Zusammenhängen sucht.

Ich zeige ihnen jetzt anhand des Sprachmusters „Ursache gleich Wirkung" die „WENN-DANN-Verknüpfung".

Hören Sie sich einmal diesen Satz an: Wenn du aus dem Fenster schaust, dann musst du weinen.

Der erste Satzteil hat nichts mit dem zweiten Satzteil zu tun, aber wir denken, es besteht eine Verbindung. Wir sind sicher, dass wir irgendetwas sehen werden, das uns zum Weinen bringt. Der erste Satzteil ist die Ursache und der zweite Satzteil die Wirkung.

Die Mutter sagt zu ihrem Kind, weil es nicht für die Schule lernen will: „Wenn du für deine Prüfung morgen nicht lernst, dann wirst du morgen auch nichts wissen und schlechte Noten schreiben."

Diese Verbindung der Sätze wirkt wie eine Prophezeiung. Unbewusst versuchen wir uns daran zu halten, sogar wenn wir keinen direkten Zusammenhang erkennen.

Wenn Menschen eine Begründung für eine Sache erhalten, dann sind sie zu 95% von einer Sache überzeugt (auch wenn es keine kausalen Zusammenhänge gibt). Wenn Sie unser Produkt sehen, dann werden Sie es kaufen wollen.

Eine weitere Strategie der Verkaufshypnose ist, dass ein Teil der Aussage als wahr unterstellt wird. Wir gehen also davon aus, dass ein Teil der Aussage als wahr hingenommen wird. Stellen Sie sich einmal Folgendes vor: Zwei Personen unterhalten sich, und der eine sagt zum anderen: Vorige Woche hat meine Frau zu mir gesagt, ich soll langsam fahren. Bei dieser Aussage wird also stillschweigend angenommen, dass er mit seiner Frau zu schnell und rücksichtslos mit seinem Auto durch die Gegend fuhr. Es wird nicht angesprochen, dass er jetzt mit dem Auto, Motorrad oder Sonstigem fährt, es wird einfach hingenommen, dass er mit dem Auto fährt.

Viele Eliteverkäufer benutzen in ihrem Sprachgebrauch stillschweigende Vorannahmen, also Annahmen, die stillschweigend unterstellt werden.

Sie benutzen in ihrem Sprachgebrauch 9-mal so oft diese Vorannahmen wie normale Verkäufer. Wenn ich jetzt zum Beispiel behaupten würde, das sei das beste Verkaufstraining, das Sie jemals erlebt haben, dann könnten Sie sofort reagieren und sagen, nein, es gibt bestimmt verschiedene unterschiedliche Trainer auf dem Markt, die vielleicht ähnliche Verkaufstrainings oder andere Verkaufstrainings anbieten, Sie haben möglicherweise was gehört oder gelesen. Wenn ich jetzt etwas behaupte, dann wollen Sie anfangen, und Ihre Aufmerksamkeit wird genau darauf gelenkt. Wenn ich stattdessen sage: „Haben Sie erkannt, welche Unterschiede unser Verkaufstraining gegenüber unseren Mitbewerber hat?", dann werden Sie sich auf die Unterschiede konzentrieren und vielleicht antworten: „Ja, ich habe Unterschiede erkannt" oder „Nein, ich habe keine Unterschiede erkannt". Aber es wird stillschweigend angenommen, dass es Unterschiede zu unseren Mitbewerbern gibt. Wenn Sie jetzt erkannt haben, welche sensationellen Möglichkeiten es gibt, mit der Sprache Menschen zu überzeugen, dann frage ich mich, welche Strategie Sie wohl als Erstes umsetzen werden. Auch hierin steckt eine Vorannahme, dass Sie eine Strategie umsetzen oder anwenden werden. Wenn Sie in Ihrem Sprachgebrauch permanent Vorannahmen verwenden, dann wird es Ihnen einfach und leicht fallen, Menschen zu überzeugen. Wie wollen Sie die Menschen am besten überzeugen? Mit der Sprache, mit dem Körper? Auch hierin steckt eine Vorannahme, dass Sie Menschen überzeugen wollen. Haben Sie den wichtigsten Vorteil erkannt? Hierin steckt wieder eine Vorannahme, dass es noch viele wichtige Dinge gibt. Das heißt also, umso öfters Sie in Ihrer Sprachweise eine Vorannahme machen, umso intensiver können Sie den Menschen überzeugen. Sie stellen keine Behauptung auf, sondern nehmen einfach an, dass es so ist, und meistens wird es in unserem Gehirn einfach angenommen. Wenn wir etwas ausdrücklich behaupten, dann prüfen wir diese Behauptung. Ist es eine Vorannahme, dann gehen wir davon aus, dass es eine Tatsache ist, die wir dann ungeprüft akzeptieren.

In der Verkaufshypnose gibt es sowohl offensichtliche direkte Suggestionstechniken als auch indirekte versteckte Suggestionstechniken, die den Kunden dazu einladen, ein starkes Kaufverlangen zu entwickeln.

Sie werden jetzt in dem Buch einen Teil der indirekten Suggestionstechniken erlernen.

Als wichtige Anmerkung sollten Sie wissen, dass es nicht ausreicht, dass Sie einen Satz einmal aussprechen und die Person gleich das macht, was Sie sagen, so wie bei einem Zaubersatz, und Ihr Kunde ist in einer Trance. Dies ist nur dann möglich, wenn Sie mit einer Person eine Hypnose gemacht und einen Anker installiert haben und ihn dann per Knopfdruck in Trance versetzen können. Aber das ist nicht der Inhalt und Sinn des Buches. Sie müssen also mehrere Sätze mit diesen Sprachmustern verwenden und beharrlich indirekte Suggestionen verwenden. Nach dem Prinzip: Steter Tropfen höhlt den Stein.

Verkaufshypnose im Überblick

Viele NLS-Seller verwenden dieses machtvolle Instrument, wenn auch oft unbewusst, in ihrem Geschäftsalltag. Meist führen sie mit ihren Geschäftspartnern oder Mitarbeitern eine Kommunikation auf unterbewusster Ebene. Durch den Einsatz kraftvoller Schlüsselwörter erzielen sie einen virtuellen Mehrwert ihrer Produkte bzw. Dienstleistungen und verfügen damit über ein Höchstmaß an Überzeugungs- und Begeisterungsfähigkeit. Vier entscheidende Strategien kommen zum Einsatz:

Wie Sie bei „Beziehungsmanagement" erfahren haben, ist es äußerst wichtig, dass Sie Ihren Kunden spiegeln. Dieses Spiegeln schafft ein großes Vertrauensverhältnis, um eine Überzeugungstrance zu erzeugen. Wenn Ihr Kunde Ihnen kein Vertrauen schenkt, ist es so gut wie unmöglich, eine Überzeugungstrance zu induzieren. Verwenden Sie dabei sowohl verbales als auch nonverbales Spiegeln. Sie haben erfahren, wenn Sie lange genug spiegeln, dass Sie dann anfangen können, zu führen und Ihre Überzeugungsfähigkeit voll auszuschöpfen. Diese Sprachmuster sind vage Äußerungen, damit Ihr Kunde die freie Interpretation hat. Sie geben Ihrem Kunden einen Rahmen vor, und er entscheidet, was in diesem Rahmen für ein Bild erscheinen soll. Mit den vagen Äußerungen ist es möglich, den inneren Erlebnisprozess zu steuern. Sie dienen daher als Prozessinstruktion.

Tatsachen und Suggestionen verknüpfen	Sätze werden miteinander verbunden, auch wenn es keinen Zusammenhang gibt, weil unser Bewusstsein nach Zusammenhängen sucht. Wir beginnen erst mit Tatsachen und Wahrheiten, dann mit Suggestion.	1. Konjunktionen 2. Ursache gleich Wirkung 3. Je ... desto
Kunstvolle Vagheiten	Wir wollen keinen Misserfolg aufkommen lassen. Aus diesem Grund benutzen wir Wörter wie „vielleicht" oder „könnten".	1. Vagheiten
Persönliche Überzeugungskraft	Ein Teil der Aussage wird als wahr unterstellt.	1. W-Fragen 2. „oder" 3. Vorannahmen des Bewusstseins 4. Vorannahmen der Zeitsätze 5. Vorannahmen der Veränderung 6. Vorannahmen der Adjektive und Adverbien
Den bewussten Verstand umgehen	Geschichten, Metaphern und Zitate werden in der dritten Person gesprochen, somit sind die Filter und Schutzmechanismen ausgeschaltet. Es geht sofort ins Unterbewusstsein.	1. Gedanken lesen 2. Eingebettete Fragen 3. Zitate 4. Geschichten 5. Metaphern

Tatsachen und Suggestionen verknüpfen

Dieses Sprachmuster lädt den Gesprächspartner ein, zu glauben, dass wegen einer Tatsache notwendigerweise etwas anderes geschieht. Wir beginnen eine Äußerung mit Tatsachen (verbales Spiegeln), also Wahrheiten, die absolut unwiderlegbar sind, dann verknüpfen wir diese mit einer Suggestion.

1. Konjunktion „und"

Sie können das Produkt sehen (Tatsache) **und** seinen Nutzen einfach erkennen (Suggestion). (Welchen Nutzen? Es ist vage gehalten.)

Sie lesen diese Zeilen **und** können wahrnehmen, wie effektiv Sie lernen. (Was werden Sie effektiv lernen?)

Sie sehen die außergewöhnlichen Referenzen, **und** das Ergebnis wird die Zukunft Ihnen selber beweisen.

Eigenes Beispiel:

_____

_____

2. Ursache gleich Wirkung

Ihre Kunden glauben zu lassen, dass wegen einer Tatsache notwendigerweise etwas anderes geschieht (Ursache gleich Wirkung). Die „Ursache gleich Wirkung" ist eine stärkere Verknüpfung, aus diesem Grund empfehle ich Ihnen, erst verschiedene „und"-Verknüpfungen zu machen.

Verwenden Sie folgende Sprachmuster:
- bewirkt, macht, zwingt, voraussetzen, weil, führt zu, deshalb, schafft, ermöglicht, hilft, unterstützt, beweist, während, bevor, bedeutet, wenn … dann

Ich werde Ihnen das Konzept jetzt ausführlich präsentieren, und das **ermöglicht** Ihnen, Herr Müller, sich vorstellen zu können, welchen langfristigen Unternehmenserfolg Sie erzielen, **weil** Sie wissen, was für Ihr Unternehmen gut ist. (Welchen Unternehmenserfolg wird er erzielen?)

Wenn Sie das Produkt jetzt sehen, **dann** werden Sie erstaunt sein, welche Möglichkeiten es Ihnen in der Zukunft bringt.

Während Sie diese Zeilen lesen, **bewirkt** es, dass Sie mein Seminar vielleicht besuchen möchten, **weil** Sie neugierig sind, wie sich Ihre Fähigkeiten noch mehr verändern.

Eigenes Beispiel:

_____

_____

3. Je ... desto ...

Mit dem Sprachmuster „Je ... desto ..." lassen sich Widerstände spiegeln und nutzen. Sie können auch mehrmals hintereinander diese Sprachmuster verwenden.

Meine Erfahrung hat mir gezeigt: **Je** mehr Fragen Sie stellen und sich Gedanken machen, **desto** besser können Sie sich vorstellen, wie Sie in Zukunft damit arbeiten, nicht wahr? (Welche Vorstellung?)

Je mehr Sie darüber erfahren, **desto** einfacher erkennen Sie den Nutzen, und **je** mehr Sie den Nutzen erkennen, **desto** leichter können Sie sich entscheiden.

Je mehr Sie über unseren Service erfahren, **desto** zufriedener werden Sie mit Ihrem Kauf sein.

Eigenes Beispiel:

_____

_____

Kunstvolle Vagheiten

Durch hypnotische Sprachmuster hat der Kunde den Eindruck, sich selber das Bild ausmalen zu können, aber wir geben ihm den Rahmen vor. Wir wollen keinen Misserfolg aufkommen lassen, und die Gegenteilssortierer mögen es überhaupt nicht, wenn ein anderer Mensch ihnen was vorschreibt, aus diesem Grund benutzen wir Schlüsselwörter, wie:

○ vielleicht, möglicherweise, wahrscheinlich, es könnte sein, irgendwie, irgendwas, irgendwann, irgendwer

Es ist **vielleicht** ganz einfach, eine glückliche Lösung zu finden. (Welche Lösung?)

Möglicherweise erkennen Sie von ganz allein, welchen Nutzen Ihnen die Zukunft bringt.

Wahrscheinlich möchten Sie mehr über den Service unseres Unternehmens erfahren.

Eigenes Beispiel:

_____

_____

Persönliche Überzeugungskraft

Bei der persönlichen Überzeugungskraft wird ein Teil der Aussage als wahr unterstellt. Durch diese Vorannahme präsentieren wir unsere persönliche Überzeugung gegenüber unserem Produkt oder unserer Dienstleistung.

1. W-Fragen
○ Wie, wann, wie viel, wo, wer, was, welcher …

Wann wollen sie am ehesten mit dem Auftrag beginnen? (Wir gehen davon aus, dass er beginnen möchte.)

Welcher strategische Ansatz gefällt Ihnen persönlich am besten?

Was erwarten Sie von einer erfolgreichen Zusammenarbeit mit uns?

Eigenes Beispiel:

_____

_____

2. Das Bindewort „oder"
Ich frage mich, ob Sie mit dem Produkt mehr Rendite **oder** mehr Sicherheit erzielen wollen? (Wir gehen davon aus, dass Sie das Produkt kaufen möchten.)

Ich frage mich, wann Sie Ihren Freunden über diese Strategie erzählen möchten, vielleicht früher **oder** später.

Manchmal kann es sein, dass, während Sie diese Zeilen lesen, Ihr rechter **oder** linker Fußzeh juckt **oder** leicht warm wird.

Eigenes Beispiel:

_____

_____

3. Vorannahmen des Bewusstseins

Wir appellieren auf sein Bewusstsein, dass etwas wahrgenommen wird. Die möglichen Schlüsselwörter können Sie natürlich verwenden:

○ denken, meinen, glauben, wissen, träumen, ahnen, bewirken, realisieren, wundern, bemerkt, fragen, erleben, wieder erwähnen, erfassen, wahrnehmen, in Betracht ziehen, abwägen, verstehen

Haben Sie schon **bemerkt,** welchen Nutzen Sie erhalten, wenn sie gleich damit beginnen werden? (Welchen Nutzen meinen wir, oder welcher meint Ihr Kunde?)

Können Sie schon **erahnen,** wie leicht Ihr Unternehmen mit unserem Produkt in der Zukunft unbegrenzte Möglichkeiten erhält?

Haben Sie schon **bemerkt,** wie erfolgreich Ihr Unternehmen sein könnte, während Sie die Vorzüge unsere EDV-Anlage betrachten?

Eigenes Beispiel:

_____

_____

4. Vorannahmen der Zeitsätze

Dieses Sprachmuster können Sie als Verbindungswörter oder am Anfang eines Satzes einsetzen. Während einer bestimmten Zeit wird etwas Besonderes geschehen, und dies wird eingeleitet durch die Wörter:

○ bevor, nachdem, seit, während, vorher, wenn, als

Möchten Sie das einzigartige Produkt noch einmal in die Hand nehmen, **nachdem** Sie erkannt haben, wie sich Ihre Zukunft verändern kann? (Wie verändert sich die Zukunft?)

Versuchen Sie, dem Gefühl des Erfolges zu widerstehen, **während** Sie alle Vorzüge des außergewöhnlichen Produktes erkennen.

Sie brauchen etwas Zeit, **bevor** Sie alle Vorteile unseres Produktes überblicken können, nicht wahr?

Eigenes Beispiel:

_____

_____

5. Vorannahmen der Veränderung

⊙ beginnen, fortfahren, aufhören, anfangen, schon nicht mehr, noch nicht, noch, früher oder später, zulassen

Sie werden **nicht mehr** wissen, wie die Einstiegskosten waren, wenn Sie in der Zukunft den Nutzen genießen. (Welcher Nutzen soll genossen werden?)

Während Sie die Pläne dieses Hauses sehen, können Sie **beginnen** sich vorzustellen, wie Sie darin wohnen.

Früher oder später können Sie es **zulassen,** Ihre Probleme fallen **zu lassen,** und in die erfolgreiche Zukunft blicken.

Eigenes Beispiel:

_____

_____

6. Vorannahmen der Adjektive und Adverbien

Adjektive (beschreiben die Eigenschaft von einem Substantiv, einem Hauptwort) und Adverbien (beschreiben die Eigenschaft von einem Verb) sind die Würze. Diese „Dekoration" ist ganz, ganz wichtig! Beispiele:

⊙ natürlich, einfach, unendlich, unbegrenzt, wiederholt, wirklich, meistens, wahrhaftig, normalerweise, viele, glücklicherweise, überraschend, erstaunlicherweise, leicht, erstaunt

Wären Sie erstaunt, wenn ich Ihnen jetzt noch weitere **unbegrenzte** Vorzüge unseres Produktes aufzeigen würde? (Welche Vorzüge?)

Erstaunlicherweise ist es **unendlich einfach, viel** mehr Umsatz mit unserem Produkt zu machen, weil es viele Möglichkeiten gibt, unser Produkt zu platzieren.

Glücklicherweise überrascht es mich nicht, wenn ich meine Kunden besuche und sie von ihren großartigen Erfolgen erzählen, weil sie **natürlich** rechtzeitig reagiert haben.

Eigenes Beispiel:

_____

_____

Den bewussten Verstand umgehen

Der Geschichtenerzähler

Es war einmal ein alter Mann, dem es große Freude bereitete, Geschichten aus seinem Leben zu erzählen. Die Menschen hörten ihm zu und glaubten, während Sie ihm lauschten, ihre eigene Geschichte zu hören. Zugleich fühlten sie sich dabei merkwürdig geborgen. Es half ihnen später, eigene Probleme, die denen in den Geschichten ähnelten, leichter zu lösen. Dies bestärkte einige der Zuhörer sogar, selbst Geschichtenerzähler zu werden. Als sie ihre eigene Geschichte vortrugen, entdeckten sie Geheimnisse, die sie jahrelang gequält hatten. Irgendwie fühlten sie sich jetzt befreit.

1. Gedanken lesen

Beim Gedankenlesen behaupten wir, dass wir über die Gedanken und Gefühle unseres Gesprächspartners informiert sind, ohne den Prozess genauer zu benennen, woher wir diese Informationen haben.

- Sie fragen sich vielleicht ...
- Sie werden bald ...
- Vielleicht sind Sie neugierig ...
- Vielleicht möchten Sie herausfinden ...
- Sie könnten sich fragen ...

Sie fragen sich vielleicht, wie viel Sie investieren sollten, um in der Zukunft noch mehr Kunden für Ihr Unternehmen zu gewinnen? (Wir tun so, als wüssten wir, was unser Kunde möchte.)

Vielleicht möchten Sie herausfinden, wie Sie in Ihrem Unternehmen noch effizienter und rentabler arbeiten können.

Vielleicht sind Sie neugierig zu erfahren, wie erfolgreicher Sie wären, wenn Sie schon seit Jahren mit diesen Sprachmustern arbeiten würden?

Eigenes Beispiel:

_____

_____

2. Eingebettete Fragen

Mit diesen eingebetteten Fragen sprechen Sie ja eigentlich mit sich selbst, und der Kunde hat die Wahl, zu antworten oder nicht. Es ist sehr nützlich, wenn Sie viele Fragen gestellt haben und Ihren Kunden nicht drängen wollen.

- Ich frage mich ...
- Ich weiß nicht, ob ...
- Ich möchte gerne wissen, ob ...
- Ich bin neugierig ...
- Ich wundere mich ...

Ich frage mich, ob Sie Ihre bevorstehenden Erfolge jetzt schon sehen können. (Wir gehen davon aus, dass er Erfolge hat, und sagen nicht, welchen Erfolg.)

Ich bin neugierig, wie sich Ihre Zukunft durch die hohe Rentabilität verändern wird.

Ich möchte gerne wissen, ob Sie die hohe Rendite in Ihrer Zukunft genießen werden.

Eigenes Beispiel:

_____

_____

3. Zitate

Eine wörtliche Wiedergabe einer Unterhaltung oder Aussage wird von dem Zuhörer bewusst so verarbeitet, als wäre sie an jemanden aus der Geschichte gerichtet. Das hat allerdings die Wirkung, als sei die Aussage direkt zu dem Zuhörer gerichtet, und er reagiert meist unbewusst darauf.

- Jemand hat mal gesagt:
- Herr Schmidt hat gesagt:
- Eine Frau sagte mal:

- Ein Kind hat gesagt:
- Einmal sagte eine Person:

Jemand hat mal gesagt: „Frage nicht, was ich für dich tun kann, sondern was kannst du tun, damit deine Fähigkeiten besser werden."

Man machte ein Interview mit Arnold Schwarzenegger und fragte ihn, welche von 10 Wiederholungen die wichtigste sei. **Er sagte**, die 11. Wiederholung ist die wichtigste und effektivste bei jeder Übung.

Herr Müller hat gesagt: „Man sollte dieses Produkt jetzt kaufen und sich auf die Zukunft freuen."

Die Presse hat geschrieben: „Wer jetzt nicht kauft, hat Pech gehabt."

Eigenes Beispiel:

_____

_____

Führungskräfte im Vertrieb, die immer nur verkaufen (müssen), haben ein hartes Los. Ob es sich nun um Konzepte gegenüber den eigenen Mitarbeitern handelt oder um tatsächliche Verkaufsgespräche bei wichtigen Schlüsselkunden, die ein persönliches Gespräch fordern. Erfolgreicher und glücklicher sind diejenigen, die „kaufen" lassen. „Sog statt Druck" lautet der Erfolgsgrundsatz, der mit dem Einsatz hypnotischer Sprachmuster auch erreichbar ist.

Verkaufshypnose
Hypnotische Sprachmuster haben im Gegensatz zur Hypnose keinen Anfang und kein Ende. Hypnose ist, wenn Sie, wie bei der Lektüre eines guten Buchs, die Zeit vergessen, bei einem spannenden Kinofilm kein Zeitgefühl mehr haben, wenn Sie bei den Liebesbotschaften Ihrer Freundin oder Ihres Freundes ins scheinbar Leere starren – das ist Trance, das ist auch Hypnose.

Ich will nicht, dass Sie jetzt einfach alle Menschen, die Ihnen begegnen, in einen Trance- und Hypnosezustand versetzen. Es geht darum, dass wir die Leute verzaubern, sie in eine Art angenehme Trance versetzen, bei der die Augen natürlich offen und der Verstand hellwach bleibt. Das ist tatsächlich dieses Modell und dieses Prinzip, das ich mit Ihnen erarbeiten will.

Metaphern

Wenn Sie Metaphern in einer Kommunikation verwenden, dann überzeugen Sie das Unterbewusstsein mit Wortbildern. Ziehen Sie eine Parallele mit dem, was sie aussagen wollen, mit zahlreichen und anschaulichen Bildern. Wortbilder sind Bilder, die mit Worten gemalt worden sind!

- statt: Sie haben Recht.
- besser: Sie haben ins Schwarze getroffen.

- statt: Vergleichen Sie gerecht.
- besser: Vergleichen Sie nicht Äpfel mit Birnen.

Die erste Möglichkeit, wie Sie mit Metaphern arbeiten, ist ganz einfach. Sie ziehen einen Vergleich mit der Beschreibung und einem Wortbild.

- Wenn Sie das erste Mal dieses Produkt in den Händen halten, ist es wie Schokolade. Sie können nie genug davon haben.

- Diese Strategie ist wie ein Zauberstock, Sie können Ihren Kunden einfach verzaubern.

- Wenn Sie mit diesem luxuriösen und einzigartigen Auto fahren, ist es, wie wenn Sie ein heißes Messer nehmen würden und eine Butter zerschneiden wollen. Es fährt sich butterweich.

Die zweite Möglichkeit: Sie verwenden ein ganzes System und ziehen immer wieder Vergleiche.

- Haus: Fundament, Wände, verschiedene Räume, Dach, Alarmanlage

- Diese EDV-Anlage ist wie ein Haus. Zuerst bauen wir Ihnen ein Fundament, das heißt ein einzigartiges Virenprogramm, dann sorgen wir für stabile Wände, damit jeder Mitarbeiter weiß, welche Richtung bzw. welchen Pfad er gehen muss, um seine Aktivität schnell zu erledigen. Dann richten wir verschiedene Räume ein, damit jeder Mitarbeiter weiß, wo sein Spielfeld ist. Wenn wir dann das Dach befestigt haben, haben Sie über alle Aktivitäten einen Gesamtüberblick. Zu guter Letzt bauen wir an Ihrem Haus eine Alarmanlage an, dass, falls ein Unbefugter die verschiedenen Räume betreten möchte oder sogar von extern jemand eindringen möchte, wir und Sie benachrichtigt werden und sofort Gegenmaßnahmen einleiten können.

Eigenes Beispiel:

Wie Sie erkannt haben, sind Metaphern wohl das beste und effektivste Instrument, um komplizierte Sachverhalte einfach und bildlich zu erklären.

○ Damit können Sie Ihre Aussage schlagkräftiger machen!

Geschichten
Geschichten haben eine mächtige Wirkung auf uns Menschen, Sie formen unsere Gedanken und Überzeugungen. Diese Art der Kommunikation bewirkt, dass alle Abwehrmechanismen und Filtersysteme, die jeder Mensch hat, umgangen werden. Das heißt, dass der Zuhörer sich in diese Geschichte unbewusst hineinversetzt und ohne seine Überzeugungen oder Glaubenssysteme wahrnimmt. Er denkt vielleicht, das ist ja nur eine Geschichte und hat nichts mit mir zu tun. Außer Sie erzählen eine so ähnliche Geschichte, dass der Gesprächspartner leicht erkennen kann, was Sie damit sagen möchten. Doch wenn Sie es schaffen, eine Geschichte zu erzählen, mit der Sie versteckte Botschaften weitergeben können, ist das ein mächtiges Instrument.

Selbst erlebte Geschichten
Gut, dass Sie das jetzt ansprechen, dass Ihnen das Seminar zu teuer ist (Verständnis, Vertrauen). Ich habe auch kürzlich in eine Fortbildung viel investiert und wusste nicht, ob es sich rentiert und ich die Kosten wieder hereinholen würde (ich setze mich ins gleiche Boot), doch ich habe nach dem Seminar bemerkt, wie viel mehr Kommunikationsfähigkeit ich dazugelernt habe und wie ich dadurch meinen Umsatz steigern konnte. Ich könnte mir vorstellen, dass es bei Ihnen genauso sein wird (Zukunftsprojektion).

Ich muss gestehen, dass es mein persönliches Traumauto ist. Wenn ich ganz entspannt zu Hause sitze, kann ich mich schon sehen, wie ich mit diesem Auto fahre, und Sie können sich diesen Traum jetzt erfüllen. Sie sind ein Glückspilz!!!

○ Erzählen Sie eigene Erfahrungen und Erlebnisse, dadurch werden Sie glaubwürdiger.

Geschichten von dritten Personen
Lassen Sie dritte Personen sprechen, somit greifen Sie Ihren Kunden nicht an, und er ist in keiner Abwehrhaltung.

Der Preis ist zu hoch. Sehr gut, Sie sprechen ein wichtiges Thema an, Herr Müller. Die Firma XY hat vor drei Jahren genau wie Sie gedacht. Die Firma XY hatte bis dahin drei Mitarbeiter gebraucht, um die Buchhaltung zu führen. Jetzt braucht die Firma nur noch eine Person, und die Software macht alles von alleine. Die Firma konnte ihre Kosten senken und ist über die Entscheidung sehr zufrieden.

Nach den Geschichten bringen Sie noch einmal Beweise. Beweisen Sie, dass Ihre Aussage 100%ig stimmig ist. Wenn Sie jetzt schon so lange gewartet haben, den Kunden richtig heiß gemacht haben und er das starke Verlangen hat, jetzt zu kaufen, dann haben Sie den richtigen Zustand Ihres Kunden erreicht. Ihre Überzeugungsfähigkeit ist so gewachsen, dass Sie schon förmlich sehen können, wie Ihr Kunde wartet, wie ein kleines Kind, dass ein Bonbon bekommt. Lassen Sie Ihren Kunden etwas zappeln und lassen ihn spüren, dass er das große Verlangen hat, jetzt das Produkt zu besitzen. Er soll Ihnen regelrecht den Auftrag aus der Hand reißen und darauf fiebern, diesen zu unterschreiben. Ihr Kunde muss so sicher sein, so ein gutes Gefühl haben und in einem absoluten Spitzenzustand sein, dass er sagt: Hören Sie auf, ich will jetzt endlich kaufen!

Ein Leitfaden für Ihre Sprachmuster

Sie werden jetzt verschiedene Satzfragmente sehen, mit denen Sie ganz einfach eine Überzeugungstrance gestalten können. Ihrer Fantasie sind keine Grenzen gesetzt, weil die individuelle Einsetzbarkeit so vielfältig ist.

Menschen können, wie Sie wissen ...
- Menschen können, wie Sie wissen, einfach eine elegante Lösung finden.
- Menschen können, wie Sie wissen, Möglichkeiten erkennen, bevor es andere Menschen feststellen, nicht wahr?

Personen können (Name) ...
- Personen können, Herr Müller, einfach eine schnelle Entscheidung treffen.
- Personen können, Frau Schmidt, mit gewissen Produkten erfolgreicher arbeiten.

Vielleicht bemerken Sie ..., während Sie ...
- Vielleicht bemerken Sie den Leistungsumfang unseres Produktes, während ich Ihnen alle Vorzüge präsentiere.
- Vielleicht bemerken Sie die höhere Rendite, nachdem Sie mit herkömmlichen Produkten verglichen haben.

Wahrscheinlich wissen Sie schon ...
- Wahrscheinlich wissen Sie schon längst, wie man noch mehr Kunden erreichen kann.
- Wahrscheinlich wissen Sie schon, wie einzigartig unser Produkt für Sie sein kann.

Ich weiß nicht, ob ...
- Ich weiß nicht, ob es für Sie wichtig ist, zu wissen, wie Ihr Unternehmen noch mehr Kosten sparen kann.
- Ich weiß nicht, ob Sie wissen, welche Vorzüge unser hervorragendes Produkt für Ihr Unternehmen bedeutet.

Versuchen Sie, zu widerstehen ...

○ Versuchen Sie, zu widerstehen, während Sie alle Vorteile unserer Strategie kennen lernen.

○ Versuchen Sie, zu widerstehen, nachdem Sie erfahren haben, wie einfach Sie Kosten einsparen können.

Es könnte sein, dass Sie ..., während Sie ...

○ Es könnte sein, dass Sie bemerken, wie sicher diese Geldanlage ist, während wir gemeinsam Ihre erfolgreiche Zukunft planen.

○ Es könnte sein, dass Ihr Unternehmen viel sicherer ist, während Sie mit unserer erstklassigen EDV-Anlage arbeiten.

Sie könnten bemerken ..., wenn Sie ...

○ Sie könnten bemerken, welchen Schutz Sie mit dieser erstklassigen Unfallversicherung haben, wenn Sie in einer unangenehmen Lage sind.

○ Sie könnten bemerken, wie wohltuend und einfach diese Strategie ist, wenn Sie tagtäglich diese in Ihrer Praxis umsetzen werden.

Ich könnte Ihnen sagen, dass ...

○ Ich könnte Ihnen sagen, dass diese Maschine Ihren Arbeitsprozess erleichtert, doch das werden Sie von selbst erfahren.

○ Ich könnte Ihnen sagen, dass eine effektive Werbekampagne Erfolg bringt, doch das wird die Zukunft beweisen.

Man könnte, wie Sie wissen ...

○ Man könnte, wie Sie wissen, heute schon von den Vorteilen profitieren.

○ Man könnte, wie Sie wissen, mehr Mitarbeiter zufrieden stellen, während Sie leichter verkaufen.

Vielleicht haben Sie noch nicht ...

○ Vielleicht haben Sie noch nicht erkannt, welcher Anzug am besten zu Ihnen passt.

○ Vielleicht haben Sie noch nicht erfahren, welche Neuigkeiten es auf dem Markt gibt?

Sie möchten vielleicht wissen ...

○ Sie möchten vielleicht wissen, wer effektive Möglichkeiten bietet, um Ihren Umsatz zu steigern.

○ Sie möchten vielleicht wissen, wie Sie noch mehr Kosten sparen können.

Früher oder später ...

○ Früher oder später werden Sie hören, wie gut diese Anlage ist, und dann werden Sie sich sagen, warum habe ich nicht früher damit begonnen.

○ Früher oder später haben Sie Ihre Einstiegskosten vergessen und sind dankbar, dass Sie rechtzeitig Ihr Depot eröffnet haben.

Ich würde Ihnen nie sagen, dass ...
- Ich würde Ihnen nie sagen, dass Sie es sehen und hören werden, wie Ihre zufriedenen Kunden gerne Ihr Unternehmen weiterempfehlen, denn das wird Ihnen die Zukunft zeigen.
- Ich würde Ihnen niemals sagen, dass Ihre Frau Ihnen zutiefst dankbar sein wird, wenn Sie diese Immobilie sehen würde, denn das werden Sie selber erleben.

Wie wäre es für Sie ...
- Wie wäre es für Sie, schon heute alle Vorzüge des neuen und exklusiven Produktes genießen zu können.
- Wie wäre es für Sie, schon jetzt eine Software zu besitzen, die Ihre Arbeit erleichtert und effektiver macht.

Was geschieht, wenn Sie ...
- Was geschieht, wenn Sie von Ihrem Mitbewerber erfahren würden, wie leicht und einfach die Anlage wäre.
- Was geschieht, wenn Sie erkennen, wie attraktiv unser Angebot ist.

Haben Sie nicht auch schon oft daran gedacht, dass ...
- Haben Sie nicht auch schon oft daran gedacht, dass sich gute Qualität auch bezahlt macht.
- Haben Sie nicht auch schon oft daran gedacht, dass das Beste gerade gut genug für Sie ist.

Ich frage mich, ob Sie ...
- Ich frage mich, ob Sie wissen wollen, wie entspannend so eine Lebensversicherung in der Zukunft sein kann.
- Ich frage mich, ob Sie sich jetzt vor Ihrem geistigen Auge vorstellen können, was Ihre Freunde und Bekannten sagen werden.

Es wurde mir erzählt, dass ...
- Es wurde mir erzählt, dass die Veränderung am Markt wenige Menschen bemerken würden und vielleicht, wenn wir schnell reagieren, Sie davon profitieren können.
- Es wurde mir erzählt, dass Menschen leichter entscheiden könnten, wenn Sie sich nur vorstellen können, wie Sie damit in der Zukunft arbeiten würden.

Wenn Sie erst einmal ..., dann ...
- Wenn Sie erst einmal die Stärken des Produktes gesehen haben, dann wird Ihnen der Schritt zur Investition leicht fallen.
- Wenn Sie erst einmal darüber nachgedacht und es sich bildlich vorgestellt haben, dann wird es für Sie selbstverständlich sein, damit zu arbeiten.

Möglicherweise haben Sie schon seit einiger Zeit ...

- ○ Möglicherweise haben Sie schon seit einiger Zeit daran gedacht, davon zu profitieren.
- ○ Möglicherweise haben Sie schon seit einiger Zeit erkannt, welche Vorteile Ihnen dieses Produkt in der Zukunft bringt.

Übungen:

- ○ Suchen Sie sich jede Woche 5 verschiedene Sprachmuster aus und schreiben Sie für jedes Sprachmuster 3 verschiedene Sätze auf.

- ○ Versuchen Sie bei Gesprächen, so vage wie möglich zu sein, damit keine Abwehrhaltung entsteht und Ihr Gesprächpartner immer zustimmt.

- ○ Schreiben Sie eine Überzeugungstrance auf, in die Sie viele Sprachmuster eingepackt haben. Tragen Sie es einem Freund oder einer Freundin vor und holen Sie sich so Feedback .

- ○ Schreiben Sie eine individuelle Metapher, um Ihr Produkt oder Ihre Dienstleistung so einfach wie möglich zu erklären.

- ○ Notieren Sie sich Geschichten, um damit Einwände zu entkräften.

Zusammenfassung
Step 8: Grundlagen der Verkaufshypnose

- ○ Sprachhypnose ist ein effektives Werkzeug, um dem Kunden ein Höchstmaß an Überzeugungs- und Begeisterungsfähigkeit zu vermitteln.
- ○ Vier Sprachmuster finden Ihre Anwendung: Tatsachen und Suggestionen verknüpfen, kunstvolle Vagheiten, persönliche Überzeugungskraft und den bewussten Verstand umgehen.
- ○ Entsprechende Redewendungen helfen dabei, eine Überzeugungstrance zu gestalten und Ihrem Kunden so ein Angebot zu unterbreiten, dass er ein unwiderstehliches Verlangen hat.
- ○ Geschichten in einer Kommunikation überzeugen das Unterbewusstsein.

3.9 Vom Testabschluss zum Abschluss

Während des Verkaufsprozesses sollten Sie sich zügeln, bis Sie zum Abschluss kommen. Der Abschluss ist etwas ganz Natürliches. Wenn Sie sorgfältig alle Schritte gegangen sind, müsste es so sein, dass Ihr Kunde richtig Hunger hat und gierig ist nach Ihrem Produkt. Genauso wie wenn er einen langen Marsch durch die Wüste gemacht hätte, mehrere Tage, sogar Wochen, und dann endlich Sie kommen und ihm Wasser anbieten. Genauso soll das Verlangen nach dem Abschluss sein. Aus diesem Grund nutzen wir den Testabschluss, um herauszufinden, wo wir in unserem Verkaufsprozess genau stehen.

Stellen Sie sich einmal vor, Sie würden eine lange Reise planen. Sie haben sich entschlossen, nach Italien zu fahren, mit Ihrem Auto. Sie packen alle Ihre Sachen ein und nehmen eine Karte mit. Sie wissen ganz genau, wo Sie hinfahren wollen. Sie steigen in das Auto, nachdem Sie sich kurz den Plan angeschaut haben. Sie wissen also ganz genau, wo A, Ihr Start, und wo B, das Ziel, ist. Jetzt stellen Sie sich vor, Sie fahren und fahren und fahren und würden die ganze Zeit nicht in diese Karte, in diesen Plan hineinschauen. Woher wissen Sie dann, dass Sie auf dem richtigen Weg sind? Woher wissen Sie dann, dass Sie wirklich an Ihrem Ziel ankommen? Die Landkarte dient dazu, um zwischendurch zu prüfen und zu testen, wo Sie momentan sind und welche Richtung Sie einschlagen müssen, damit Sie auch wirklich am Ziel ankommen.

Und genauso ist es mit dem Testabschluss. Der Testabschluss sollte permanent, immer wieder während des Verkaufsprozesses genutzt werden. Dieses Instrument ist für Sie eine wichtige Methode, um zu wissen, wo Ihr Kunde steht, in welchem Zustand er ist und wie seine Meinung zu Ihrem Produkt ist. Betrachten Sie den Testabschluss als Ihren Navigator, den Navigator durch Ihren gesamten Verkaufsprozess. Er zeigt Ihnen, welche Richtung Sie gehen müssen, um in Ihrem Kunden tatsächlich das größte und unbändige Verlangen zu entwickeln, damit er auch kauft.

Wichtig ist für Sie vor allem zu wissen, dass Sie einen Abschluss erst ganz zum Schluss machen, wenn Sie wirklich merken, dass der Kunde so weit ist. Die meisten Verkäufer machen immer wieder denselben Fehler und wollen den Abschluss viel zu früh durchsetzen. Dabei gibt es so viele hervorragende Werkzeuge, wie Sie immer wieder prüfen können, wo Sie stehen. Wenn Sie Ihre zauberhafte, verführerische Präsentation gemacht haben, der Kunde absolut überzeugt ist, Sie ihm gezeigt haben, wie er seine absolute Freude erlangen kann, dann können Sie durch einen Testabschluss überprüfen, ob er so weit ist. Dass der Kunde wirklich dieses Gefühl hat, mehrere Tage durch die Wüste gegangen zu sein und jetzt von Ihnen unbedingt dieses Wasser kaufen möchte. Dieses starke Verlangen, der unbändige Wille, jetzt kaufen zu wollen. Und dazwischen immer wieder der Testabschluss. Und genau darauf konzentrieren wir uns jetzt, auf den Testabschluss, Ihren Navigator. Das Navigationssystem bietet 4 Strategien, wie Sie Ihren Testabschluss hervorragend meistern können.

1. Der Testabschluss zur Eröffnung

○ Wie lange überlegen Sie sich schon … zu kaufen?
○ Sie überlegen sich also ernsthaft … zu besitzen?
○ Wann haben Sie sich entschlossen, XY zu besitzen?

Diesen Testabschluss zur Eröffnung können Sie fast gleich am Anfang des Verkaufsgespräches nutzen, um herauszufinden, wie wichtig seine Kaufentscheidung ist. Zusätzlich verdeutlichen Sie Ihrem Kunden, dass er sich wirklich Gedanken machen sollte. Und Sie versetzen Ihren Kunden in die Lage, dass er sich wirklich bildlich vorstellt, dieses Produkt zu besitzen. Er soll gleich von Anfang an und 100%ig in diesen Zustand kommen.

2. Der Testabschluss zur Meinung

Diese Art des Testabschlusses ist eine sanfte Möglichkeit, zu testen, was Ihr Kunde denkt, wie seine Meinung zu Ihrem Produkt ist.

○ Was meinen Sie dazu?
○ Wie finden Sie das?
○ Was sagt Ihr Gefühl dazu?
○ Was sagt Ihr Bauch?

Da Sie keine definitive Entscheidung von Ihrem Kunden erfragt haben, sondern nur nach seiner jetzigen Meinung gefragt haben, können Sie ohne weiteres seine Meinung noch weiter analysieren und dann gezielt argumentieren. Eine Meinung können wir immer ändern, es ist nur eine Meinung. Eine Tatsache hingegen können wir nicht ändern, außer wir ändern die Sichtweise bezogen auf die Tatsache.

3. Der Testabschluss Schmerz – Freude

Nutzen Sie diesen Testabschluss, um Ihrem Kunden aufzuzeigen, welche Gründe er hat zu kaufen und welche Schmerzen er erleiden wird, wenn er es nicht tut. Sie nutzen diese Art wie eine Waage. Auf die eine Seite kommen die Punkte, die der Kunde gerne vermeiden möchte, auf die andere Seite kommen die Punkte, die seinen absolut großen Nutzen, seine Freude widerspiegeln.

- Es würde sich lohnen ..., um ... zu besitzen.
- Sie wollen also X vermeiden, um tatsächlich Y zu besitzen?
- Sie bevorzugen also, Y zu vermeiden, um in den Genuss von X zu kommen, nicht wahr?
- Wenn wir XY vermeiden würden, dann würde es sich doch lohnen, XY zu besitzen?

Wenn die Freude nur groß genug ist, dann haben Sie einen Hebel, ein Instrument, mit dem Sie zwingende Gründe schaffen können, um den Kunden zum Abschluss zu bewegen. Und ihm genau zu verdeutlichen, wie sich auf einer Waage einmal die eine Seite und einmal die andere Seite nach oben oder unten bewegt. Und schließlich kann sich ja Ihr Kunde entscheiden, welche Seite ihm besser gefällt.

Das Schöne bei einem Testabschluss ist, falls der Kunde nein sagt, haben Sie immer noch die Chance nachzufragen. Das heißt, Ihre Informationsanalyse fortzusetzen. Und falls der Kunde tatsächlich ein Nein bringen sollte, dann sollten Sie sich ausruhen und sagen: Das ist schön, dass ich noch keinen Abschluss gemacht haben. Denn dadurch haben Sie einen Beweis, dass Ihr Navigationssystem funktioniert und Sie sicher in eine andere, sinnvolle Richtung lotsen wird. Selbstverständlich ist dies auch ein Signal für einen Spitzenverkäufer, herauszufinden, was wirklich die Gründe sind, indem er Fragen stellt, wie: Welche Gedanken haben Sie? Wie ist denn Ihre Meinung bis jetzt darüber? Ich habe Ihnen im vorigen Kapitel zahlreiche Möglichkeiten aufgezeigt, um weiterzufragen. Finden Sie die Werte und Überzeugungen Ihres Kunden heraus, wo seine Schmerzen, seine Problemzonen sind. Dann können Sie diesen Testabschluss später noch einmal tätigen.

4. Der Testabschluss zur Beschleunigung

Bevor Sie diese Frage stellen, sollten Sie definitiv wissen, in welchem Zustand Ihr Kunde momentan ist.

Beschleunigungsfragen

- Nur mal angenommen, wir könnten ... – würden Sie sich dann jetzt entscheiden können?
- Unter der Voraussetzung, dass ... – würden Sie sich heute entscheiden?
- Falls wir diesen Punkt geklärt haben, sind Sie dann damit einverstanden?
- Wenn wir diesen Punkt lösen könnten, würden Sie sich dann heute entscheiden können?
- Darf ich davon ausgehen, wenn wir diesen Punkt geklärt haben, dass wir den Vertrag heute abschließen können?

Somit wissen Sie jetzt, wo Sie stehen, Ihr Navigationssystem hat Sie durch den gesamten Verkaufsprozess geleitet. Wenn jetzt Ihr Kunde noch nicht

100-prozentig überzeugt ist, dann wissen Sie, Sie brauchen noch einige Überzeugungskraft. Holen Sie mehr Informationen und beginnen Sie wieder zu präsentieren und mehr Vorteile aufzusagen. Malen Sie Ihren Nutzen aus. Verwenden Sie alle Techniken, die Sie bis jetzt gelernt haben. Ihre Überzeugungskraft sollte durchdringend sein. Sie sollten unbedingt diese Werkzeuge benutzen, um zu wissen, wo Sie stehen. Es sollte Ihr Hobby werden, es sollte Freude und Spaß auslösen, immer wieder diese Werkzeuge zu benutzen. Diese Testabschlüsse werden für Sie ein Wunderwerkzeug sein, um tatsächlich herauszufinden, wie der Zustand Ihres Kunden ist. Somit wissen Sie, welche Überzeugungskraft Sie noch leisten müssen, um tatsächlich den Abschluss für den Kunden so schön und so herrlich wie möglich zu gestalten. Als einen Beschleuniger können Sie noch eins einsetzen. Sie können Beweise bringen. Bringen Sie noch Beweise, die Ihre Aussage untermauern. Wenn Sie jetzt eine Lust verspüren, gleich sofort in Ihrer Praxis verschiedene Testabschlüsse zu testen, dann werden Sie ein Künstler, dann werden Sie ein Meisterwerk und wahrlich Ihre absolute Überzeugungsfähigkeit so immens steigern, dass Sie sich wundern, welche Ergebnisse dieses Ihnen in der Zukunft bringt.

Jetzt wissen Sie, wie Sie Ihr Navigationssystem einstellen müssen, um wirklich zum Abschluss zu kommen. Freuen Sie sich jetzt schon, diese Strategien zu testen. Was meinen Sie: Würde es sich für Sie lohnen, dieses Buch einen Monat lang ganz intensiv durchzuarbeiten? Dadurch vieles noch besser zu verstehen und diese Techniken so zu beherrschen, um in der Lage zu sein, jeden Kunden zu überzeugen? Können Sie sich vorstellen, dass Sie dadurch viel schneller zu Ihrem Erfolg kommen und sich vielleicht Ihr ganzes Leben verändert?

Zusammenfassung
Step 9: Vom Testabschluss zum Abschluss

- Immer wieder ergibt sich im Laufe des Verkaufsgesprächs die Möglichkeit, zu überprüfen, ob der Kunde reif für den Abschluss ist.
- Der Verkäufer erfährt so, wie der Zustand des Kunden ist und welche Meinung er zum Produkt hat.
- 4 Strategien bieten sich für den Testabschluss an: zur Eröffnung, zur Meinung, Schmerz – Freude und zur Beschleunigung.

3.10 Die Vorstellungskraft aktivieren

Liebe Leser, stellen Sie sich bitte mal vor, Sie wären in einer Situation im Urlaub. Ein wunderschöner Sandstrand, auf dem Sie ganz fantastisch laufen können. Sie spüren den Sand zwischen Ihren Zehen. Sie können das Meer sehen und den Duft der Brandung riechen. Und vielleicht, wenn Sie so dahingehen, das Meer anblicken, spüren Sie sogar, wie die Sonne Ihre Haut streichelt, ganz sanft. Eine Frage an Sie, liebe Leser: Wie stellen Sie sich einen wunderschönen Urlaub vor? Viel Natur, viel Bewegung, klasse Wetter, nette Leute? Was meinen Sie, was ist stärker: Wenn ich meinem Kunden ausmale, was er mit dem Produkt alles machen kann? Oder – wenn der Kunde sagt, was er meint, was er mit dem Produkt alles machen kann?

○ Es ist 10-mal stärker, wenn der Kunde sagt, was er mit dem Produkt alles machen möchte!

Haben Sie sich nicht schon immer einmal gefragt, wie Sie den Nutzen für den Kunden besser darlegen können. Wie Sie effektiver damit arbeiten, dass der Kunde wirklich weiß, was er von Ihrem Produkt oder Ihrer Dienstleistung hat? Haben Sie schon einmal die Situation gehabt, dass Sie einem Kunden einen Nutzen darlegen wollten und er irgendwie den Nutzen gar nicht richtig greifen konnte. Der Kunde hat es nicht so deutlich verstanden, es war ihm nicht wichtig genug, oder er konnte sich nicht 100% hineinversetzen. Wenn Sie in der Vergangenheit vielleicht einmal Schwierigkeiten damit hatten, dann wird dieses Kapitel Ihnen einen neuen Horizont eröffnen. Sie werden eine neue Sichtweise, ein besseres Gefühl bekommen, und Sie werden hören, wie Ihr Kunde jetzt schon ja sagen wird. Ich weiß nicht, ob Sie schon sehen können, wie erfolgreich Sie in der Zukunft sein werden, wie leicht Sie Ihre Abschlüsse tätigen können, wie überzeugend Sie sein werden, wenn Sie mit diesen effektiven Strategien arbeiten.

Ich frage Sie: Wie wird sich Ihre Zukunft wirklich verändern, wenn Sie diese Strategien zu 100% beherrschen? Welche Chancen stecken tatsächlich in diesem großen Potenzial, wenn Sie es jetzt sofort anwenden? Wenn Ihre Erwartung, Ungeduld, Hoffnung und Ihre Wissbegier so hoch ist, dass Sie gleich anfangen wollen, damit wirklich erfolgreich zu arbeiten. Dann werden Sie den ersten Schritt machen und viel schneller Ihre Abschlüsse und Ihren Erfolg erreichen.

Die Strategie, wie Sie den Nutzen greifbar machen und eine Realität schaffen, ist wahrlich eine Goldgrube für außergewöhnliche Spitzenverkäufer, um dem Kunden sofort und schnell herausragende Lösungen zu präsentieren. Verstärken Sie die Vorstellungskraft Ihres Kunden in so einem Ausmaß, dass der Kunde sich zu 100% hineinversetzen und sich wahrlich sehen kann, wie er mit Ihrem Produkt arbeitet. Versetzen Sie ihn in die Zukunft, wo er dieses Produkt wirklich schon benutzt und er bereits klare Erfolge damit erreicht hat. Er muss wirklich sehen, was für einen großen Vorteil ihm dieses Produkt bringt. Es reicht nicht nur aus, Ihrem Kunden zu erzählen, dass er das bekommt, was er sich wünscht, wenn er Ihr Produkt/Ihre Dienstleistung kauft bzw. in Anspruch nimmt. Sie brauchen ihm nur das Gefühl (die Illusion) zu geben, es schon (heute) zu besitzen, weil unsere geistige Vorstellungskraft uns ZEHN Mal stärker beeinflusst, als es nur zu wollen.

Beispiele:
- Was werden Sie mit XY tun?
- Wenn Sie dieses XY anwenden, wie wird sich dann Ihr Leben verändern?
- Können Sie sich vorstellen, was Sie von XY profitieren?
- Was werden Sie mit XY alles verbessern?
- Wie würde sich Ihre Zukunft verändern, wenn Sie mit diesem Produkt arbeiten?

Jetzt muss es für den Kunden Realität werden, dass er mit Ihrem Produkt tatsächlich in der Zukunft arbeitet. Ihr Kunde muss tatsächlich sehen, wie er damit arbeitet, er muss es hören, er muss es fühlen und er muss es riechen, er muss es sogar schmecken. Ihr Produkt oder Ihre Dienstleistung ist genau das, worauf er die ganze Zeit gewartet hat. Er will Ihr Produkt kaufen, mehr als alles andere auf der Welt, was er sich wünscht. Er muss ein richtig fesselndes und starkes Verlangen spüren. Machen Sie den Kauf zwingend für den Kunden. Sorgen Sie dafür, dass alles real und greifbar wird. Der Kunde soll das Produkt hautnah erleben, er soll es regelrecht spüren. Und wenn er dieses Produkt kauft, dann hat er ein Paradies auf Erden. Und wenn er es nicht kauft, schmort er in der Hölle, grausame und schlechte Zeiten kommen auf ihn zu.

Entfesseln Sie die absolute Kraft und Mobilität des Kunden, damit er mit dem Kauf mehr Freude, mehr Spaß verbindet als Schmerzen, wenn er Ihr Produkt nicht kauft. Sorgen Sie dafür, dass das Absolute bei diesem Kunden entfesselt wird. Jetzt ist ein wichtiger Augenblick. Wenn Ihr Kunde sich nicht vorstellen kann, wie er in der Zukunft mit Ihrem Produkt arbeitet oder wie er es nutzt, dann ist die Wahrscheinlichkeit hoch, dass der Kunde das Produkt auch nicht kaufen wird. Er muss es erleben, er muss es fühlen, er muss 100-prozentig in diesem Gefühlszustand drin sein.

Durch Fragen den Zustand beeinflussen
Sicher können Sie sich noch an den Teil über das Zustandsmanagement erinnern. Und Sie wissen, dass eine Frage den Kunden in einen besonde-

ren Zustand versetzt. Das heißt, um den Nutzen greifbar zu machen, stellen Sie Ihrem Kunden eine Frage, wie zum Beispiel: Wie würde sich Ihre Zukunft verändern, wenn Sie mit diesem Produkt arbeiten? Diese Frage versetzt den Kunden in den Zustand, und er muss Ihnen mit seinen eigenen Worten erzählen, wie wundervoll und herrlich die Zukunft mit diesem Produkt für ihn ist. Sobald Sie anfangen, ihm immer wieder nur auszumalen, was er mit Ihrem Produkt alles erreichen wird, kann es sein, dass es nicht seine Worte, seine Bilder, seine Gefühle sind. Nicht die Wünsche des Kunden, sondern Ihre Wünsche. Bewegen Sie ihn jetzt, wo Sie kurz vor dem Abschluss sind, wo Sie nur noch eine Nasenspitze von Ihrem Ziel entfernt sind, Ihren Kunden dazu, dass er Ihnen mit eigenen Worten erzählt, wie seine Zukunft mit Ihrem Produkt aussieht.

Eigentlich hätten Sie ja schon viel früher zum Abschluss kommen können, wenn Sie eine hervorragende Präsentation gemacht und ihm alles hervorragend ausgemalt haben. Aber nein, Sie warten und aktivieren seine Vorstellungskraft. Sie versetzen ihn in die Zukunft. Sie lassen ihn regelrecht spüren, fühlen, sehen, riechen und schmecken, wie es in der Zukunft ist. Sie bestärken seine Entscheidung. Und wenn er endlich unterschreiben darf, ist er Ihnen dankbar und zutiefst berührt. Dieser Verstärker wird Ihren Kunden in eine Sphäre katapultieren, wo Sie sich wundern werden. Dieser Verstärker ist so ähnlich, als wenn Sie eine Lupe nehmen würden und die ganze Energie der Sonne auf einen Punkt fixiert wird. Genauso stark ist dieser Part. Hier bündelt sich noch einmal die gesamte Energie auf einen entscheidenden Punkt. Haben Sie viel Spaß beim Umsetzen dieser Strategien und freuen Sie sich auf das nächste Kapitel.

Zusammenfassung
Step 10: Die Vorstellungskraft aktivieren

- Der Kunde muss sagen, was er mit dem Produkt alles machen kann. Dadurch haben Sie als Verkäufer eine 10-mal höhere Glaubwürdigkeit.
- Geben Sie Ihrem Kunden das Gefühl, dass er schon heute im Besitz des Produktes ist. Er muss sich selbst wie in einem Film sehen.
- Stellen Sie Ihrem Kunden die richtigen Fragen, und er wird es fühlen, hören und sehen, wie er das Produkt benutzt.

3.11 Einwände sind versteckte Chancen

Dieses Thema ist wohl das reizvollste und eine wahre Herausforderung für jeden Spitzenverkäufer. Jeder Spitzenverkäufer liebt es, jetzt seine wahre Kunst zu demonstrieren. Sie warten regelrecht auf diesen Moment und haben Spaß daran, damit zu arbeiten. Damit auch Sie zum Spitzenverkäufer werden oder Ihre Fähigkeiten, mit Einwänden umzugehen, weiter verbessern können, werden Sie in dieser Lektion einige Strategien kennen lernen. Und wenn Sie diese Strategien beherrschen, dann werden Sie mit Sicherheit jeden Einwand, der auf Sie zukommt, mit einer Leichtigkeit und ganz spielerisch behandeln können. Wie ein Arzt eine Diagnose stellt und ein passendes Medikament dafür hat. Wie ein Golfspieler, der den passenden Schläger nimmt, um einen gezielten und richtigen Schlag zu realisieren. Wie ein Künstler, der die richtige Farbe nimmt, um ein harmonisches Bild zu gestalten. Genauso werden Sie vorgehen und eine passende Strategie haben. Wenn Sie einmal in die Zukunft blicken und plötzlich bemerken, wie Sie anhand der gelernten Strategien viel effektvoller und eleganter mit den Einwänden Ihrer Kunden umgehen können, dann fühlen Sie das Kribbeln im Bauch mit Sicherheit jetzt schon. Und Sie sind sicher neugierig darauf, wie Sie mit diesen Techniken in der Zukunft jeden Einwand effektiv behandeln können.

Ich frage mich, ob Sie in der Vergangenheit Schwierigkeiten mit Einwänden hatten? Ob Sie einmal bei einem Kunden waren und keinen Ausweg wussten, wie Sie auf einen Einwand am effektivsten reagieren. Vielleicht haben Sie deshalb sogar den Auftrag nicht bekommen und die Beziehung zum Kunden hat gelitten, nur weil Sie nicht wussten, wie Sie reagieren sollten. Ich weiß nicht, wie viele Aufträge Ihnen deshalb schon verloren gegangen sind. Und ich will mir erst gar nicht vorstellen, wie viel mehr Sie verdient hätten und wie erfolgreicher Sie gewesen wären, wenn Sie schon viel früher mit diesen Techniken gearbeitet hätten.

Der Einwand im Blickwinkel

Bevor ich aufzeige, wie diese Strategie funktioniert, betrachten wir erst einmal einen Einwand. Was ist ein Einwand? Sie müssen wissen, dass die Handlungen jedes Menschen, egal welchen Anschein es für uns hat, aus einer positiven Absicht heraus geschehen. Auch Ihr Kunde, der Ihnen gegenüber so offen ist, dass er Ihnen einen Einwand sagt, sagt es aus einer positiven Absicht. Seien Sie froh und dankbar, dass Ihr Gesprächspartner Ihnen so ehrlich sagt, was ihn stört. Was meinen Sie? Was ist das Gegenteil von Liebe? Ich weiß, die meisten Menschen würden jetzt sagen: Hass. Aber bei Hass ist immer noch ein Gefühl im Spiel. Das Gegenteil von Liebe ist Ignoranz, Gleichgültigkeit. Ignoranz ist viel schlimmer. Das ist das Schlimmste, was Sie einem Menschen entgegenbringen können. Hass kommt in den besten Familien vor. Wie oft streiten sich Ehepaare und hassen sich in diesem einen ersten Augenblick so, dass sie sich gleich scheiden lassen wollen? Doch lassen Sie sich sagen, sobald noch Hass im Spiel ist, ist auch noch eine gewisse Zuneigung da. Sobald Ignoranz da ist, ist meist nicht nur die Ehe, sondern in Ihrem Fall auch der Kunde verloren.

Eines Tages kam einmal ein Seminarteilnehmer zu mir und erzählte mir eine ganz interessante Geschichte. Er sagte, er war bei einem Kaufhaus, wo es Küchen gab, wunderschöne, exklusive Küchen. Und Sie wissen selbst, wie viel eine exklusive Küche kostet. Er erzählte mir, dass ein Paar gekommen ist und sich verschiedene Küchen angeschaut hat. Die Verkäuferin war sehr freundlich und zuvorkommend und hat sehr viele Fragen gestellt und sehr viele Küchen präsentiert. Sie hat ganz genau erklärt, was man alles machen kann und dass die Küche direkt für das Paar maßgeschneidert auch eingebaut werden kann. Das Pärchen war sehr solide und hat sehr wenig gesprochen. Sie haben sich ausschließlich ein paar Notizen gemacht und hörten der Verkäuferin aufmerksam zu. Die Verkäuferin hat sich richtig ins Zeug gelegt und hat jedes kleinste Detail erklärt, welche Maschinen die besten sind. Selbstverständlich hat Sie auch die Kosten aufgezeigt. Doch das Pärchen hat nicht viel gesagt. Keinen Widerspruch, keinen Einwand gebracht. Sie haben nur zugehört, sich Notizen gemacht und danach sind sie gegangen und haben diesen Laden verlassen.

Einige Zeit später kam ein anderes Ehepaar. Sie haben auch nach einer Küche gesucht. Die Verkäuferin war wieder sehr zuvorkommend und freundlich, hat alles erklärt und eine genaue Informationsanalyse gemacht, wie die Küche aussehen sollte, wie viel sie investieren wollen und aus welchem Material die Küche sein sollte, welche Farbe, welche Geräte und so weiter und so fort. Dieses Ehepaar aber war eher etwas „garstig". Die beiden haben sehr viele Fragen gestellt, und bei der Auswahl der Maschinen war keine recht. Doch zum Schluss fanden sie nicht nur passende Maschinen, sondern auch eine klasse Küche für dieses Ehepaar. Bei der Frage der Montage gab es am Anfang ebenfalls ein kleines Hindernis. Sie konnten sich nicht vorstellen, dass irgendwelche fremden Leute kommen und alleine in Ihrer Wohnung die neue Küche montieren. Weil Sie doch beide berufstätig sind. Doch auch dies konnte zu ihrer Zufriedenheit gelöst werden. Und die Verkäuferin hat sich gedacht: Wow, das war ein ziemlich schwieriger Fall. Dieses Ehepaar hat viele Fragen gestellt und sehr viele Einwände gebracht.

Eine Frage an Sie: Was denken Sie, welches Ehepaar hat tatsächlich gekauft? Selbstverständlich hat das zweite Ehepaar gekauft. Warum? Das zweite Ehepaar hat sich bildlich schon vorgestellt, wie sie diese Küche einrichten wollen. Sie haben sich wirklich Gedanken gemacht. Sie haben vor ihrem inneren Auge schon gesehen, wie die Küche aussehen sollte. Sie hatten genaue Vorstellungen. Die Einwände spiegelten regelrechtes Kaufinteresse wider. Wenn ein Kunde Ihnen keine Einwände entgegenbringt, dann heißt das so gut wie: Der Kunde hat zu wenig Interesse!

Wie sollten Sie Einwände ab dem heutigen Tag betrachten?

- Ein Einwand ist eine Frage.
- Ein Einwand ist ein Kaufsignal.
- Ein Einwand bedeutet, dass der Kunde sich bereits 100-prozentig ausmalt, wie er das Produkt nutzt, und sich auch schon vorstellt, wie er es kauft.

Es ist eine Chance, herauszufinden, was im Kopf Ihres Kunden vorgeht. Seien Sie dankbar für die Offenheit, für die Ehrlichkeit und dass er Ihnen sagt, welchen Einwand er hat. Er drückt so quasi seine Ängste aus. Und wer sagt schon freiwillig seine Ängste. Ein Einwand ist eine der besten Chancen, zum Abschluss zu kommen. Weil vielleicht nur noch ein kleiner Grund im Wege ist, um die Kaufentscheidung jetzt herbeizuführen.

So wird aus Angst Verständnis

Wagen wir jetzt einmal einen Blick, wie ein durchschnittlicher oder eher schlechter Verkäufer über einen Einwand denkt oder welche Gefühle er hat: Meistens hat er Angst oder er ist aufgeregt, enttäuscht oder er fühlt sich sogar persönlich angegriffen, unterlegen oder hilflos und ärgert sich. Manchmal sogar widerspricht er dem Kunden („Nein, was Sie da sagen, ist absolut falsch") oder versucht ihn eines Besseren zu belehren („Wissen Sie, ich würde Ihnen gerne einmal zeigen, wie Sie das richtig handhaben müssen"). Schlimmstenfalls greift er den Kunden persönlich an und verletzt dessen Gefühle: „Sie als Kaufmann haben sicherlich Probleme, diese hochtechnische Maschine zu verstehen, deshalb werde ich mich direkt an Ihre technische Abteilung wenden." Was empfindet der Kunde jetzt? Was hat unser Verkäufer erreicht? Der Kunde wird sich nunmehr, gelenkt von seinem Gefühl, eine mehr oder weniger negative Meinung bilden. Dabei vergessen diese Verkäufer meistens eines: Hier geht es immer um das Produkt und auf keinen Fall um ihn als Person. Wenn das Produkt ein Problem ist oder irgendetwas nicht in Ordnung ist, dann liegt das am Produkt und auf keinen Fall an dem Verkäufer. Der Verkäufer hat jetzt die Chance, dem Kunden eine neue Sichtweise darzulegen und anzubieten. Im Grunde genommen ist eine Einwandsbehandlung nichts anderes, wie dem Kunden eine neue Sichtweise anzubieten. Dies hat selbstverständlich mit Ihrer hohen Flexibilität zu tun, umso flexibler Sie mit Ihren Gedanken sind, umso leichter haben Sie es, Ihrem Kunden neue Sichtweisen anzubieten. Beginnen Sie also Ihre eigene Flexibilität zu trainieren, wie ein Sportler seine Sportart trainiert.

Wie Sie tatsächlich vorgehen werden, wird eine maßgeblich andere Situation sein. Weil Sie erkennen werden, welche Möglichkeiten und Chancen bestehen, mit einem Einwand umzugehen. Weil Sie sich freuen, Ihre Flexibilität und Ihr Können zu beweisen. Weil Sie jetzt zeigen können, aus welchem Verkäuferholz Sie geschnitzt sind. Sie kennen doch das Sprichwort: Bei einem Nein fängt das Verkaufen erst an.

Vor-Fokussierung

Entkräften Sie Einwände, bevor Ihr Kunde Sie formuliert. Verwenden Sie dafür die Vor-Fokussierungsstrategie. Diese Strategie ist sehr effektiv und wirkungsvoll. Sie kennen Ihre Kunden, Ihre Produkte oder Dienstleistungen und können vielleicht schon erahnen, welche Einwände kommen werden. Sie haben zwei Möglichkeiten: Erstens, Sie haben sich vorbereitet, warten, bis der Kunde diesen Einwand bringt, und entkräften ihn dann, oder Sie machen eine Vor-Fokussierung und entkräften den Einwand, bevor er ihn formuliert. Erzählen Sie eine Geschichte, in der der mögliche Einwand ein Vorteil war und einen viel höheren Kundennutzen beinhaltet hat.

Ein Beispiel: Bevor wir jetzt anfangen, über die Dienstleistung zu sprechen, muss ich Ihnen etwas erzählen. Vor einem Jahr haben wir eine ähnliche Firma wie Ihre beraten, die mehrere Filialen hatte. Am Anfang hatte der Firmenchef Bedenken, so eine Investition zu tätigen. Er meinte auch, dass die Kosten zu hoch wären. Ich erzählte ihm, dass sich die Investition nach ca. 3 Monaten rechnen würde. Da das Vertrauen sehr hoch war und verschiedene Referenzen und Ergebnisse vorlagen, begannen wir zusammen, dieses Projekt zu realisieren. Wir beschlossen, mit einer Filiale zu beginnen. Schon nach zwei Monaten waren die Kosten für die eine Filiale zusätzlich erwirtschaftet worden. Die Ergebnisse gegenüber den anderen Filialen waren deutlich besser. Der Firmenchef sagte nur: „Wir hätten mit allen Filialen gleichzeitig beginnen sollen." Was ich Ihnen damit sagen möchte, Herr XY, ist, dass wir schon mit mehreren größeren Firmen wie Ihrer gearbeitet haben.

Erklärung der Geschichte

Erstens haben wir Vertrauen aufgebaut und gesagt, dass wir auch Verständnis haben, wenn er (der Kunde) Bedenken hat.

Zweitens haben wir eine Parallele aufgebaut, damit er sich in der Geschichte wieder erkennen kann.

Drittens haben wir Beweise gebracht, dass wir mit ähnlichen Firmen gearbeitet und somit Referenzen haben.

Viertens haben wir mögliche Chancen und bei Nichtkauf Schmerzen, also mögliche Verluste, aufgezeigt.

Fünftens haben wir ein verstecktes Kommando eingebaut, um den Kunden zum Handeln zu bringen und alle seine Filialen gleichzeitig zu beraten.

Sechstens haben wir nicht über den Preis gesprochen, sondern nur gesagt, dass wir mit ähnlichen Firmen gearbeitet und gute Ergebnisse erzielt haben.

Wenn Ihr Kunde jetzt einen Preiseinwand bringt, brauchen Sie Ihn nur darauf hinzuweisen, dass die andere Firma damit enorme Erfolge erzielt hat, und erwähnen die Geschichte. Doch meistens ist die Geschichte so aussagekräftig, dass darüber gar nicht mehr gesprochen wird.

Einwandsbehandlungsstrategien

Sie werden jetzt verschiedene Strategien kennen lernen, und einige davon werden Ihnen sicher sehr leicht über die Lippen gehen. Es kann aber allerdings sein, dass Sie für die eine oder andere ein wenig Übung brauchen, um Sie in Ihrer Praxis einsetzen zu können. Doch wenn Sie diese Strategien beherrschen, werden Sie mit Sicherheit viel leichter Einwände behandeln können. Bevor Sie jedoch darangehen, beachten Sie bitte den entscheidenden und zugleich wichtigsten ersten Schritt im Umgang mit Kunden und ganz im Speziellen, wenn es um Einwände geht: Zeigen Sie Verständnis. Durch ein „Ich kann Sie gut verstehen" oder „Ihre Zweifel sind verständlich" ist schon so manche Situation rapide entschärft worden. Nicht zuletzt erhalten Sie oftmals nur so wieder den Zugang zum Ohr und Herzen Ihres Kunden.

Ein Freund ist jemand, in dessen Gegenwart du laut denken kannst.
Walt Disney

Erklärung

Zeigen Sie Ihren Kunden auf, warum der Preis, die Lieferzeit oder ein sonstiger Einwand nicht gerechtfertig sind. Manchmal will Ihr Kunde einfach nur etwas wissen und eine genaue Erklärung haben: „Sie haben natürlich Recht! Das ist schon eine Investition, und es werden sechs Mitarbeiter an ihrem Projekt arbeiten."

Spezifische Sprachmodelle

Wie Sie im vorhergehenden Kapitel gelesen haben, können Sie die versteckten Botschaften Ihrer Kunden erkennen, und Sie wissen, dass diese unbewusst Tilgungen, Generalisierungen und Verzerrungen anwenden. Durch das Erkennen von Universalaussagen, Bewertungen, Vergleichen, verlorenen Sprechern, unspezifischen Verben und unspezifischen Substantiven können Sie versteckte und unausgesprochene Überzeugungen erkennen. Hinterfragen Sie diese mit den angegebenen Fragen.

Die Hinterfragung der spezifischen Sprachmodelle

Universalaussage	Alle, immer, jeder, nie	Ausnahmen suchen
	Wir kaufen immer von Firma XY	Wirklich immer? Haben Sie schon mal woanders gekauft?
Bewertung	Sollte, muss, könnte, dürfte, notwendig	Grenzen überschreiten Was hindert Sie daran?
	Es muss eine 100-m²-Wohnung sein. Ich kann nicht kündigen.	Was würde passieren, wenn Sie eine Wohnung finden, die Ihnen gefällt und die keine 100 m² hat?
Vergleiche	Zu teuer, teurer, zu groß, größer Das Angebot ist zu teuer. Ein Mercedes ist besser.	Mit was wird verglichen? Im Vergleich zu was ist es zu teuer? Besser als was?
Verlorene Sprecher	Man, wir, die da Man kauft nicht im Sommer.	Wer ist der Sprecher? Wer sagt das? Wer ist man?
Unspezifische Verben	Ich werde meinen Chef dazu bewegen.	Wie wollen Sie ihn dazu bewegen? Was meine Sie mit bewegen?
Unspezifische Substantive	Die Effektivität sollte gesteigert werden.	Was meinen Sie genau mit Effektivität? Was verstehen Sie darunter?

Übung:

Suchen Sie sich vier verschiedene Einwände heraus, die in Ihrem Berufsalltag vorkommen, und entkräften Sie diese.

Kundeneinwand:

_____

_____

Verständnis:

_____

Einwandsbehandlung mit den spezifischen Sprachmodellen:

_____

Tilgung:

_____

_____

Generalisierung:

_____

_____

Verzerrung:

_____

_____

Bumerang-Strategie

Mit dieser Strategie werfen Sie den Einwand wieder zurück und geben ihm Nutzen oder eine andere Sichtweise. Verwenden Sie diese Sprachmuster als Leitfaden.

Genau aus diesem Grund sollten Sie heute die Immobilie kaufen. **Weil,** wenn Sie betrachten, dass es vor 5 Jahren einen Wertzuwachs von ca. 10% gegeben hat, dann ist diese Investition für Sie jetzt gerade richtig.

Gerade deshalb sollten Sie sich heute entscheiden, **weil** es im Finanzmarkt in schlechten Zeiten viel lukrativer ist, jetzt einzusteigen.

Isoliert betrachten

Hier weisen Sie darauf hin, dass es noch andere Betrachtungen gibt. Sie bringen Ihren Gesprächspartner dazu, dass er das gesamte Produkt sieht, weil die anderen Vorzüge vielleicht noch viel wichtiger für ihn sein können.

Wenn Sie den Preis **isoliert** betrachten, gebe ich Ihnen Recht. Wenn Sie die Sicherheit betrachten, die Ihnen die EDV-Anlage bringt, dann werden Sie langfristig viel mehr Geld sparen, als Sie sich jetzt vorstellen können.

Wenn Sie den Preis des neuen Autos **isoliert** betrachten, dann gebe ich Ihnen Recht. Wenn Sie jedoch bemerken, dass Sie mit diesem Fahrzeug viel weniger Benzin benötigen, dadurch enorm viel Geld einsparen und zusätzlich bessere steuerliche Vorteile haben, fahren Sie auf lange Sicht mit dieser Variante viel günstiger.

Gegenfragetechnik

Diese Strategie haben wir schon besprochen. Sie passt jedoch in diese Sammlung, aus diesem Grund hier eine kleine Wiederholung.

Was würden Sie denn an meiner Stelle sagen, um den Preis zu rechtfertigen?

Unter welcher Voraussetzung würden Sie die Lage der Immobilie als Chance betrachten?

Geschichten und Metaphern erzählen

Sie wissen ja inzwischen, was Geschichten und Metaphern bei uns Menschen bewirken. Zur Wiederholung: Mit einer Geschichte bzw. Metapher umgehen wir die gesamten Filtersysteme, Glaubenssätze und Überzeugungen des Kunden. Er nimmt sie einfach auf. Erzählen Sie eine Geschichte über einen anderen Kunden, von einer Firma oder von sich selbst. Und in dieser Geschichte legen Sie dar, dass er mit Ihrem Produkt die größten und die besten Vorteile hat, wenn er es jetzt kauft. Und ebenso zeigen Sie ihm durch eine Geschichte auf, welche großen Nachteile er hat, wenn er nicht kauft. Ein Beispiel:

Jetzt ist nicht die richtige Zeit, eine Immobilie zu kaufen?

Mein Onkel erzählt mir immer wieder die gleiche Geschichte: Wenn er nur damals die Immobilie gekauft hätte, dann wäre er jetzt ein reicher Mann. Möglicherweise fragen Sie sich: Warum hat er diese Immobilie nicht gekauft? Vielleicht hat ihm damals jemand den Rat gegeben, nicht zu kaufen, weil es noch nicht die richtige Zeit ist. Die Immobilie wurde damals für 30.000 DM verkauft. Und jetzt hat sie einen Wert von 500.000 DM. Das bedeutet für Sie, wenn man sich gründlich umsieht, alle nötigen Informationen gesammelt und dann (dank kompetenter Hilfe) das Richtige gefunden hat, ist es immer eine richtige Zeit, eine gute Immobilie zu kaufen.

Reframing – Umdeuten

Das heißt, Sie geben der Situation oder Sache einen neuen Rahmen. Der Kunde soll durch diese Situation eine neue Sichtweise erleben. Diese Strategie unterteilen wir in zwei Schritte. Im ersten Teil vom Reframing zeigen Sie Verständnis für seine Situation, um den Rapport bzw. das Vertrauen zu festigen. Im zweiten Teil liefern Sie Ihrem Kunden einfach eine neue Sichtweise. Um diesen Übergang elegant zu meistern, empfehle ich Ihnen Folgendes. Vielleicht haben Sie schon gemerkt, dass das Wort „aber" mit Vorsicht zu benutzen ist. Denn das Wort „aber" macht alles das, was Sie in einem vorigen Satz gesagt haben, zunichte.

Stellen Sie sich einmal vor, Ihr Kunde sagt: „Ich finde die Investition ein wenig zu hoch." Sie sagen: „Ich kann Sie verstehen, aber betrachten Sie, was für Möglichkeiten Ihnen es in der Zukunft bringt." Wenn Sie so antworten, dann brauchen Sie erst gar nicht zu sagen, dass Sie ihn verstehen, weil Sie es mit dem Wort „aber" zunichte gemacht haben. Sie zeigen also kein Verständnis für seine Sichtweise. Ganz im Gegenteil: Sie sind dann eigennützig und wollen, ohne zu hören, was Ihr Kunde sagt, gleich Ihre Sichtweise aufzeigen. Sie bauen somit Widerstände auf. Das heißt, Sie machen die Beziehung, die Sie davor aufgebaut haben, zunichte. Wenn Sie das Wort „und" verwenden, verknüpfen Sie die zwei Satzteile. Vermeiden Sie also Wörter wie:

○ aber, dennoch, trotzdem, obwohl, auch wenn, dann wiederum

und ersetzen Sie diese mit förderlichen Begriffen, die eine Beziehung aufbauen und festigen sollen, wie:

○ und, da, und so, während, darüber hinaus.

Verwenden Sie lieber Verbindungswörter, die ich Ihnen gerade genannt habe, um Ihren Rapport 100% zu festigen.

Was ist genau ein Reframing? Ein Reframing bedeutet, dem Sachverhalt einen neuen Rahmen geben. Beispiel: hoher Preis = mehr Qualität, längere Lieferzeit = längere Beobachtungszeit oder Überprüfungszeit. Wir unterscheiden zwei Reframingarten.

Kontext-Reframing bedeutet, dass etwas in einer bestimmten Situation, in der es passiert, von Nachteil sein kann. In einem anderen Kontext kann die gleiche Sache jedoch sehr positiv sein. Ein Beispiel: Eine Mutter beklagt sich, dass ihr Sohn sich immer wieder ständig in der Schule prügelt. Das heißt also: Der Sohn prügelt sich in der Schule. Jetzt verändern wir den Kontext. Man könnte sagen, ist es nicht gut zu wissen, dass ihr Sohn in der Lage ist, seine kleine Schwester zu schützen, und wenn sie auf dem Heimweg von der Schule irgendjemand belästig, sie auch schützen könnte.

Somit haben wir die Situation, also den Kontext, verändert. Was in der Schule das Prügeln war, was schlecht ist, kann in einer anderen Situation auch der Schutz sein, wenn er seine kleine Schwester auf dem Heimweg begleitet. Ein anderes Beispiel: Stellen Sie sich einmal vor, es wäre eine lange Trockenzeit und es würde die ganze Zeit nicht regnen. Der Bauer betet, dass es anfängt zu regnen, dass seine hart erarbeitete Ernte auf jeden Fall auch Früchte trägt. Plötzlich fängt es an zu regnen, und der Bauer freut sich. Im Gegensatz zum Bauunternehmen gleich um die Ecke, das eine große Jubiläumsfeier hat und dessen Fest wortwörtlich ins Wasser fällt. Neutral betrachtet ist der Regen weder schlecht noch gut. Es kommt darauf an, in welchem Kontext man den Vorgang betrachtet. Bei der Aussage „zu teuer" haben Sie durch das Kontext-Reframing immer eine Möglichkeit, einen anderen Kontext herzustellen. Diese Aussage lautet meistens so:

- Die Lage der Immobilie ist unattraktiv.
  Unattraktiv ist X.
- Ich fühle mich demotiviert.
  Demotiviert ist X.

Suchen Sie jetzt, wo das X nützlich ist? Der Inhalt bleibt! Fragen Sie sich: „In welchem Kontext (in welcher Situation) unter welchen Umständen wäre X nützlich?" Beispiel für Kontext-Reframing: Die Lage der Immobilie gefällt mir nicht. Antwort des Verkäufers: „Ja, ich kann Ihre Bedenken sehr gut verstehen. Bei einer Immobilie kauft man ja gleich die Gegend mit. Die Lage war vor etwa zehn Jahren wirklich etwas heruntergekommen, das stimmt. Wissen Sie, es ist zurzeit eines der schnellsten wachsenden Viertel, die ich hier kenne. Gerade weil man es beim ersten Anblick noch nicht erkennen kann, ist es ein Geheimtipp, und Sie werden in der kürzesten Zeit eine viel höhere Rendite für die Wohnmöglichkeit bekommen. Das heißt also, diese Immobilie wird eine Wertsteigerung haben, die im Verhältnis zu anderen Immobilien immens hoch ist." Analyse: schlechte Lage = ein Geheimtipp und höhere Wertsteigerung.

Stellen Sie sich einmal vor, Sie wären an einer großen Hauptstraße und hören sehr viele Schritte, weil viele Menschen herumlaufen. Nichts Ungewöhnliches, oder? Wenn Sie allerdings in einer anderen Situation wären, z. B. nachts alleine zu Hause, und Sie hören dann plötzlich Schritte, dann könnte es vielleicht Gefahr bedeuten. Und wenn Sie schon mal eine Erfahrung gemacht haben, wo bei Ihnen eingebrochen wurde, dann ist es wohl klar, dass Sie Angst bekommen würden. Oder?

Beim **Bedeutungs-Reframing** verändern wir die Sichtweise, die Situation bleibt die Gleiche. Stellen Sie sich einmal vor, man würde ein Gründstück sehen. Der Bauer denkt, was für ein herrlicher Anblick und eine ideale Möglichkeit, ein neues Feld zu bestellen. Für einen Architekten ist dieses

Grundstück wie gemacht dafür, ein großes Traumhaus darauf zu bauen. Für ein junges Paar ist es ein wunderschöner Ort, um ein Picknick zu machen. Für einen Piloten, der am Steuer eines kleinen Flugzeuges sitzt, dem bald das Benzin ausgeht, ist es eine hervorragende Gelegenheit, das Feld als Landeplatz zu nutzen. Und so gibt es noch viele andere Betrachtungsmöglichkeiten und Sichtweisen für immer das gleiche Feld.

Wenn Sie zum Beispiel ein reales Bild betrachten, könnten Sie sich fragen: Welche Emotionen will der Maler mit diesem Bild vermitteln? Was will er mit diesem Bild wirklich bewirken? Vielleicht sieht jeder etwas ganz anderes bei diesem Bild und hat eine ganz andere Wahrnehmung, was der Maler mit diesem Bild ausdrücken möchte. Man nimmt also eine andere Bedeutung wahr. Beim Bedeutungs-Reframing verändern wir den Inhalt der Bedeutung, weil eine Situation verschiedene Bedeutungen hat.

Sie können bei einer Situation die positive Absicht suchen und dies als Vorteil anbieten. Stellen Sie sich einmal vor, ein Junge oder ein Mädchen beklagen sich, dass alle Zukunftsvisionen von den Eltern kritisiert werden. Dann könnte die positive Absicht sein, dass die Eltern sich Gedanken über den Werdegang der Kinder machen und Ängste haben, dass etwas Schlimmes passiert und dadurch eine Enttäuschung entsteht. Sie könnten dann antworten und sagen: „Ist es nicht schön, zu wissen, dass deine Eltern sich Sorgen machen und dich vor schlimmen Erfahrungen schützen möchten?

⦿ Ich bin eine Frau, darum kann ich nicht so gut verkaufen.
  Y macht X.

Sie könnten sich fragen: Wie wäre es, wenn Y nun Z bedeutet? Die Verkäufer, die ich kennen gelernt habe, wollen alle immer nur ihren eigenen Vorteil haben. Verkäufer ist Y. Ihr eigener Vorteil ist X. Jetzt können Sie X eine andere Bedeutung geben. Beispiel: Das Auto ist in einem schlechten Zustand. Verkäufer: Sie haben Recht, und darum führe ich Ihnen dieses Auto auch vor. Der Motor und die wichtigsten Teile des Autos sind in einem hervorragenden Zustand. Das Auto selber benötigt vielleicht kosmetische Korrekturen. Erfahrene Verkäufer erkennen dieses Schnäppchen. Wenn Sie die kosmetischen Verbesserungen vorgenommen haben, hat dieses Auto einen viel höheren Wert gewonnen.

Ärger dich nicht darüber, dass der Rosenstrauch Dornen trägt, sondern freu dich darüber, dass der Dornenstrauch Rosen trägt.
Arabisches Sprichwort

Übungen:

1. Üben sie als Erstes ein „Ein-Wort-Reframing", um Ihre Flexibilität zu trainieren, z. B. verantwortlich = stabil, engstirnig oder sparsam = vorsichtig,geizig oder freundlich = nett, naiv.

Spielerisch

_____

Rücksichtsvoll

_____

Herrisch

_____

Engstirnig

_____

2. Reframen Sie die folgenden Sätze:

Bei einer Reklamation schreien mich die Kunden immer an.

_____

Unser Vertriebsleiter macht immer zu viel Druck.

_____

Wir müssen dieses Jahr 20% mehr Einkommenssteuern bezahlen.

_____

Dieses Jahr können wir uns nichts leisten.

_____

3. Nehmen Sie Ihre vier häufigsten Einwände und reframen Sie diese.

_____

_____

_____

_____

SOM-Strategie

Die SOM-Strategie nennt man ausgesprochen Sleight of Mouth. Sie kommt aus dem Amerikanischen und heißt wörtlich ausgesprochen: verblüffende Geschicklichkeit mit dem Mund bzw. der Sprache. Wie ein Zauberkünstler mit seinen Händen seine Geschicklichkeit demonstriert, demonstriert der NLS-Seller seine Fertigkeit mit der Sprache. Das Herzstück dieser Strategie ist das Reframing, mit dem in verschiedenen Ebenen ein neuer Rahmen definiert wird.

Bei der SOM-Strategie haben wir vier Arten:

Anderes Ziel:

Stellen Sie sich die Frage, was ist für Ihren Kunden ein lohnenswerteres Ziel als ...?

○ Es geht nicht um ..., sondern um ...
○ Die Frage ist nicht ..., sondern ...

Ein Beispiel: Es geht Ihnen doch gar nicht um den Preis, sondern darum, welche Qualität Sie langfristig davon haben. Die Frage ist nicht, wie viel Sie monatlich investieren müssten, sondern was Sie bei einem Schadensfall erhalten.

Zeigen Sie Ihrem Kunden, dass er im Grunde genommen ein ganz anderes und für ihn lohnenswerteres Ziel ansteuert.

Konsequent sein:

Den Gedanken konsequent zu Ende denken. Was passiert zum Beispiel nach fünf Jahren? Lassen Sie den Film bis zum Ende durchlaufen.

○ Das heißt, Sie ...
○ Dann werden Sie ...
○ Dann dürfen Sie ...

Ein Beipiel: Das heißt also, Sie wollen die andere Software-Anlage nehmen und mit dem Gedanken oder der Angst leben, dass vielleicht die Sicherheit

Ihres Unternehmens sehr stark minimiert ist und im schlimmsten Fall ein Virus Ihr Unternehmen erwischt. Dann dürfen Sie sich nicht wundern, wenn die Immobilienpreise innerhalb von fünf Jahren um 10% steigen und die Zinskosten bei einer guten Wirtschaftslage auch höher werden.

Bei dieser Strategie können Sie Ihrem Kunden aufzeigen, was passieren wird, wenn er Ihr Produkt nicht kauft, und welche Konsequenzen Sie auf langfristige Sicht sehen.

Positive Absicht:
Welche positive Absicht verfolgt Ihr Kunde. Fragen Sie sich, was gewinnen Sie?
- Ihr Ziel ist also ...
- Wenn ich Sie richtig verstanden habe, möchten Sie ...
- Ihr Ziel ist es also, heute und in der Zukunft so geringe Kosten wie möglich zu haben.

Ein Beispiel: Wenn ich Sie richtig verstanden habe, möchten Sie langfristig so günstig wie möglich eine Immobile erwerben?

Zeigen Sie Ihrem Kunden auf, welches Ziel er mit Ihrem (neuen) Produkt wirklich in der Zukunft erreichen wird und was für ihn dadurch angenehmer wird.

Hierarchie der Werte:
Welches ist der höhere Wert?
- Ist es nicht wichtiger, dass ..., als zu ...
- Wollen Sie nicht lieber ..., als ...

Ein Beispiel: Wollen Sie nicht lieber jetzt ein wenig mehr investieren, als in der Zukunft viel höhere Kosten zu bezahlen? Ist es nicht wichtiger, dass Sie eine viel höhere Sicherheit in der Zukunft genießen, als in der Zukunft unsicher zu leben?

Bei diesem Punkt suchen wir den höheren Wert und zeigen dem Kunden diesen nochmals auf.

Beispiele:
Einwand: Die monatlichen Kosten sind mir zu hoch, weil die momentane Wirtschaftslage unsicher ist.

Anderes Ziel: Die Frage ist nicht, wie viel Sie monatlich investieren müssten, sondern dass Sie bei einem Schadensfall einen unbegrenzten Schutz haben.

Konsequent sein: Das heißt also, Sie wollen wegen der momentanen Wirtschaftslage monatlich weniger investieren und mit dem Gedanken oder

der Angst leben, dass vielleicht Ihre persönliche Sicherheit sehr stark gefährdet ist und Sie im schlimmsten Fall sogar zum Sozialfall werden.

Positive Absicht: Ihr Ziel ist es also, monatlich ein angenehmes Preis-Leistungs-Verhältnis zu haben und Ihrer Familie den größtmöglichen Schutz zu bieten.

Hierarchie der Werte: Ist es nicht wichtiger, dass Sie eine viel höhere Sicherheit in der Zukunft genießen, als unsicher zu leben?

Eigenes Beispiel:

Einwand:

_____

_____

Anderes Ziel:

_____

_____

Konsequent sein:

_____

_____

Positive Absicht:

_____

_____

Hierarchie der Werte:

_____

_____

Bedenkzeit
Wenn Ihr Kunde zum Beispiel sagt: „Das will ich noch mit meiner Frau besprechen" oder „Das muss ich noch mit meinem Chef besprechen", kön-

nen Sie einen letzten Versuch starten, um ihn tatsächlich dazu zu bewegen, heute zu unterschreiben. Sie könnten Ihrem Kunden z. B. ungefähr so antworten: „Ich kann Sie gut verstehen und hätte für Sie eine Empfehlung. Wie lange meinen Sie, benötigen Sie, um eine Entscheidung zu treffen? 3 Tage? 4 Tage?" Kunde antwortet: „3 Tage." „Gut. Sie bestätigen heute den Auftrag, und ich lege es für 4 Tage auf Option. Wenn Sie in dieser Zeit merken, dass Sie Ihre Entscheidung noch einmal überdenken möchten, dann rufen Sie uns kurz an, und ich storniere diesen Auftrag sofort. Wenn ich von Ihnen bis dahin keine Antwort bekommen habe, dann gebe ich den Auftrag weiter zur Auftragsabteilung. Das ist einfach für Sie und einfach für uns. Wissen Sie, es ist viel einfacher, über eine gemachte Entscheidung nachzudenken, als darüber nachzudenken, diese Entscheidung zu treffen. Machen Sie diesen Schritt ohne Verpflichtung, und Sie können in aller Ruhe in sich hineinfühlen und herausfinden, ob es auch das Richtige für Sie ist."

Neun Schritte, wie sie jeden Einwand entgegenkommen können

1. Hinhören
Hören Sie zu, denn Ihr Kunde sagt ganz genau, was er haben möchte. Seien Sie offen und zeigen Sie Verständnis mit Ihrer ganzen Körperhaltung. Wo Worte selten sind, haben sie Gewicht.

2. Zeigen Sie verbales Verständnis
Sagen Sie zum Beispiel: „Das ist ein wichtiger Punkt, den Sie da ansprechen. Das kann ich akzeptieren, wenn Sie es jetzt noch so sehen. Ich verstehe ihre jetzige Meinung. Ich weiß zu schätzen, dass ... Ich merke, ich spreche mit einem Fachmann." Dieser zweite Schritt symbolisiert Ihren Respekt und Ihr Verständnis. Dieser zweite Schritt dient dazu, Anerkennung und Lob zu geben, für seine Äußerung, für seine Offenheit, für seine Ehrlichkeit. Dieser zweite Schritt dient dazu, Rapport aufzubauen, also die Beziehung zu festigen. Selbstverständlich können Sie in diesem zweiten Schritt auch eine kleine Geschichte erzählen, um das Verständnis auszudrücken.

> *Ich kann einen anderen erst richtig verstehen, wenn ich einige Meilen in seinen Mokassins gelaufen bin.*
> *Indianische Weisheit*

3. Den Einwand in eine Frage umwandeln

Meinen Sie wirklich, dass der Preis zu hoch ist? Meinen Sie wirklich, dass die Lage der Immobilie nicht in Ordnung ist? Die Geldanlage ist zu unsicher? Die monatliche Investition ist zu hoch? Es kann sein, dass sich der Kunde nach dieser Frage noch einmal Gedanken macht und vielleicht den Einwand nicht länger als Einwand betrachtet.

4. Hinterfragen Sie den Einwand

Versuchen Sie zu verstehen, aus welchen Gründen der Kunde diesen Einwand bringt. Wir wissen beide, dass Sie Ihre Gründe haben, das jetzt so zu sehen. Was ist der Grund? Nur Sie kennen Ihre persönliche Situation. Können Sie mir sagen, weshalb Sie so denken? Was ist der Grund? Was ist die positive Absicht?

5. Den Einwand zum letzten Einwand machen

Gibt es noch weitere Gründe, die Sie davon abhalten, sofort zu kaufen? Gibt es sonst noch etwas, dass Sie zögern lässt? Gibt es außerdem noch etwas, dass Sie davon abhält. Beim fünften Schritt machen wir den Einwand zum letzten Einwand und unterscheiden zugleich einen Einwand von einem Vorwand. Falls Sie merken, dass da ein anderer Einwand kommt, dann gehen Sie wieder hoch zu Schritt Nr. 2; ansonsten machen Sie weiter bei Schritt Nr. 6.

6. Wenn-dann-Testabschluss

Wenn wir diesen Punkt für Sie lösen, dann würden Sie sich heute entscheiden können. Wenn ich Ihnen aufzeigen könnte, welche Vorteile es hat, dann würden Sie mit Sicherheit zustimmen, oder?

7. Einwandsbehandlungsstrategien

Sie haben viele verschiedene Einwandsbehandlungsstrategien kennen gelernt. Nehmen Sie die passende Strategie, um Ihren Einwand zu behandeln.

8. Nutzen geben

Benutzen Sie alle Ihre Fähigkeiten, die Sie bis jetzt gelernt haben: Verkaufshypnose, Verkaufslinguistik und malen Sie Ihrem Kunden aus, welchen großen Nutzen er hat, wenn er es so macht, wie Sie es ihm angeboten haben und empfehlen. Sie könnten sagen: Das bedeutet für Sie ... das erhöht Ihre ... das ermöglicht Ihnen ... das schafft Ihnen ...

9. Den Testabschluss einleiten, den Abschluss suggerieren

Machen Sie es fest und kommen Sie ans Ziel. Sagen Sie: Jetzt haben wir es. Oder: Es ist doch O.K. so für Sie? Oder: Sie wollen doch von diesem XY (Nutzen) profitieren? Oder Sie bauen bei diesem Part nochmals den Nutzen ein, den er davon hat. Und fragen Sie ihn, ob er diesen Nutzen tatsächlich auch haben möchte. Zum Beispiel: Ihnen ist doch die höhere Sicherheit der EDV-Anlage wichtig, oder?

Im nächsten Kapitel werden Sie mehrere Strategien kennen lernen, wie Sie den Abschluss ganz einfach und wirklich sehr elegant erzielen können. Seien Sie gespannt und neugierig, und vielleicht haben Sie den Drang, jetzt noch viel schneller zu lesen als bisher.

Beispiele, wie Sie Einwände entkräften können:
Einwand: Es ist ein stolzer Preis für dieses Produkt.

Verständnis: Ich kann Sie gut verstehen, dass Sie das noch so sehen.

Frage umwandeln: Sie finden, das ist ein stolzer Preis?

Hinterfragen: Selbstverständlich haben Sie gute Gründe, weshalb Sie das so sehen. Würden Sie mir sagen, welcher Grund für Sie der entscheidende ist?

Weitere Gründe: Gibt es noch weitere Gründe, die Sie jetzt noch vom Kauf abhalten würden?

Wenn-dann-Lösung: Das heißt also, wenn ich Ihnen aufzeigen würde, dass der Preis gerechtfertigt ist und Sie sehr gute Qualität dafür bekommen, dann würden Sie sich für den Kauf entscheiden können?

Einwandsbehandlung: Es werden ca. fünf Mitarbeiter mit der Realisierung Ihrer Ziele beschäftigt sein, und Herr Müller, es geht Ihnen doch gar nicht um den Preis, sondern viel mehr geht es Ihnen doch um eine erstklassige Qualität, nicht wahr?

Nutzen: Die schnelle und qualitative Realisierung Ihres Projektes ermöglicht Ihnen, langfristig Kosten zu sparen und zusätzlich Ihren Gewinn zu maximieren.

Testabschluss: Das wollen Sie doch, oder? Gut, dann machen wir es.

Übung:
Nehmen Sie Ihre fünf häufigsten Einwände und entkräften Sie diese.

Kundeneinwand:

_____

_____

1. Hinhören

2. Verständnis

_____

_____

3. Frage umwandeln

_____

_____

4. Hinterfragen

_____

_____

5. Weitere Gründe?

_____

_____

6. Wenn-dann-Lösung

_____

_____

7. Einwandsbehandlung

_____

_____

8. Nutzen

_____

_____

9. Testabschluss

_____

_____

Zusammenfassung
Step 11: Einwände sind versteckte Chancen

○ Einwände sind echte Herausforderungen für den Verkäufer, um zu zeigen, dass er sein Hand- und Mundwerk auch versteht.
○ Einwände sind Fragen (an den Verkäufer) und eindeutige Kaufsignale.
○ Neun Schritte helfen Ihnen dabei, mit Einwänden richtig umzugehen: hinhören, verbales Verständnis zeigen, den Einwand in eine Frage umwandeln, hinterfragen, zum letzten Einwand machen, Wenn-dann-Testabschluss, Einwandsbehandlungsstrategien verwenden, Nutzen bieten, Abschluss suggerieren.
○ Beim Reframing geben Sie einer bestimmten Situation einfach einen anderen Rahmen. Der Kunde hat so die Möglichkeit, alles aus einer anderen Perspektive zu betrachten.
○ Bei der SOM-Technik beweisen Sie, dass Sie ein Meister der Sprache sind. Mit Ihrem Slight of Mouth zaubern Sie mit der Sprache.

3.12 Abschluss leicht gemacht, Zukunft sichern

Jetzt kommen wir zum Schluss, dass heißt zum Abschluss. Oder soll ich besser sagen, wir beginnen jetzt mit dem Anfang, mit dem Start einer langen und erfolgreichen Kundenbeziehung. Denn der Abschluss ist erst der Anfang einer langen Beziehung und ein ganz natürlicher Prozess. Wenn Sie alle Punkte, die ich Ihnen bis zu diesem Zeitpunkt erklärt habe, aufgenommen haben, die Übungen durchgeführt und das Wissen so verankert haben, dann wird der Abschluss für Sie nur eine logische Folge sein.

Welche Schwierigkeiten können bei einem Abschluss auftauchen? Was würde passieren, wenn Sie ganz wichtige Aspekte beim Abschluss einfach weglassen würden? Sie werden nach dieser Lektion mit Sicherheit zukünftig Ihre Abschlüsse viel einfacher und leichter tätigen. Sie werden lernen, wie Sie bei einem Abschluss so effektvoll vorgehen und mit den Strategien umgehen, dass Sie tatsächlichen den Kunden verzaubern und der Kunde unbedingt abschließen möchte. Ihr Kunde hat das enorme Verlangen, endlich abzuschließen. Am besten wäre es doch, wenn der Kunde zu Ihnen kommt und sagt: „Jetzt möchte ich es gerne haben!"

Können Sie sich schon vorstellen, wie sich Ihre Zukunft verändern wird, wenn Sie diese effektiven Techniken vollkommen beherrschen? Können Sie schon sehen, wie Ihr Bankkonto langsam oder schnell beginnt anzuschwellen? Stellen Sie sich einmal vor, Sie haben einen harten, langen Arbeitstag hinter sich und hatten wirklich keine Zeit gefunden, etwas zu essen. Am späteren Abend kommen Sie nach Hause, und Ihre Frau oder Ihr Mann hat etwas ganz Herrliches zum Essen gemacht. Alleine beim

Anblick läuft Ihnen schon das Wasser im Munde zusammen. Es ist Ihr Lieblingsessen. Und Sie freuen sich auf die Belohnung, weil Sie so intensiv und hart gearbeitet haben. Haben Sie nicht Lust, sich sofort auf das Essen zu stürzen und gleich zu beginnen. Genau so und nicht anders wird das Gefühl sein, wenn Sie bei einem Kunden zum Abschluss kommen. Und Ihre Fähigkeiten und Fertigkeiten werden Sie tragen.

Wenn Sie jetzt neugierig und ungeduldig sind und gerne wissen wollen, wie Sie denn nun Ihren nächsten Abschluss effektvoll tätigen können, dann werden Sie ganz interessante, neue Erkenntnisse gewinnen und sich vielleicht wundern, wie sich Ihre Zukunft ganz schnell verändert. Ihre erwartungsvolle Haltung wird die Fähigkeit um ein Vielfaches erhöhen. Woran erkennen Sie, wann der Kunde so weit ist? Wann ist der richtige Zeitpunkt, den Abschluss zu tätigen? Denn was ganz wichtig ist, Sie dürfen niemals abschließen, bevor der Kunde so weit ist. Sie sollten eindeutige Kaufsignale erkennen können, und dann erst beginnen Sie mit dem Abschluss. Wenn Sie zu früh damit beginnen, kann ich Ihnen keine Garantie geben, dass Sie den Abschluss auch wirklich tätigen. Ihre Fähigkeit, Kaufsignale zu erkennen, ist unwiderruflich ein maßgeblich wichtiger Punkt. Welche Kaufsignale kennen Sie und welche möchten Sie noch in Ihr Repertoire aufnehmen?

Körperliche Kaufsignale leicht erkennen

○ Der Kunde entspannt sich. Sie können merken, dass seine gesamte Muskulatur ganz entspannt wird, weil er sich sicher ist, wie er sich entscheiden möchte. Am besten erkennt man diese Entspanntheit am Gesicht und der lockeren Nacken- und Schultermuskulatur.

○ Seine Körperhaltung wird systematischer. Das heißt, er sitzt oder steht aufrecht und hat keine Schräghaltung oder andere Abweichungen von der Körperhaltung.

○ Seine Augen fangen an zu glänzen. Wie bei einem kleinen Kind, das ein Geschenk bekommt, erkennen Sie, dass die Augen anfangen zu glänzen.

○ Die Pupillen werden größer, sie weiten sich. Das heißt, seine Wahrnehmung ist geschärft.

Sprachliche Kaufsignale leicht erkennen

○ Der Kunde fragt nach Einzelheiten über Ihr Produkt, weil er sich jetzt vorstellen kann, dieses Produkt tatsächlich zu kaufen. Er versetzt sich also in den Zustand, es jetzt schon zu besitzen, und aus diesem Grund fragt Ihr Kunde nach Einzelheiten.

- Er vergleicht das Produkt, um vielleicht die Vorteile Ihres Produktes zu erkennen.

- Er fragt nach Zusatzprodukten. Welche Wahlmöglichkeiten oder zusätzliche Möglichkeiten hat er, dieses Produkt zu erweitern.

Eine Aktion vom Kunden erkennen

- Er zeigt Ihnen etwas Vergleichbares oder zeigt Ihnen, wie er Ihr Produkt einsetzen wird.

- Ihr Kunde wird besonders nett und sehr freundlich. Er streckt Ihnen seine geöffneten Hände entgegen. Er kratzt sich am Kinn und überlegt. Seine gesamten sprachlichen Äußerungen belaufen sich aus einer ganz anderen Sichtweise. Ihr Kunde spricht jetzt schon so, wie wenn er das Produkt besitzen würde oder was er damit alles machen könnte.

Stellen Sie sich einmal vor, Ihre Fähigkeit zu verkaufen ist immens gestiegen. Ihre Firma gibt Ihnen einen Bonus, eine Gratifikation, weil Ihre Leistungen so herausragend gut geworden sind, dass Sie weit höhere Ziele als alle anderen Verkäufer erreichen. Ihr Bonus ist, einen Tag mit einem Kunstflugzeug mitzufliegen. Keine Angst, Sie fliegen nicht selbst, Sie dürfen nur hinten drinsitzen und den Kunstflug genießen. Jetzt stellen Sie sich einmal vor, Sie gehen an diesem ganz besonderen Tag zum Flugplatz. Der Pilot erwartet Sie, begrüßt Sie mit offenen Armen und sagt zu Ihnen: „Sie werden heute etwas Wunderschönes erleben." Der Pilot weist Sie ein und sagt, was Sie alles beachten sollen. Sie haben eine passende Kleidung, die bei diesem interessanten Flug notwendig ist, angezogen. So, jetzt geht es los. Sie beginnen und steigen in dieses Flugzeug hinein. Es ist ein kleines und sehr wendiges Flugzeug, weil es ja ein Kunstflugzeug ist. Der Motor wird gestartet, und so langsam bebt dieses Flugzeug, und Sie spüren die Kraft des Motors. Ein kleiner Ruck entsteht, und Sie fangen plötzlich an zu rollen. Sie rollen, Sie rollen, Sie rollen, und dann zieht die Nase nach oben, und auch Ihr Blickfeld ist ganz nach oben gerichtet, zum Himmel. Sie sehen den Himmel vor sich, und Sie kommen immer näher und näher und näher und näher.

Sie steigen ganz steil aufwärts, und dann ganz plötzlich, wenn Sie ganz oben angekommen sind, stürzt der Pilot auf einmal senkrecht wieder nach unten, und Sie sehen plötzlich den Boden auf sich zukommen. Rasend schnell und schneller und immer noch schneller. Sie wundern sich, was der Pilot macht. Sie haben ein leicht mulmiges Gefühl im Bauch, so als ob Sie sich vielleicht fast übergeben müssten. Und dann plötzlich wendet er nach rechts und dann wieder nach links und wieder nach oben und wieder nach unten und dann ein Looping, und plötzlich merken Sie langsam und erinnern sich, was Sie heute schon alles gegessen haben. Das geht 15 Minuten lang so, und Sie denken, hoffentlich fliegen wir bald runter und landen. Nach einer Weile landen Sie tatsächlich und kommen am Boden zum Stehen. Ein kleiner Ruck, und das Flugzeug parkt. Sie steigen aus und denken, Sie sind Achterbahn gefahren oder so etwas Ähnliches, aber nur viel schlimmer, mit viel mehr Energie und viel mehr Kraft. Ihr ganzer Körper ist total durcheinander. Sie sind sogar etwas orientierungslos. Sie brauchen erst ein paar Sekunden, um sich wieder auf dem Boden der Tatsachen zurechtzufinden. Sie sehen eine Bank, gehen auf diese zu, setzen sich hin und ruhen sich aus.

Nach ca. 20 Minuten kommt der Pilot noch einmal zu Ihnen und sagt: Komm, wir machen jetzt noch einmal eine Runde. Mit einem kleinen Unterschied. Rein körperlich bleiben Sie auf dieser Bank sitzen, aber Ihr imaginärer Körper steigt in dieses Flugzeug hinein und fliegt nach oben. Es werden Slaloms gedreht, nach oben und nach unten, Loopings gemacht, Schrauben gedreht, und Sie können quasi sehen und fühlen, wie Ihr Gesicht sich verzieht. Sie können alles von außen beobachten.

Was ist der Unterschied? Der Unterschied ist folgender: Beim ersten Mal waren Sie assoziiert, Sie waren körperlich im Flugzeug und haben alles persönlich erlebt. Sie haben alles selbst durch Ihre Augen gesehen, durch Ihre Ohren gehört und alles gefühlt. Beim zweiten Mal waren Sie dissoziiert, das heißt, Sie waren nicht im Geschehen drin, Sie haben es von außen beobachtet. So ähnlich wie Sie eine Kinoleinwand betrachten und sich selbst mitten im Geschehen sehen. Das sind zwei völlig unterschiedliche Perspektiven. Es sind zwei völlig unterschiedliche Gefühlswelten. Beim ersten Fall, beim assoziierten Beispiel, ist das Gefühl um einiges stärker, weil Sie ja tatsächlich live dabei sind. Beim zweiten Fall, im dissoziierten Beispiel, ist das Gefühl weniger stark, weil Sie ja alles nur wie im Kino beobachten.

Das sind zwei maßgeblich unterschiedliche Gesichtspunkte, die uns helfen, herauszufinden, wie weit unser Kunde tatsächlich ist. Wenn Ihr Kunde beim Verkaufsabschluss assoziiert ist, sich wirklich bildlich vorstellen kann, wie er mit Ihrem Produkt arbeitet, dann ist das ein 100-prozentiges Signal, dass der Kunde jetzt reif für den Abschluss ist und unweigerlich kaufen wird. Ist Ihr Kunde dissoziiert, dass heißt, an seiner Wortwahl erkennen Sie, das alles noch ziemlich weit entfernt von ihm ist, dann sollten Sie noch warten. Und daran arbeiten, dass er möglichst bald assoziiert, dass er total im Geschehen ist und wirklich kaufen möchte. Der Kunde muss das absolute Verlangen haben, Ihr Produkt oder Ihre Dienstleistung jetzt zu kaufen. Er muss regelrecht hungrig danach sein. Jetzt werden Sie einige Abschlussstrategien kennen lernen.

Der kleine Abschluss nebenbei

Fragen Sie nach Unerheblichkeiten, Kleinigkeiten, kleine Dinge, wie zum Beispiel: Soll die Wohnung gereinigt werden, bevor sie diese beziehen möchten? Wir Menschen haben die Tendenz, kleine Abschlüsse, kleine Entscheidungen leichter zu fällen. Große Entscheidungen fallen vielen Menschen ziemlich schwer. Darum beginnen Sie in kleinen Scheiben vorzugehen. Kleine Nebensächlichkeiten zu fragen, ob jenes O.K. ist, ob diese Farbe für ihn gut ist oder er eine andere Farbe haben möchte.

Zustimmungsabschluss

Das ist der so genannte Ja-Rhythmus. Sie haben ja ein Beispiel, wie Sie vorgehen können. Es ist sehr effektiv. Sie holen sich drei oder vier sichere Ja, und dann beginnen Sie mit der Abschlussfrage. Beim Zustimmungsabschluss kommt es darauf an, dass Sie Ihren Kunden Dinge fragen, die bereits abgeklärt sind. Wichtig ist, dass Sie in kleinen Nebensächlichkeiten beginnen und sich dann steigern, um eine Übereinstimmung zu erhalten. Fragen Sie, ob Sie beide das Gleiche und auch 100-prozentig richtig aufgeschrieben haben bzw. die Wünsche des Kunden dementsprechend erfüllt haben. Verwenden Sie bei dem Zustimmungsabschluss verschiedene Nutzenargumente und holen Sie sich verschiedene Jas des Kunden. Verwenden Sie Endungen wie: Nicht wahr? Oder? Stimmt's?

- Lassen Sie uns zum Schluss alles noch einmal zusammenfassen.
- Stimmt es, dass Sie 100.000 Schrauben haben möchten?
- Es ist für Sie wichtig, dass wir innerhalb 2 Wochen liefern können, nicht wahr?
- Ist es richtig, dass wir jeweils 50 Prozent in zwei verschiedene Werke liefern sollen?
- Sie möchten ein Zahlungsziel von 3 Wochen erhalten? Gut, dann lassen Sie uns beginnen.

Der Plus-Minus-Abschluss

Wir reihen mit dem Kunden gemeinsam noch einmal alle Argumente – am besten schriftlich – auf, die für und gegen den Kauf sprechen („Soll und Haben"), wobei das Positive überwiegen muss. Ein oder zwei wichtige Tipps: Lassen Sie zuerst Ihren Kunden alle Bedenken, die gegen den Kauf sprechen bzw. ihn zögern lassen, aufsagen. Schreiben Sie diese auf eine Liste. Beachten Sie dabei, dass Sie die Äußerungen in verkürzter Variante aufschreiben. Zum Beispiel: Die Handhabung ist gewöhnungsbedürftig. Sie schreiben nur „gewöhnungsbedürftig" auf. Das Problem mit der langen Lieferzeit. Sie schreiben nur „ Lieferzeit" auf. Wenn Ihr Kunde alle seine Bedenken gesagt hat, dann beginnen Sie ihn zu fragen, was für den Kauf spricht. Sie schreiben wieder alles auf, nur mit dem kleinen Unterschied, dass Sie hier ganze Sätze aufschreiben. Wenn Ihr Kunde dann anfängt zu stocken und keine weiteren Gründe nennt, die für den Kauf sprechen, fangen Sie an und fragen ihn: Ist das XY nicht auch noch wichtig für Sie gewesen? Es war für Sie wichtig, dass es sehr stabil ist, oder? Sie suchen so lange nach Begründungen, bis Sie noch ein wenig mehr Gründe (gegenüber den Bedenken) auf der Seite für den Kauf haben, dann stellen Sie eine Kontrollfrage. Einleitung: Also, Herr Kunde, lassen Sie uns zum Schluss kurz zusammenfassen:

Was Sie aufwenden/oder was Sie zögern ließ: Was Sie bekommen/oder Gründe dafür waren:

_____

_____

_____

_____

_____

Kontrolle:

_____

_____

Und zum Schluss: „Also, Hand aufs Herz, welche Seite wiegt schwerer?" Diese Technik können Sie verwenden, wenn Ihr Kunde noch ein wenig Zweifel hat. Selbstverständlich brauchen Sie diese Technik nicht zu verwenden, wenn Ihr Kunde keine Schwierigkeit mit Entscheidungen hat und er eigentlich weiß, dass er Ihr Produkt kaufen oder Ihre Dienstleistung nutzen möchte. Entscheidungsfindungstechnik nennt man diese Strategie auch. Es gibt Menschen, die meistens diese Technik verwenden, wenn Sie vor einer wichtigen Entscheidung stehen. Kennen Sie solche Menschen?

Alternativabschluss

Das ist wohl eine der gängigsten Abschlusstechniken. Weil sie so effektiv ist, nenne ich sie trotzdem an dieser Stelle noch einmal. Auch beim Alternativabschluss ist wichtig, dass Sie eher kleine Nebensächlichkeiten abfragen. Wollen Sie zu diesem Software-Programm ein elektronisches Handbuch oder lieber eines im Papierformat verwenden? Wohin werden Sie als Allererstes mit ihrem neuen Fahrzeug fahren, nach Hause zur Familie oder zu Freunden und Bekannten?

Zukunft sichern

Ihre Zukunft sichern Sie auch, indem Sie Ihrem Kunden zum Abschluss einfach mal gratulieren. Beglückwünschen Sie ihn; schließlich hat er doch soeben einen klasse Kauf getätigt:

- Sie haben es sich wirklich verdient, Gratulation.
- Mein Bruder hat es auch gemacht, ich gratuliere Ihnen.

Bringen Sie Ihren Kunden zum Schluss zum Lachen! Ihr Kunde muss in einem Spitzenzustand sein! Und als NLS-Seller der Spitzenklasse verkaufen Sie nicht nur Produkte oder Dienstleistungen, sondern vielmehr Gefühle und Zustände. Sind diese positiv, wird sich auch Ihr Verkäuferleben zum Positiven ändern.

Pflegen Sie Ihren Kunden

Vor einiger Zeit habe ich mir ein neues Fahrzeug gekauft. Weil ich oft lange Strecken fahren muss, brauche ich alle ein bis zwei Jahre ein neues Fahrzeug. Selbstverständlich macht es mir immer wieder großen Spaß, wenn ich mit guten Verkäufern verhandle, weil ich diese Strategien dann auch beim Einkauf nutzen kann. Der Verkäufer war sehr freundlich und nett, wir waren uns einig über die Konditionen, dann haben wir die Papiere fertig gemacht und über die Auslieferung gesprochen. Der Verkäufer wusste, dass ich ein Vielfahrer war. Nach der Unterzeichnung des Kaufvertrages und der Auslieferung des Fahrzeuges habe ich nichts mehr von ihm gehört. Sie kennen vielleicht dieses Sprichwort: anhauen – umhauen – abhauen. Und genau das hat der Verkäufer mit mir gemacht. Und das, obwohl er wusste, dass ich in einem oder zwei Jahren wieder ein wahrscheinlicher Kunde wäre.

Wenn Sie eine Dienstleistung verkaufen, beginnt in der Regel erst nach der Unterzeichnung die Geschäftsbeziehung. Doch wenn Sie ein Produkt verkaufen, ist der Verkaufsprozess in der Regel nach dem Kauf und Aushändigen der Ware abgeschlossen. NLS-Seller tun mehr als die meisten Verkäufer und informieren sich in beiden Fällen nach ca. 2 bis 4 Wochen, wie es ihrem Kunden geht. Welche Veränderungen oder Erleichterungen genießt Ihr Kunde durch das Produkt? Das hat natürlich mehrere Vorteile. Erstens merkt der Kunde, dass er wichtig für Sie ist, und schätzt Ihre uneigennützige Handlung. Zweitens erhalten Sie positive Energie, wenn Sie ihn anrufen oder persönlich besuchen. Für den Fall, dass Sie vielleicht den ganzen Tag eine Ablehnung nach der anderen von Ihren Interessenten erfahren haben, kann genau dieser Kontakt für Sie wieder mal ein Beweis dafür sein, wie gut Ihr Produkt ist. Außerdem haben Sie wieder eine gute Geschichte, die Sie bei Ihrem nächsten Kundenbesuch erzählen können. Also rundum ein Win-Win-Verhältnis. Die 1x4-Regel besagt, kontaktieren Sie viermal im Jahr Ihre Kunden, per Telefon, persönlich, per Post, Fax oder per Mail. Außerhalb dieser Zeit ist es natürlich auch angebracht, an Geburtstagen, zu Weihnachten oder Neujahr zu gratulieren. Wenn Sie dies nicht schon umsetzen, dann garantiere ich Ihnen, dass Sie damit ganz leicht Ihren Umsatz steigern werden.

Übungen:

○ Schärfen Sie Ihre Beobachtungsgabe, nehmen Sie wahr, wie Ihre Mitmenschen, wenn Sie etwas entschieden haben, reagieren. Beobachten Sie die Körperhaltung, die sprachlichen Äußerungen und die Aktionen, die sie durchführen.

○ Machen Sie eine Ideensammlung und finden Sie heraus, welche „kleinen Abschlüsse nebenbei" Sie in Ihrer Praxis realisieren können.

○ Schreiben Sie zur Übung zwei Zustimmungsabschlüsse auf und festigen Sie diese Strategie.

○ Pflegen Sie Ihre Kunden und machen Sie sich einen genauen Plan, wann und wie Sie Ihre Kunden kontaktieren und pflegen.

Zusammenfassung
Step 12: Abschluss leicht gemacht, Zukunft sichern

- Der Abschluss ist etwas völlig Natürliches im Verkaufsprozess, nicht mehr, aber auch nicht weniger.
- Ihr Kunde sagt Ihnen verbal, zeigt durch seine Körpersprache und andere Aktionen, wenn er zum Abschluss bereit ist.
- Nutzen Sie diese Signale und leiten Sie zügig den Abschluss ein. Denn das natürliche Ende eines Verkaufs-(nicht Beratungs-)Gesprächs ist der Abschluss.
- Nach dem Verkauf ist vor dem Verkauf. Gratulieren Sie Ihrem Kunden zum getätigten Kauf, bringen Sie ihn zum Abschluss nochmals in einen Spitzenzustand und stimmen Sie sich so gemeinsam auf eine gute Abwicklung und eine langfristige Zusammenarbeit ein.
- Pflegen Sie Ihren Kunden durch regelmäßige Kontakte und sei es nur, um ihm einfach einmal einen schönen Tag zu wünschen.

Schlusswort

Die Macht zu überzeugen

Viele Menschen denken, die Macht zu besitzen, andere Menschen zu überzeugen, wäre etwas Schlechtes, weil die Menschen dann willenlos sind und Dinge machen, die sie vorher nicht gemacht hätten. Sie befürchten, dass Personen beeinflusst, überredet oder manipuliert werden und etwas kaufen oder tun, was sie gar nicht machen wollten. Ja, Sie haben Recht! Wenn Sie die Macht besitzen, Menschen zu überzeugen, können Sie vieles machen. Doch schauen Sie unsere Welt mal etwas genauer an. Dieses Klischee vom globalen Dorf ist bekannt und immer noch wahr. Noch nie war es so einfach wie in dieser Zeit, Menschenmassen zu beeinflussen und zu manipulieren. Es werden sogar Milliarden von Geldern investiert, um uns Menschen zu beeinflussen.

Das bedeutet, dass nur durch Manipulation und Beeinflussung immer mehr Menschen Coca-Cola trinken, zu McDonalds gehen und sogar Dinge machen, die vollkommen sinnlos sind, wie Zigaretten rauchen. Wie Sie sehen, werden wir so manipuliert, dass wir Dinge tun, die ungesund für uns sind. Es kann aber auch bedeuten, dass eine tief gehende, positive Einstellungsveränderung auf der gesamten Welt möglich ist. Das hängt alleine davon ab, wer die größte Überzeugungsfähigkeit hat und zu welchem Zweck diese eingesetzt wird. Wir Menschen glauben, dass wir heutzutage von Reizen überflutet sind. Wenn wir zu unseren Urahnen zurückgehen, bemerken wir, dass diese genauso von Reizen überflutet waren. Der Unterschied liegt nur darin, dass unsere Urahnen Bildern, Geräuschen, Geschmäckern, Gerüchen und Gefühlen ausgesetzt waren und diese über Leben oder Tod, Essen oder Verhungern entschieden. Der größte maßgebliche Unterschied liegt in der Distanz. Heutzutage werden wir weltweit in ganz bestimmte Richtungen gelenkt und beeinflusst. Strategien werden dazu verwendet, damit Menschen eine ganz bestimmte Einstellung haben oder einen bestimmten Politiker wählen, es geht sogar so weit, dass ganz bestimmte Einstellungen, Handlungen oder Ländersitten eingetrichtert werden.

Da stellt sich die Frage, haben wir überhaupt eine eigene Meinung oder ist alles manipuliert worden und wir denken so, wie wir denken sollen? Das Charakteristische unserer modernen Welt ist, dass wir dauernd und beharrlich manipuliert und beeinflusst werden. Es ist sogar mit unseren modernen Medien möglich, ein Bild, eine Einstellung Millionen von Menschen zeitgleich zu übertragen und diese so auch zeitgleich zu beeinflussen. In einer Welt voller Überzeuger haben Sie die Wahl, selbst ein Überzeuger zu sein und diese Fähigkeiten zu besitzen, oder Sie werden der sein, der überzeugt wird. Es ist ganz egal, ob Sie die besten Ideen, das beste Produkt oder die beste Dienstleistung für die Menschheit haben, die die Welt verändert. Wenn Sie keine Überzeugungsfähigkeit haben, werden Sie niemals eine Veränderung erreichen. Dieses Talent ist wohl das wichtigste in unserer heutigen Zeit.

Stellen Sie sich doch nur einmal vor, Sie hätten kein Geld oder sonst irgendetwas, das Sie zum Leben benötigen. Sie hätten lediglich Ihre Kleider an und wären in einer fremden Stadt. Meinen Sie nicht, dass Sie, wenn Sie diese Fähigkeit besitzen, innerhalb kurzer Zeit etwas zu essen hätten, zum Autohaus gehen und ein Auto leasen oder finanzieren könnten oder innerhalb kürzester Zeit eine Arbeitsstelle bekommen würden oder zur Bank gehen, sich dort einen Kredit holen und damit ein profitables Geschäft aufbauen könnten. Meinen Sie nicht auch, dass dies möglich ist, wenn Sie nur so gut überzeugen können, dass viele Menschen von Ihnen und Ihrem Vorhaben überzeugt sind? Die Welt wird von Menschen beherrscht, die die größten Überzeugungsfähigkeiten haben. Das ist es, worum es in diesem Buch geht. Es macht keinen Sinn, Herrscher eines sterbenden Planeten zu sein. Alles, was Sie erfahren haben, hat nur einen Sinn, wenn Sie mit diesem Wissen auf eine positive Art und Weise andere und sich erfolgreicher machen. Wenn Sie als Verkäufer ein Produkt oder eine Dienstleistung verkaufen, womit Sie eine positive Veränderung für unsere Welt und Ihre Kunden haben, dann überzeugen Sie Ihre Kunden. Wenn Ihr Kunde effektiver, kostensparender und einfach erfolgreicher wird, dann wird es Ihrem Kunden nur helfen, wenn Sie ihn überzeugen. Unser Wirtschaftskreislauf funktioniert nur, wenn gekauft und verkauft wird. Das Erfolgsgeheimnis für Reichtum und Wohlstand ist, wenn das Geld im Fluss und nicht festgehalten wird. Sorgen Sie dafür, dass das Geld im Fluss bleibt. Die beste Kraft beruht auf Kooperation, sie entsteht, wenn Menschen zusammenarbeiten und nicht jeder für sich alleine. Es ist an der Zeit, zum Wohle aller Menschen die Möglichkeit zu nutzen und die Zukunft positiv zu gestalten.

Jetzt ist die richtige Zeit!

Stichwortverzeichnis

Literaturverzeichnis

Richard Bandler
Veränderung des subjektiven Erlebens
Fortgeschrittene Methoden des NLP
Jungfermann 5. Auflage 1995

Richard Bandler, John Grinder
Metasprache und Psychotherapie
Die Struktur der Magie 1
Jungfermann 9. Auflage 1998

Richard Bandler, John Grinder
Kommunikation & Veränderung
Die Struktur der Magie 2
6. Auflage 1994

Richard Bandler, John Grinder
Neue Wege der Kurzzeit-Therapie
Neurolinguistische Programme
Jungfermann 12. Auflage 1997

Richard Bandler, John Grinder
Reframing
Ein ökologischer Ansatz in der
Psychotherapie (NLP)
Jungfermann 7. Auflage 2000

Richard Bandler, John La Valle
Die Schatzkammer des Erfolges
Jungfermann 1998

Donald Moine & Kenneth Lloyd
Unlimited Selling Power
Die Techniken der Verkaufselite
Jungfermann 1990

Alexa Mohl
Metaphern-Lernbuch
Geschichten und Anleitungen
aus der Zauberwerkstatt
Jungfermann Verlag 1998

Richard Bandler
Unbändige Motivation
Jungfermann 1997

Emile Coué
Autosuggestion
Orbis Verlag 1997

Robert B. Dilts
Die Magie der Sprache
Jungfermann Verlag 2001

Edgar K. Geffroy
Das Einzige was stört ist der Kunde
Landsberg 1993

Anthony Robbins
Das Robbins-Power Prinzip
Heine Verlag 5. Auflage 1998

Anthony Robbins
Das Power-Prinzip
Grenzenlose Energie
Heine Business 1991

Jürgen Höller
Alles ist möglich
Econ Verlag 1998

Jürgen Höller
Sag Ja zum Erfolg
Econ Verlag 2000

Dale Carnegie
Besser miteinander reden
Bertelsmann Club GmbH 1962

Andreas Buchholz, Wolfram
Fördemann
Der Wachstumscode für Siegermarken
Econ Verlag 2000

Brian Tracy
Verkaufsstrategien für Gewinner
Moderne Verlagsges. mvg 2. Auflage 2002

Brian Tracy
Thinking big
Gabal Verlag 1998

Brian Tracy
Lookfactor
Gabal Verlag 2000

Brian Tracy
Die Psychologie des Verkaufens
Bornhorst 1997

Brian Tracy
Der Weg zum Erfolg
Warum Erfolg kein Geheimnis ist
Bornhorst 2003

Brian Tracy
Was erfolgreiche Verkäufer besser
machen
Jünger 1999

Brian Tracy, Frank M. Scheelen
Der neue Verkaufsmanager
Gabler Verlag 1997

Brian Tracy
Verkaufspsychologie
1992 Tracy College

Frank Bettger
Lebe begeistert und gewinne
Oesch Verlag 39. Auflage 2001

Richard Bandler, Paul Donner
Die Schatztruhe
NLP im Verkauf
Jungfermann Verlag 3. Auflage 1999

Autoreninformation Marc M. Galal

„Es ist ein gelungener Abschluss, wenn beide Seiten Hurra rufen." Dieser Satz ist Leitmotiv und Wahlspruch des NLS-Trainers Marc M. Galal. Seine Ausbildung ist so umfassend und vielschichtig wie die Seminare, die er anbietet.

Er ist lizenzierter Trainer der Society of NLP (USA). Galal hatte das Privileg, vom NLP-Altmeister Dr. Richard Bandler persönlich ausgebildet worden zu sein. Sein Grundlagenwissen erwarb er sich in Europa. Hier war er in mehreren namhaften Unternehmen bereits erfolgreich als Trainer tätig. In den USA vervollständigte er seine Ausbildung in den renommiertesten Trainingsakademien. So beeindruckend diese Aufzählung an sich schon ist, darf nicht unerwähnt bleiben, dass er als Hochleistungssportler einen Vize-Weltmeistertitel errungen hat. Marc M. Galal ist nicht nur ein brillanter Redner, er hat seine Methode vorgelebt.

Selbstmotivation und die bewusste Anwendung des Konzeptes garantieren den Erfolg.

Das Ziel von Marc M. Galal ist es immer, sein Wissen auf den Seminaren effektiv weiterzugeben. Um ständig nach den neuesten wissenschaftlichen Erkenntnissen ausbilden zu können, reist er mehrere Wochen im Jahr zu Qualifizierungsprogrammen in die Vereinigten Staaten. Er besitzt als einer der wenigen Verkaufstrainer das begehrte Zertifikat der Sales Professional Q 100 (Verband DIN EN ISO 9000 ff. für Zertifizierung e.V.).

Notizen

Notizen

Notizen

[nls]
Marc M. Galal

Eliteausbildung

1 Tag Event	**3 Tage Elite1**	**3 Tage Elite2**	**3 Tage Elite3**
NLS® Spielend einfach verkaufen	NLS® Die Macht der Überzeugung	NLS® Die Kunst der Beeinflussung	NLS® Die Geheimnisse der Verkaufshypnose

- Bei diesem Event werden den Teilnehmern die Möglichkeiten aufgezeigt, auch mittels Verkaufshypnose, Kunden in den Bann zu ziehen.

- Wenn Sie ihre potentiellen Kunden nicht von Ihren Leistungen bzw. dem Mehrwert Ihrer Produkte überzeugen können, wird es eben ein anderer tun.
  Mit systematischer Motivanalyse und Verkaufshypnose zeigen wir neue Wege auf, Kunden für sich zu gewinnen. In diesem Seminar werden die Grundlagen der praktischen Verkaufspsychologie vermittelt.

- Jeder Kunde kauft nach einer ganz bestimmten Strategie. Verkäufer haben mehr Chancen, wenn sie diese Strategien herausfinden und danach ihr Verkaufsgespräch ausrichten. In diesem Seminar tauchen die Teilnehmer in die tiefsten Denkstrukturen ihrer Kunden ein. Sie lernen mit Metaphern und Geschichten die Kaufkraft zu erhöhen.

- Charakteristisch für unsere moderne Welt ist, dass wir beharrlich manipuliert und beeinflusst werden, ohne es zu merken. Weltweit werden Menschen durch gezielte Strategien in ganz bestimmte Richtungen gelenkt, damit sie eine gewisse Einstellung bekommen. In diesem Seminar lernen die Teilnehmer, die Entscheidungsmuster der Kunden positiv zu beeinflussen und trainieren direkte und indirekte Suggestionstechniken.

Trainings-Methodik

In praxisnahen Rollenspielen und Gruppenübungen werden die neu erlernten Inhalte am eigenen Produkt oder der eigenen Dienstleistung vertieft. Analyse und Feedback erhalten die Teilnehmer durch eine Videoaufzeichnung. Ausführliche Trainingsunterlagen, Checklisten, einen selbst erstellten Verkaufsleitfaden und das eigene Video sind im Preis enthalten.

Individuelle Firmen-Trainings

Zählen Ihre Mitarbeiter zu den besten Verkäufern? Worin liegen deren Stärken und Schwachstellen? **Perfekt gerüstete Mitarbeiter sind der entscheidendste Wettbewerbsvorteil überhaupt ...**

Deshalb sollten Sie in das Wichtigste, in Ihre Mitarbeiter, investieren. Speziell auf Ihre individuellen Anforderungen ausgerichtet, konzipieren wir Verkaufstrainings, mit denen Ihre Mitarbeiter leichter Kunden gewinnen und damit mehr Umsatz aktivieren können.

50 Euro-Gutschein für einen Seminarbesuch

Senden Sie die Postkarte und reservieren Sie sich einen Seminarplatz gleich jetzt!

Oder fordern Sie einfach Informationen an:
Marc M. Galal Institut
Tel.: freecall 0800 marcgalal (0800 627242525)
nls@marcgalal.com www.marcgalal.com

Marc M. Galal

Neues Wissen zu erlernen und vor allem Ihr Verkaufsverhalten zu verändern, sollten Sie mit Übungen, Wiederholungen und anderen Maßnahmen unterstützen, um es in Ihre alltägliche Praxis schneller zu integrieren.

Kostenloser Download von Verkaufsleitfäden	Das Hörbuch zum Buch
Auf unserer Homepage finden Sie die Rubrik Downloads. Um einen Zutritt zu erhalten, müssen Sie das Passwort eingeben. Sie erhalten dann Verkaufsleitfäden, Checklisten und interessante Verkaufstipps zum kostenlosen Download. **Passwort: X13m87**	Ständiges Wiederholen sorgt dafür, dass die erlernten Inhalte noch besser behalten werden und einfacher in die Praxis transferierbar sind. Während Sie von einem Kunden zum nächsten fahren, können Sie diese wichtige Zeit nutzen, um die Lerninhalte zu wiederholen. Sie finden auf unserer Homepage auch eine Hörprobe. Viel Spaß beim Anhören.

Sprecher: Max Mustermann

Marc M. Galal

5 CDs

So überzeugen Sie jeden

AUFSTEIGER VERLAG

Neue Strategien durch »Verkaufshypnose«